The Big Island of Hawaii

✳ ハワイ島 ✳

JN050362

COVER STORY

表紙に描かれているのは、暗闇を赤く染め上げるハレマウマウ火口とひとりの女性。キラウエア・カルデラの中にあるハレマウマウ火口には、火の女神ペレが住み、永遠の炎を燃やし続けていると言われています。一度訪れれば、誰しもそのスケールと畏怖を覚えるほどの美しさに打ちひしがれることでしょう。ハワイアンたちが大自然の営みに女神の姿を重ね合わせ、畏敬の念をもってペレとともにこの地で暮らしているということを強く実感できる場所。ハワイ島には、各地にそんな不思議なパワーあふれるスポットが点在しています。あなたがハレマウマウで目にするのは炎に身を包んだ女神ペレかそれとも──。ぜひ、その目で確かめてください。

BIG ISLAND　　CONTENTS

■新型コロナウイルス感染症について
新型コロナウイルス（COVID-19）の感染症危険情報について、全世界に発出されていたレベル1（十分注意してください）は、2023年5月8日に解除されましたが、渡航前に必ず外務省のウェブサイトにて最新情報をご確認ください。
◎外務省 海外安全ホームページ・アメリカ合衆国危険情報
www.anzen.mofa.go.jp/info/pcinfectionspothazardinfo_221.html#ad-image-

Special Column

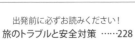

出発前に必ずお読みください!
旅のトラブルと安全対策 ……228

本書で用いられる記号・略号

♀ 地図掲載ページ

🏠 住所、またはロケーション

☏ 電話番号

🕐 営業時間、開館時間、受付時間など

🔒 定休日、休館日

💰 入場料、入館料、ツアー料金、宿泊料金など
（ハワイ現地の料金は、すべて税抜き価格で表記しています）

💳 利用可能なクレジットカード
（Ａアメリカン・エキスプレス、Ｄダイナースクラブ、ＪJCB、Ｍマスターカード、ＶVISA）

Ｐ 駐車場情報

⊕ ホームページアドレス
（http:// は省略してあります）

🚗 車での行き方

🚌 ヘレオン・バス
（→P219）での行き方

FREE トールフリーまたは日本国内無料通話
（米国内無料通話）
（※本書中、7桁の電話番号およびファクス番号はすべてハワイ内のものです）

✉ e メールアドレス

🛏 ホテルの客席数

Point of Interest

Check **サウス・コナの見どころ**

古代ハワイアンたちの魂に触れる
プウホヌア・オ・ホナウナウ国立歴史公園
Puuhonua O Honaunau National Historical Park

1819年、カメハメハ2世によってハワイ古来のカプ（タブー）が廃止されるまでの約300年間、ここはカプを破ってしまった人々や、敗残兵たちにとって「駆け込み寺」的存在であった。ここに逃げ込めば追跡の手は届かず、カフナ（祈祷師）のもとで宗教的な礼拝を行い、神々の保護を受けて罪の汚れは清められたのだという。キリスト教の宗教改革の際に、すべてが破壊されてしまったが、州政府の国立公園管理局によって再建された。

♀ P.53-D2　🏠 Kealaokeawe Rd. と Puuhonua Rd. の交差点付近　☏ 808-328-2326　🕐 8:15～日没（ビジターセンターは8:30～16:30）　🔒 無休　💰 車1台につき入園料 $20（1週間有効）　⊕ www.nps.gov/puho

1 いかめしいティキ（神像）が島々をやさしく整地をやっていた垣根なども見学していると、厳重な空気がたたりに漂っているような気持さえしてくる　2 ハワイの伝統的なボードゲーム、パウ　3 ビジターセンターで地図をもらおう

70

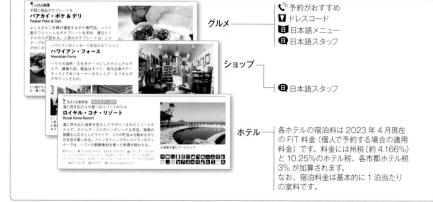

🍴 ハワイ料理
半額に絶品ポケプレートを
パアカイ・ポケ & デリ
Paakai Poke & Deli

よしえさんご夫婦が運営するポケ専門店。ハワイ最のフレッシュなポケプレートを提供。通日くえさんの人が訪れる。人気ポケプレートは、2スクープの
1つ頭がり…
3～最人気

☏ 予約がおすすめ
Ⓥ ドレスコード
🇯 日本語メニュー
🈂 日本語スタッフ
→ **グルメ**

ハワイアンのメッセージを伝えるTシャツ
ハワイアン・フォース
Hawaiian Force

ハワイの自然・文化をテーマにしたカジュアルウェア、雑貨の店。商品はすべて、地元出身のアーティストでありオーナーのクレイグ・ネフさんがデザインしたもの。

🈂 日本語スタッフ
→ **ショップ**

🏨 リゾートホテル　ガイドマーク
海に突き出たコナ唯一のリゾートホテル
ロイヤル・コナ・リゾート
Royal Kona Resort

海に突き出た地形を生かしてデザインされたリゾートホテルで、カイルア・コナのシンボリックな存在。海側の部屋なら広々としたラナイで、コナの町並みを眺めながら日光浴が楽しめる。メインダイニングのレストランのディナーでは、ハワイの新鮮食材を使った料理が味わえる。

各ホテルの宿泊料は 2023 年 4 月現在の FIT 料金（個人で予約する場合の適用料金）です。料金には州税（約 4.166%）と 10.25%のホテル税、各市郡ホテル税 3% が加算されます。
なお、宿泊料金は基本的に 1 泊当たりの室料です。
→ **ホテル**

地図凡例

02	おもな幹線道路とルート(州道)番号
WAIKIKI ST.	通り名
♀ 3.1 ♀	区間距離 (マイル表示、1マイル≒約1.6km)
	溶岩流の跡
	信号
	ガソリンスタンド
	トイレ
P	駐車場
	見どころ、ショッピングモール、公園
	レストラン
	ショップ、スーパー
	スパ
	ゴルフコース
	ビーチ、ビーチパーク
M	ホテル
C	コンドミニアム

地図について

見どころやレストラン、ホテルなどは、ロケーションがわかるように「P.00」というように地図ページを表記してあります。

さらにほとんどの地図はアルファベットと数字の座標でエリア分けされていますので、縦軸と横軸の交わるところから詳しい場所を知ることができます(例「P.58-A1」)。

※地図中の略記は以下のとおりです
B.P.=BEACH PARK(ビーチパーク)
S.C.=SHOPPING CENTER(ショッピングセンター)
G.C.=GOLF COURSE/GOLF CLUB(ゴルフコース/ゴルフクラブ)
C.C.=COUNTRY CLUB(カントリークラブ)
PT.=POINT(〜岬)

※以下、道路に関するもの、「〜通り」
HWY.=HIGHWAY
BLVD.=BOULEVARD
AVE.=AVENUE
ST.=STREET
RD.=ROAD
DR.=DRIVE
PL.=PLACE
LN.=LANE
CIR.=CIRCLE
LP.=LOOP
PKWY.=PARKWAY

ホテル室内の設備

	ラナイ		室内金庫
	テレビ		バスタブ
	目覚まし時計付きラジオ		ヘアドライヤー
	冷蔵庫		シャンプー、コンディショナー、石鹸
	コーヒーメーカー		Wi-Fi

ホテルの施設

	駐車場		テニスコート
	レストラン		バーベキュー施設
	バー		コインランドリー
	ルームサービス		トラベルデスク
	プール		日本語スタッフ
	ジャクージ		キッチン付きルーム
	フィットネスルーム		ハンディキャップルーム
	ゴルフコース割引		
	スパ		

■本書の特徴

本書は、ハワイを旅行される方を対象に個人旅行者が現地でいろいろな楽しみ方ができるように、各エリアの見どころ、スポーツ&アクティビティ、レストラン、ショップ、ホテルなどの情報を掲載しています。もちろんツアーで旅行される際にも十分活用できるようになっています。

■掲載情報のご利用に当たって

編集部ではできるだけ最新で正確な情報を掲載するよう努めていますが、現地の規則や手続きなどがしばしば変更されたり、またその解釈に見解の相違が生じることもあります。このような理由に基づく場合、または弊社に重大な過失がない場合は、本書を利用して生じた損失や不都合について、弊社は責任を負いかねますのでご了承ください。また、本書をお使いいただく際は、掲載されている情報やアドバイスがご自身の状況や立場に適しているか、すべてご自身の責任でご判断のうえ、ご利用ください。

■現地取材および調査時期

本書は、2023年2月の取材調査データをもとに編集されています。また、追跡調査を2023年5月まで行いました。しかしながら時間の経過とともにデータの変更が生じることがあります。特にホテルやレストランなどの料金は、旅行時点では変更されていることも多くあります。したがって、本書のデータはひとつの目安としてお考えいただき、現地では観光案内所などでできるだけ新しい情報を入手してご旅行ください。

■発行後の情報の更新と訂正情報について

発行後に変更された掲載情報や訂正箇所は、『地球の歩き方』ホームページの本書紹介ページ内に「更新・訂正情報」として可能なかぎり最新のデータに更新しています(ホテル、レストラン料金の変更などは除く)。下記URLよりご確認いただき、ご旅行前にお役立てください。
⊕ www.arukikata.co.jp/travel-support/

■投稿記事について

ご投稿をお送りいただく場合はP.184をご覧ください。

CHECK
編集室からのはみ出し情報

ジェネラルインフォメーション

ハワイの基本情報

▶ハワイ島の面積
→ P.44
▶旅の会話→ P.230

州 旗
左上にユニオンジャック、赤青白の8本の横縞（8島を表す）のデザイン

正式州名
ハワイ州 State of Hawaii（アメリカ合衆国 50 番目の州）

州 歌
ハワイ・ポノイ Hawaii Ponoi（カラカウア王作詞、かつてはハワイ王国国歌）

面 積
ハワイ諸島の総面積は1万6634.5㎢

人 口
144 万 1553 人（The U.S. Census Bureau 2020 年 4 月時点）

州 都
ホノルル

州知事
デービッド・イゲ　David Ige
（2023 年 4 月現在）

政 体
3 層の政治機構（連邦政府、州政府、市郡政府）

民族構成
白人系 22.9％、アジア系 37.2％、ハワイ先住民系および太平洋諸島系 10.8％、その他 3.7％、2 民族以上の混合 25.3％など（2020 年国勢調査）

言 語
公用語はハワイ語と英語。

通貨と為替レート

▶現金、クレジットカードの準備
→P.191 ～ 193

※紙幣は旧札も多く流通しているが、問題なく使用できる。

通貨単位はドル'$'とセント'¢'。$1=100¢=約136円（2023年5月現在）。紙幣は$1、$5、$10、$20、$50、$100、

硬貨は 1¢、5¢、10¢、25¢がおもに流通している。

 $100
 $20
 $50
 $10
 $5
 $1

 25¢　10¢　5¢　1¢

日本からのフライト時間

▶乗り換え手続き→P.211

日本の主要都市からホノルルのダニエル・K・イノウエ国際空港への飛行時間は約6時間半から7時間強。逆に復路は偏西風の影響で約8時間から8時間半となる。日本から直行便を運航している航空会社は4社（2023年5月現在）。ハワイ島へ行く場合は、ダニエル・K・イノウエ国際空港で乗り換えとなる（日本-ハワイ島コナ直行便を除く2023年4月現在直行便運休中）。乗り継ぎは時間に余裕をもちたい。

電話のかけ方

▶詳しい国際電話のかけ方→ P.226

日本からハワイへの電話のかけ方　例：カイルア・コナ 922-XXXX にかける場合

事業者識別番号	国際電話識別番号	アメリカの国番号	ハワイの州番号	相手先の電話番号
0033（NTTコミュニケーションズ） **0061**（ソフトバンク） 携帯電話の場合は不要	**010** ※	**1**	**808**	**922-XXXX**

※携帯電話の場合は 010 のかわりに「0」を長押しして「+」を表示させると、国番号からかけられる
※NTT ドコモ（携帯電話）は事前に WORLD CALL の登録が必要

▶ パスポートを
　取得する→ P.194
▶ ESTA の取得
　→ P.195
▶ 入国の手続き→P.203
▶ 動物・植物検疫
　→ P.205

出入国

ビ ザ

90日以内の観光・業務の目的で、往復航空券を持っていれば、アメリカ入国にビザは不要。

パスポート

パスポートの残存有効期間が帰国日まであればOKだが、入国時に90日以上あることが望ましい。

電子渡航認証システム（ESTA）

ビザなし（90日以内の観光や短期商用）で渡航する場合、「電子渡航認証システム」で認証取得が必要。出発の72時間前までにインターネットで事前申請が推奨され、渡航には認証を得る必要がある。申請内容は氏名、生年月日、性別、国籍、居住地、旅券番号、航空機便名、搭乗地、米国滞在中の住所など。登録が完了すると2年間有効（パスポートが失効した場合を除く）。申請料金$21はクレジットカードで支払う。

動物・植物検疫

ハワイからフルーツなどを持ち込むときは、空港で検疫を受けること。肉加工製品は一切持ち込めない。

時差と サマータイム

日本との時差は－19時間。日本が深夜0：00だとするとハワイは前日の早朝5:00となる。サマータイムの設定はなし。

▶ 時差表→ P.231

気 候

▶ 天候と降水量
　→ P.186

「常夏の島」というハワイのイメージは誤りで、日本ほど寒暖差はないもののハワイにも四季がある。11〜3月は比較的雨が多く、朝晩は少々涼しくなって上着が必要なほど。逆に夏場は、日本でいうところの真夏日が続くこともある。

とはいえハワイは1年を通し、過ごしやすい気候であることは間違いない。ビーチ付近なら、日中はほぼ海で泳いで気持ちいいと感じる水温で、北東からの貿易風の影響で真夏でも湿度は低い。夜はエアコンなしで熟睡できる快適さ。

ハワイ島（ヒロ）と東京の気温と降水量

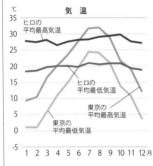

気 温

℃
ヒロの
平均最高気温
ヒロの
平均最低気温
東京の
平均最高気温
東京の
平均最低気温

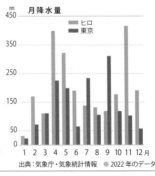

月降水量

mm
■ ヒロ
■ 東京

出典：気象庁・気象統計情報　※ 2022 年のデータ

ハワイから日本への電話のかけ方　例:(03) 1234-5678 にかける場合

国際電話 識別番号 **011**	+	日本の 国番号 **81**	+	市外局番と携帯電話 の最初の「0」は取る **3**	+	相手先の 電話番号 **1234-5678**

※公衆電話から日本にかける場合は上記のとおり。ホテルの部屋からは、外線につながる番号を頭に付ける。
※携帯電話などへかける場合も、「090」「080」などの最初の0を取る。

ビジネスアワー

以下は一般的な営業時間の目安。ショップやレストランは店舗によって異なる。観光地なので祝日でも営業する店舗、レストランが多いが、元日、イースター、感謝祭、クリスマスは休業というケースがほとんど。

銀　行
月～木曜8:30～16:00、金曜～18:00、土・日曜、祝日は休み

デパート、ショップ
月～土曜10:00～18:00、日曜～17:00

レストラン
朝食7:00～11:00、昼食11:30～14:30、夕食17:00～22:00頃、バーは深夜まで営業

祝日（おもな祝日）

▶ トラベルカレンダー
→ P.186

アメリカ本土とほぼ同様だが、ハワイ独自の祝日（クヒオ・デイ、カメハメハ・デイ、州立記念日）もある。移動祝日のカッコ内の日にちは6～12月は2023年、1～5月は2024年のもの。

2024年	1月	1日	元日　New Year's Day
		第3月曜（15日）	キング牧師の生誕記念日 Martin Luther King Jr's Birthday
	2月	第3月曜（19日）	大統領の日　President's Day
	3月	26日	プリンス・クヒオ・デイ　Prince Kuhio Day
	3～4月	イースター前の金曜（3月29日）	グッド・フライデー　Good Friday
		年によって異なる（3月31日）	イースター（復活祭）　Easter
	5月	最終月曜（27日）	戦没者記念日　Memorial Day
2023年	6月	11日	キング・カメハメハ・デイ　King Kamehameha I Day
		19日	ジューンティーンス　Juneteenth
	7月	4日	アメリカ独立記念日　Independence Day
	8月	第3金曜（18日）	州立記念日　Admission Day
	9月	第1月曜（4日）	労働祭　Labor Day
	11月	11日	復員軍人の日　Veterans Day
		第4木曜（23日）	感謝祭　Thanksgiving Day
	12月	25日	クリスマス　Christmas Day

電圧とプラグ

ハワイの電圧は110/120V、60Hz。プラグは日本と同じタイプA。充電式の電気ひげそり、ドライヤーなどは短時間の利用ならOK。ただし長時間の利用やアイロンなど高熱をともなう電気製品は破損の恐れがある。その他の電気製品は対応電圧を確認のこと。

ビデオ方式

ハワイのテレビ、ビデオは NTSC 方式。日本やアメリカと同じ方式なので、ビデオソフトは日本の国内用デッキで再生できる。DVDはリージョンコードが異なるので（日本は2、ハワイは1）、再生できない。

チップ

▶チップ
→ P.224

チップの相場は以下のとおり。ただし最初からサービス料込みの伝票を渡すレストランも数多いので、二重払いしないように注意。

タクシー　メーターの15%前後
レストラン　勘定書の20%前後
ホテル
ベルマンに荷物を運んでもらったときは荷物1個につき$1。ハウスキーパーにはベッド1台につき$1。ルームサービスは料理代金の15%ほど

飲料水

ホテル内の水道水は問題なく飲める。ただしミネラルウオーターを愛飲する地元の人も少なくない。心配ならコンビニなどで購入するといい。

10

郵便

　日本向けの航空郵便の場合、宛名は日本語でOK。ただし英文で"Japan""Air Mail"と書き添えることを忘れずに。郵便局の営業時間は場所によって異なるので、ホテルのフロントに頼んで投函してもらえばいい。

郵便料金
日本へのエアメールは普通判はがき$1.30、封書は28g（封筒+A4判用紙3枚ほど）まで$1.30

▶郵便について
→ P.227

税　金

　ハワイでは買い物、食事の際に約4.166％（オアフ島のみ約4.712％）の州税がかかる（バスの料金などは税込み）。ホテルの宿泊料金には州税のほかに10.25％のハワイ州ホテル税、各市郡のホテル税3％が加算される。

▶州税計算表→ P.231

安全とトラブル

　ハワイはアメリカのなかでも比較的治安のよい州といわれているが、日本人が犯罪に巻き込まれるケースは少なくない。ただし最低限の常識、異国であるという意識さえもっていれば防げるトラブルがほとんどだという。何かトラブルに巻き込まれたら必ず警察に届け出よう。緊急電話番号は911で、警察、救急車、消防署すべて同じ番号。公衆電話でもコインは必要ない。

▶旅のトラブル対策
→ P.228

年齢制限

　ハワイでは21歳未満の飲酒が厳しく禁じられている。したがってバーでの飲酒はもちろん、酒店での酒類の購入、またディスコやクラブへの入場に関しても、本人の顔写真と生年月日が記載されたID（身分証明書）の提示が求められる。また年齢に関係なく、スーパーなどで深夜（0:00前後）から早朝（6:00）にかけて酒類は購入できない。
　ハワイで車の運転資格が得られるのは21歳以上だが、レンタカーを借りる際には年齢制限があり、25歳未満は各レンタカー会社規定の追加料金が必要な場合がある。

▶レンタカーの
　年齢制限→ P.216
▶IDについて→P.112

禁煙条例

　2006年11月から施行された法律により、レストランやバー、ショッピングモール、ホテルなど公共の場所では全面禁煙となっている。

▶ハワイの新禁煙法
→ P.225

度量衡

　アメリカ本土と同様に、長さを表すインチ inch（≒2.54cm）、フィート feet（≒30.48cm）、マイル mile（≒1.6km）、重さのポンド pound（≒453.6g）、オンス ounce（≒28.35g）などが一般的に使われる。買い物の際のサイズ表示の違いなども気をつけたい。

▶日米衣料品サイズ
　比較表→ P.231

アメリカ合衆国の基本情報

正式国名　アメリカ合衆国
The United States of America
国　旗　星条旗　Stars and Stripes
国　歌　星条旗よ永久なれ
Star Spangled Banner
面　積　約983万3517㎢
人　口　約3億3144万9281人
首　都　ワシントン特別行政区
Washington, District of Columbia
全米50州のどこにも属さない連邦政府直轄の行政地区。
元　首　ジョー・バイデン
Joe Biden

政　体　大統領制、連邦制
人種構成　白人72.4％、アフリカ系12.6％、アジア系4.8％、アメリカ先住民1.1％など
宗　教　キリスト教が主流。宗派はプロテスタント、カトリックなどがあり、都市によって分布に偏りがある。少数だがユダヤ教、イスラム教など
言　語　主として英語だが、法律上の定めはない。スペイン語も広域にわたって使われている

11

E Komo Mai

～神秘の女神が住まう島～
素顔のハワイは
ここにある

ハワイ諸島のなかで最も新しく誕生した、ハワイ島。いまだ噴火を続けるキラウエア火山の溶岩は新しく、各地に荒々しい爪痕を残す。漆黒の溶岩台地に立てば、地球の生み出すエネルギーを感じ、ハワイアンたちがこの地に住む火の神ペレとともに生きていることを痛感するだろう。雪の女神ポリアフが住むという4000m級のマウナ・ケアに登れば、ハワイにいながらにして、雪に覆われた白銀の世界に出会えるかもしれない。

一方、ハワイにおいて歴史的に重要なスポットや古代の王族たちが静養した地が点在するコナ・コーストに目を向ければ、のどかでのんびりしたムードが漂い、日系人が支えつくり上げたハワイ州第2の都市ヒロに足を延ばせば、2度の津波による被害を負いながらも復興を果たした力強さまで感じことができる。

行く先々で、別世界に訪れたのかと思えるほど多様な自然に出会えるのが、"ビッグ・アイランド"と呼ばれるこの島の魅力のひとつだ。

あなたが感じるのは女神ペレの猛々しい息遣いか、はたまたポリアフの静寂なる愛撫か。

さぁ、先へ急ごう。この島は広い。

素顔の楽園はここにある。

The Big Island

ようこそ ハワイ島へ

● マウナ・ロアの噴火

マウナ・ロア噴火時には、溶岩見物のために2000台を越える車が連日押し寄せ、火山溶岩流見物渋滞が発生したという。ハワイ島における火山見物の人気の高さがうかがい知れる。火山見学のみならず、地元住民が落ち着いて生活できるよう、マナーと配慮をもって観光を楽しみたい。

NEWS 1

38年ぶりにマウナ・ロアが噴火！
キラウエア火山も活発化

2022年11月、ハワイ島マウナ・ロア山頂のモクアヴェオヴェオ火口 ♀P.55-A3 が噴火した。これは、1984年以来38年ぶり。噴煙は高度1万2000mにまで達するなど注目を集めたが、近隣住民への被害はなく、同12月には収束した。キラウエア火山のハレマウマウ火口 →P.82 も同年に噴火、収束していたが2023年1月に噴火を再開。こちらも被害はなく、ハワイ火山国立公園には噴火をひと目見ようとたくさんの観光客が訪れている。

● キラウエアの噴火

2023年4月現在、ハワイ火山国立公園ではハレマウマウ火口の噴火の様子を眺めることができる。展望台からは距離があるが、火口から上がる噴煙や、ゴボゴボと噴き出る溶岩は、ハワイ島で一度は目にしたい光景だ。→P.24

夜になると溶岩湖が赤く光るハレマウマウ火口

ハワイ島最新情報

"ビッグ・アイランド"の愛称のとおり、ハワイ諸島でいちばん広いハワイ島。新しいサービスや店もどんどん登場している。ハワイ島旅行でまずチェックしておきたい最新ニュースを紹介!

NEWS 2 レンタルシェアサイクル HIBIKEがスタート

オアフ島では biki というシェアサイクルが人気だが、ハワイ島でもコナとヒロのエリアで利用できるようになった。HIBIKE ストップを探して、料金プランを選びクレジットカードで支払いすれば誰でも利用可能。HIBIKE ストップは 🌐 www.hawaiiislandbike.com から検索できる。詳しい情報は→ P.28・220をチェック。

What's New in Big Island

✕ Restaurant

[ワイメア]
ハワイ島屈指の日本食が食べられる店
モア・キッチン
Moa Kitchen

2020 年にオープンした日本食店で、現地ローカルから絶大なる信頼を得る人気店。"本物"を提供することにこだわり、カウンターでいただく本格江戸前寿司や炭火焼き鳥、種類豊富なラーメンは、ハワイでは他に類を見ないクオリティだ。

1 マネージャーのアキさんを筆頭に、ローカルのスタッフが温かくもてなしてくれる 2 赤酢飯がうれしい本格江戸前寿司はにぎり竹 $32。日本酒の飲み比べができるサケ・サンプラー $16.80 もある 3 和風な雰囲気ながらハワイのテイストをしっかり組み込んだしゃれた寿司カウンター

📍 P.60 Ⓐ 🏠 65-1298 Kawaihae Rd. Waimea
📞 808-339-7887 🕐 11:00 ～ 14:00、17:00 ～ 21:00（月曜 11:00 ～ 21:00）🗓 日曜 💳 ADJMV
🌐 www.moakitchen.net Ⓟ あり

NEWS 3 新店続々! リブランドしたホテルも

2020 年～ 2023 年にかけて、惜しまれながら閉店した店がある一方、新しいレストランやカフェ、ショップもオープンした。リブランドして新しくなったホテルも要チェック!

[カイルア・コナ]
コナで注目のおしゃれカフェ
アライズ・コナ・ベーカリー & カフェ
Arise Kona Bakery & Cafe

2022 年にオープンしたフォトジェニックなカフェ。ひんやりヘルシーなスムージーボウルなどが楽しめる。→ P.114

☕ Cafe

🏨 Hotel

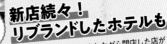

[ケアウホウ]
ケアウホウを代表するリゾート
アウトリガー・コナ・リゾート & スパ
Outrigger Kona Resort & Spa → P.40・178

ケアウホウ湾に建つ人気ホテルが 2021 年にアウトリガー系列として生まれ変わった

[カイルア・コナ]
シー・ソルト・オブ・ハワイ → P.34
海洋深層水を汲み上げているビーチも見学できる

NEWS 4 コナ・シー・ソルトの工場ツアーが人気

ハワイみやげに人気のコナ・シー・ソルト。その生産現場を見学できるツアーがスタート。英語のみのツアーだが、海洋深層水を使ったミネラルたっぷりのシー・ソルトの試食も楽しめる。

ハワイ島を楽しみつくす！
3泊5日モデルプラン

ハワイ島へはホノルルからも日帰りで行けるが、魅力的なハワイ島を
満喫するにはやはり3日間は滞在したい。存分にハワイ島を楽しめる
モデルプランをご紹介（ワイコロア・ビーチ・リゾート滞在の場合）。

G
A T
E D C B
R Q O K
F
H
J I
P
S
L
M
N

POINT

時差ぼけを解消するために
も、初日は早寝が基本。ワ
イコロアの食事ならクイーン
ズ・マーケット・プレイスのフ
ードコートが気軽で便利。

DAY 1

到着日はゆったりフライト疲れを癒やすのが正解

日本からホノルルで乗り継ぎし、ハワイ島へ。
移動だけとはいえ、時差もある分到着日は結構
疲れているもの。なるべく宿泊ホテルの周辺で
過ごし、早めのディナーと就寝を心がけよう。
スパなどで体調を整えるのもおすすめ。

レストランやショップ、フードコートなどが揃う
クイーンズ・マーケット・プレイス

エリソン・オニヅカ・コナ
国際空港到着!!

12:00	**13:00**	**15:00**	**17:00**	**19:00**
空港でレンタカーを借りる Ⓐ	クイーンズ・マーケット・プレイスでランチ Ⓑ	ホテルにチェックインしてまったり Ⓒ	ホテルスパで疲れを癒やす Ⓓ	ビーチ・バーでディナー Ⓔ
🚗 車で 約20分	🚗 車で 約3分	🚶 徒歩 すぐ	🚗 車で 約8分	
→ P.20・216	→ P.77・140	→ P.178	→ P.168	→ P.117

サウス・コハラ・コーストのリゾートエリアには海を望む
レストランが点在する。写真はヒルトン・ワイコロア・ビレッ
ジのカムエラ プロビジョンカンパニー（→ P.116）

DAY 2

史跡やレトロタウンが点在する
島北部を巡る

レンタカーでハワイ島のノースエリアへ。ハワイ
で最大規模のプウコホラ・ヘイアウやオリジナル
のカメハメハ大王像を見学したら、グルメな店
が集まるワイメアで食事をしよう。夕方にはホ
テルに戻り、ディナーはサンセットタイムがロマ
ンティックなレストランで。

POINT

ワイメア、ホノカアには食事がで
きる店が多数あるので、どちらで
ランチにしてもOK。サンセットディ
ナーは日が沈む1時間前に席に
着けるようにするといい。

のんびりした空気感が魅力のホノカア・タウン

10:00		11:00		12:00		14:00		15:00		17:30
北部を巡るドライブ **プウコホラ・ヘイアウ 国立歴史公園へ** Ⓕ	🚗車で 約30分	カメハメハ大王像に 会いに**カパアウの町へ** Ⓖ	🚗車で 約35分	グルメな店が多い **ワイメアでランチ** Ⓗ	🚗車で 約20分	レトロタウン、 **ホノカアを散策** Ⓘ	🚗車で 約12分	**ワイピオ渓谷展望台で** 絶景を堪能 Ⓙ	🚗車で 約1時間	**シービューレストランで** 絶景ディナー Ⓚ
→ P.94		→ P.93		→ P.90		→ P.98		→ P.99		→ P.116

17

POINT

サウス・コナのカイナリウの町にはジプシー・ジェラート（→P.118）などおしゃれカフェが点在。ツアーから戻ったあとはレストランが営業していない場合があるので、スーパーやコンビニで軽食を用意しておこう。

DAY 3

コナエリアを散策して午後はマウナ・ケアツアーへ

カイルア・コナからサウス・コナのキャプテン・クックまでは見どころがたくさんある。滞在中一度は訪れたい。マウナ・ケアツアーのサンセット・星空ツアーの出発は午後。帰りは夜遅くなるので、ホテルで食べられるように軽食などを準備しておくと◎。

マウナ・ケア山頂から眺める景色は一生の思い出になる

8:00		10:00		12:00		13:30		14:00		21:00
コナの町へ。コナ・ファーマーズ・マーケットでおみやげ探し ⓛ	🚗 車で 約15分	コナ・コーヒーファームを巡る Ⓜ	🚗 車で 約15分	サウス・コナのおしゃれカフェでランチ Ⓝ	🚗 車で 約50分	ホテルへ戻って小休憩 ◎	🚗 車で 約15分	マウナ・ケアサンセット星空ツアーに参加！ Ⓟ	🚗 車で 約1時間	ホテルのレストランでサクッとディナー ⓠ
→P.29・136		→P.30		→P.69				→P.22		

POINT
空港へはフライトの1～2時間前には到着していたい。最後の旅を楽しみつつ、早め早めの行動がおすすめだ。

シー・ソルト・オブ・ハワイの工場ツアーの最後には試食もある

DAY 4

帰国ギリギリまでハワイ島を満喫！

帰国便の時間にもよるが、お昼出発なら午前中はまだまだハワイ島を楽しめる。ホテルの近くのビーチでのんびりしたり、早朝にレストランで食事を楽しんだり。空港の近くには、ハワイの名産品を作っている工場がありツアーも行っているので、時間が合えば参加してみてもいい。

7:00	9:00	12:00
ホテル前のビーチをぶらぶら Ⓡ	空港近くにあるシー・ソルトの工場ツアーに参加 Ⓢ	空港でレンタカーを返却する Ⓣ

車で 約30分　　車で 約8分

→ P.34

\\ こちらも Check ! //

雨が降ったら

降水確率の高いヒロに滞在している場合など、意外とハワイ島では雨が降ることが多い。そんな時はホテルなどで開催しているカルチャーレッスン（→P.166）に参加してハワイ文化に触れてみたり、ローカルスーパー（→P.38・143）で買い物するのもいいだろう。

キラウエア火山を見るなら！

旅の目的がキラウエア火山だ！という人は、アクセスのよいヒロエリアでの滞在をおすすめする。コナや島北部のリゾートからもアクセスはできるが、どちらも約2時間～2時間30分ほどかかる。ヘリツアー（→P.165）に参加して、空から眺めるというのも手だ。

ハワイ島をもっと満喫するために
ドライブのススメ

広大なビッグ・アイランドを自由に移動できるレンタカーを使えば、行動範囲がぐんと広がり、旅の楽しみ方のチョイスが圧倒的に増える。ここではおすすめのレンタカーやドライブコースを紹介しよう。

☑ Check !
空港でのレンタカーの借り方

シャトルバスで営業所へ

到着出口を出た向かいの道路にレンタカーシャトルの停留所がある。予約した会社のバスに乗ろう。ハーツレンタカーは黄色いバスが目印。

レンタルカウンターで手続き

日本で予約した確認番号や控え、日本の運転免許証などを提示する。追加の保険加入もここでできる。

パーキングから車を探し出発

確認証をもらったら、指定されたパーキング番号の車両へ。キーは車内に入っている。車体の傷やタイヤのチェックなどをしておこう。

返却方法は？

「Rent a car Return」の標識に従って、営業所へ。返却場所はスタッフが案内してくれる。ハーツレンタカーでは返却時にガソリン満タン返し不要のFPOが便利。ガソリン代を事前に払っておくことで、返却前の給油作業が省けるのでおすすめ。

☑ Check !
レンタカーならココ

ハーツレンタカー　Hertz Rent a Car

24時間いつでも公式ホームページから申し込めるお得な「パッケージプラン」がおすすめ。車両損害補償（LDW）、追加自動車損害賠償保険（LIS）、搭乗者傷害保険・携行品保険（PAI・PEC）、返却時の給油不要（FPO）、追加運転手、税金諸費用込みなのがうれしい（シーズンにより異なる）。

📍 P.53-C1　🏠 73-104 Aulepe St. Kailua-Kona（コナ空港）　📞 808-329-3566　🕐 5:00 ～ 22:30　🚫無休　💳 ADJMV　🌐 www.hertz-japan.com

☑ Check !
ハーツGoldプラス・リワーズならストレスフリーでレンタルできる！

会員に登録すると（年会費無料）、車両のアップグレードや特典と引き換えられるポイントがもらえるだけでなく、営業所での手続きがなんと不要に。コナ営業所では電光掲示板に予約者名と車両番号が掲示されているので、そのまま車両のピックアップに向かえばOK。ぜひ加入しておきたい。

☑ Check !　ガソリンの入れ方（セルフ）

①クレジットカードを入れる　→　②ガソリンの種類を選ぶ　　③ノズルを外して必要な分だけ入れる

差し込んだら素早く引き抜く。エラーが出たら何回か試そう。

「Regular」「Plus」「Premium」の3種がある。一般車なら「Regular」でOK。

レバーを引いている間、給油される。機械に給油量（ガロン）と金額が表示されていくので、希望の分だけ入れればOKだ。

※レンタカーについてはP.216もチェック

☑ おすすめドライブコース

北部観光コース（ワイコロア・ビーチ・リゾート泊の場合）	ボルケーノ観光コース（ヒロ泊の場合）	サウス・コナ観光コース（コナ泊の場合）

北部観光コース
（ワイコロア・ビーチ・リゾート泊の場合）

❶ ホテル
↓ 約45km・約70分
❷ プウコホラ・ヘイアウ →P.94
↓ 約33km・約45分
❸ カパアウ →P.93
↓ 約34km・約45分
❹ ワイメア →P.90

変化に富んだハワイ島の光景を満喫できるコース。ハワイ最大のプウコホラ・ヘイアウを見学し、海沿いの270号線をドライブ。午後はワイメアの町を散策。

ボルケーノ観光コース
（ヒロ泊の場合）

❶ ホテル
↓ 約45km・約70分
❷ ハワイ火山国立公園 →P.80
↓ 約40km・約60分
❸ チェーン・オブ・クレーターズ・ロード
↓ 約81km・約1時間15分 →P.84
❹ ラヴァ・ツリー州立公園 →P.109

丸1日かけてじっくりと火山を見学できるコース。チェーン・オブ・クレーターズ・ロードを走る場合はガソリンの残量を要チェック！

サウス・コナ観光コース
（コナ泊の場合）

❶ ホテル
↓ 約10km・約12分
❷ カハルウ・ビーチパーク →P.68
↓ 約11km・約14分
❸ カイナリウ →P.69
↓ 約21km・約21分
❹ プウホヌア・オ・ホナウナウ国立歴史公園 →P.70

コナの南部を進むコース。スノーケリングを楽しめるビーチで遊んだら、カイナリウの町でランチ。午後は古代ハワイアンの生活ぶりを知れる歴史公園へ向かおう。

ビッグ・アイランドを五感で味わおう
ハワイ島を楽しみ尽くす
注目 TOPICS

ハワイ諸島のなかでもっとも大きいハワイ島。この広大な島では To Do List を事前に決めておくことが効率よく楽しむコツだ。初めての人もリピーターも、まずはここからハワイ島のホットなコンテンツをチェックしよう。

TOPICS

宇宙にもっとも近い場所
マウナ・ケアでパワーチャージ

ハワイ島観光のハイライトスポットとして人気のマウナ・ケア。
ここからの景色を見るためだけにハワイ島を訪れる人もいるほどだ。
眼下に広がる雲海へ沈む夕日や夜空に広がるきらめく星たちは息をのむほどの美しさ。
ツアーに参加して目とカメラに焼き付けよう！

ツアー START サンセット・星空ツアー

午後からスタート。サンセットを眺めたあとは、満天の星を眺めるツアー。（約8～9時間）

高山でしか見ることのできない銀剣草（シルバー・ソード）も生息している

① 送迎のバスがお出迎え

参加するのは太公望ハワイのツアー。基本は英語ガイドのツアーだが、スタッフは日本語も堪能なので安心だ。送迎は宿泊先まで来てくれる。

② オニヅカ・ビジターセンターに到着

マウナ・ケアの説明などを受けながら第一の目的地であるオニヅカ・ビジターセンターへ。マウナ・ケアの中腹にありすでに標高は2804m。ここで休憩がてら30分ほど体をならす。

③ おみやげチェック＆ビジターセンター散策

施設内には中小型望遠鏡をはじめとした展示やTシャツ、雑貨類などのおみやげを販売する売店がある。トイレはここにしかないので、必ず済ませておこう。

宇宙食も売っている！各 $7

ツアーはここ！

太公望ハワイ
Taikobo Hawaii

太公望ハワイの代表で、マウナ・ケア星空ガイドの先駆者でもあるサニー武石さんが手がけるツアー。現在は英語ツアーがメインだが、全員日本語がわかるスタッフなので安心して参加できる。ほかにハワイ島各所を巡ってくれる貸切チャーターツアーも行う。

📍P.53-C1　🏠73-5576 Kauhola St. #2,Kailua-Kona（オフィス）　📞808-329-0599　🌐www.taikobo.com

● 聖地マウナケア山頂・星空観測＆サンセットツアー：出発時間午後、帰着時間夜（季節、宿泊先、天候により変更あり）、所要8～9時間　💲$265(13歳以上から参加可能)、含まれるもの：日本語ガイド、ホテル送迎、ハワイ島産ボトルウオーター、スナック、防寒具レンタル（ジャケット＆オーバーパンツ、手袋）、温かい飲み物、サニー武石撮影絵はがきセット
※心臓や呼吸器系疾患、妊婦、高血圧、ダイビング後24時間以内の方は参加不可。参加12時間以内の飲酒も不可

マウナ・ケアって？

ハワイ語で「白い山」を意味する標高4205m のハワイ諸島で最も高い火山。山頂付近では雪が積もることもしばしば。日本の国立天文台が建設したすばる望遠鏡があることでも有名。海底火山のため、海に隠れている部分から数えると1万m以上となり、エベレストを超えて世界で一番高い山ということになる。

オレンジともピンクともつかないグラデーションがかった空は絶景

→ ④ 息をのむほど
美しい景色に感動！

時間が来たらバンに乗って頂上へ。ひんやりとした空気とともに見えてくるのはオレンジ色に染まった空と幻想的な雲海。自然の力強さに感動するだろう。

→ ⑤ 日が落ちたら
星空ウオッチング

夕日を堪能したらオニヅカ・ビジターセンターへ戻り、天体観測を楽しもう。ガイドさんが星や惑星などの説明をしてくれる。

宇宙を身近に感じる一夜になるはずだ

太公望ハワイでは夜中に出発して朝日を眺めるツアーも催行。開催している日が限られているので、公式サイトを要確認。

⚠ ツアー参加の注意点

● 防寒具を用意

ツアーでジャケットなどをレンタルできるが、ウォームシャツやレギンスなど、なるべく着込んでいくことをおすすめする。

● 悪天候で山頂まで行けないことも

冬場の期間11～2月は特に天候が荒れやすく、オニヅカ・ビジターセンターから山頂までの道がクローズしてしまうことも。その場合は残念だがその日のツアーはキャンセルとなる。確実に山頂へ登りたいのであれば、予備日などをスケジュールに設定しておくと安心。

● カメラ・スマホを忘れずに

絶景を逃さないようカメラは必携。特に星空を撮影する場合は手ブレ防止にミニ三脚などがあるとより心強い。

23

ケアナカーコイ展望台からの景色。
風が強いので帽子など
飛ばされないように注意

火の女神・ペレの息吹を感じる
キラウエア火山

よく見ると赤いマグマが噴き出ているのがわかる

ハレマウマウ火口がよく見えるのはココ!

●ケアナカーコイ展望台
📍 P.81-1
デバステーション・トレイルの
駐車場に車を停め、「ERUPTION
VIEWING」と書かれた看板が目
印。約1.5マイル（2.4km）で
30分ほどのトレイルだ。入り口
に簡易トイレもある

オヒア・レフア

ハワイに多く分布する可憐
なオヒア・レフア。過酷な
環境でも強い生命力を発揮
する

ネネが通ります

CAUTION NENE XING

道中ではハワイ固
有種で絶滅危惧種
のネネに出会える
ことも。近寄らず
そっと見守ろう

☀ 昼に見る

SUMMARY
- ●トレッキング感覚で楽しめる!
- ●ハワイ固有の動物や溶岩地に
  咲く花を見られることも
- ●広大な火口の全景を見渡せる

澄み切った空の下、大迫力の火口を目
指して歩くのはとても気持ちがいい。
ハワイとはいえ標高が1100mほどある
ので、長袖長パンツを用意して、防寒
対策はしっかりしておきたい。ケアナ
カーコイ展望台に向かう道を歩いてい
ると、途中ハワイ固有の動物、ネネや溶
岩地に咲くオヒア・レフアなどが見ら
れることも。よくあたりを観察して歩い
てみよう。ハレマウマウ火口の全貌が
見渡せるのも昼に見るポイント。その
大きさに思わず圧倒されるはず。この
付近の天候は変わりやすいので、雨具
も持っておくと安心。風が強いことも
多いので、帽子などが飛ばされないよ
うに気をつけたい。

耳をすませば、マグマが噴き出るゴゴーっという音も聞こえてくる

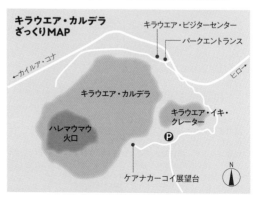

夕暮れどきの時間帯もとても美しい

Night time

昼に見る? 夜に見る?

2022年11月に約1年4ヵ月ぶりに噴火活動が活発化したキラウエア火山だが、昼と夜ではその表情を大きく変える。ここでは昼と夜の火山ウオッチングのポイントをご紹介。いつ沈静化してしまうかわからないので、いち早く足を運びたい。

夜に見る

SUMMARY
**神秘的な光景が広がる
早い時間から場所取りを!
アクセスはヒロからが安心**

夜に見る最大のポイントは暗闇に神秘的に浮かび上がる噴煙と真っ赤に光る溶岩。ケアナカーコイ展望台から眺める場合は、真っ暗な道を30分ほど歩くので、足元を照らす懐中電灯などがあるといい。コース自体はわかりやすい道だが、昼の明るい時間に一度訪れておくと安心。暗い時間の観賞は特に人気で駐車場が混み合うため、夕方ぐらいから場所取りを。夜に観賞するということは、暗い道を運転して帰らなければならないので注意。ヒロまでは約50分、カイルア・コナだと約2時間の道のりだ。南部を通るカイルア・コナへの道は狭くカーブが多いので、夜間の走行はおすすめしない。なるべく近いヒロに宿を取っておこう。

世界遺産に登録されている自然公園
ハワイ火山国立公園 Hawaii Volcanoes National Park

ハワイ島の大地が形成されているプロセスを垣間見ることができる。火口ウオッチング以外にも、火口内を歩けるハイキングコース「キラウエア・イキ・トレイル」（→ P.27）や火口を眺めながら食事が楽しめるレストラン「ザ・リム」（→ P.124）などもある。**DATA → P.80**

キラウエア・カルデラ ざっくりMAP

キラウエア・ビジターセンター
パークエントランス
← カイルア・コナ
ヒロ →
キラウエア・カルデラ
キラウエア・イキ・クレーター
ハレマウマウ火口
ケアナカーコイ展望台
N

ハワイ島の"マナ"宿るビッグな大地を歩く
絶景トレッキングスポット4選

溶岩によって今もなおたびたびその形を変える島、ハワイ島。
地球のマナ（エネルギー）を特に感じられる場所だからこそ、
自分の足で風や空気を感じながら楽しめるトレッキングがおすすめだ。

いい景色だなぁ

③

D
C
B
A

④

⑥

⑤

②

①

1 トレッキングのスタート。ここに車を停める。清潔とは言えないが、簡易トイレの設置がある。道中はもちろん、ビーチにもトイレはない **2** スタートしてすぐ、赤土の道なき道を海の方向へ歩いていく。分岐はあるが気にしなくてOK。とにかく海の方向へ **3** スタートから約15分歩くと写真のような黒岩の海岸が現れる。海岸に沿って歩いていけばいい **4** ビーチがあるのは崖の下。写真のような階段などを使いながら5分ほどで下りられる。滑るので注意しよう **5** 溶岩の中に溶けたカンラン石が細かく砕けたため緑に見えるという **6** 波が高いときはなるべく遊泳は避けたい

グリーンサンド・ビーチ
④⑤⑥

なだらかな広い草原。
道は海岸線から離れる

**グリーンサンド・
ビーチまでの道
ざっくりMAP**

③

P ②

①

N

崖に波が浸食してビーチのようになっている

A サウス・ポイント

ハワイ島南部の秘境ビーチ
グリーンサンド・ビーチ Green Sand Beach
緑の砂が広がる秘境のようなビーチを目指すには、片道約50分～1時間程度のトレッキングが必要。距離はあるが、高低差がほぼないので歩きやすい。ただし、道中は風が強く、日差しを避ける場所もないので日焼け止めや水、食料などは必須。携帯の電波も入りにくいので注意しよう。 **DATA → P.89**

🕐 所要時間：約2時間
⛰ 難易度：中級者向け

サウス・ポイント

B ボルケーノ

ハワイ島ならでは！
大迫力の火口内を歩く
キラウエア・イキ・トレイル
Kilauea Iki Trail

キラウエア・カルデラの隣に位置するキラウエア・イキ火口を歩く約1時間30分のコース。しっとりとした植物が生い茂る道を歩き、火口へ下りていく。かつて溶岩で満ちていた場所を歩くという非日常的な体験が楽しめる。

♀ P.81-2 ♠ ハワイ火山国立公園内、入口ゲートから車で約5分

⏱ 所要時間：約2～3時間
👣 難易度：初～中級者向け

道中は番号が振られた看板通りに歩いていけばよい

上 月面のごとくデコボコしたクレーター内。自然のパワーを感じずにはいられない　下 上から見たキラウエア・イキ火口。その広さがよく分かる

C ボルケーノ

溶岩が造ったトンネルを歩く
サーストン・ラヴァ・チューブ
Thurston Lava Tube

500年以上前に起こったキラウエア火山の噴火によりできたという溶岩トンネル。約15分の気軽なトレイルだ。真っ暗なトンネル内はひんやりとしていて、どこか神聖な空気が漂う。滑らないように足元に注意して歩こう。

DATA → P.83

上 20時から朝の8時までは足元を照らすライトが消灯するので懐中電灯などを持っていきたい　下 トンネルの入口まではジャングルを歩く

⏱ 所要時間：約15分
👣 難易度：初心者向け

上 雨が多いエリアなので、汚れてもいい服装で行くのがベター　下 野生のジンジャーやシダなど、トロピカルな花々や植物を楽しめる

D ホノム

マイナスイオンたっぷりの滝を見に行こう！
アカカ・フォールズ州立公園
Akaka Falls State Park

州立公園の駐車場から、アカカ・フォールズを目指して歩いていく。舗装された遊歩道を歩くので、小さな子供連れにも人気。公園内は円を描くようになっていて、アカカ・フォールズへは左回りのほうが少しだけ近い。

DATA → P.107

⏱ 所要時間：約40～60分
👣 難易度：初心者向け

必ず車の進行方向の車道を走るようにしよう。
歩道を移動する場合は降りて歩くのがマナー

エコでクリーンなシェアサイクル

HIBIKEでカイルア・コナ散策
ハイバイク

ハワイ島の交通手段といえば、レンタカーかバスといった具合だったが、もっと手軽に移動ができるシェアサイクルが登場！カイルア・コナとヒロの一部のエリアに設置されていて、誰でも気軽に利用できる。ハワイの風を感じてカイルア・コナの町を散策してみよう！

HIBIKE Information

🚲シングルライド（30分）$3.50
🚲ザ・ホッパー（1日利用可能。ただし、1回の利用は最大30分）$10

●利用方法

HIBIKE のストップ（駐輪場）を見つけたら、画面をタッチして、言語から「日本語」を選択。プランを選んでクレジットカードで支払う。完了すると、5桁のコードが発行されるので、自転車を選び、コードを入力して緑色のランプが光ったらドックから引き抜く。返却はどこのHIBIKE ストップでもOK。
詳細は→ P.220 をチェック

操作の手順は日本語でも書かれているので画面の案内に従えば簡単にレンタルできる

START ①
コスパの高い
おみやげ探しならここ！
ターゲット Target
全米で展開する大型スーパーマーケットチェーン。食用品はもちろん、アメリカらしい雑貨類も豊富に揃っていて、おみやげ探しに最適だ。建物の裏手に HIBIKE ストップがある。**DATA → P.145**

コスメや医療品が揃うロングス・ドラッグスが入っている

ハワイ島のベストシェイブアイス店に輝いたこともある

約6分

クリームたっぷりなのがうれしいコナ・モカ・フラッペ $6

きめ細かい氷が口の中ですぐに溶けるクラシックな味わいのシェイブアイスは $5 〜

② シェイブアイスで暑い体を冷まそう
スカンジナビアン・シェイブアイス
Scandinavian Shave Ice
ブルーの建物が印象的。カイルア・コナの町を代表する人気シェイブアイスをはじめとしたひんやりスイーツが揃う。シェイブアイスはアイスクリームなどトッピングが可能。

📍P.63-B1　🏠75-5699 Alii Dr.　📞808-326-2522
11:00 〜 21:00　🚫無休
💳AJMV　🅿付近のパブリックパーキングを利用
🌐scandinavianshaveice.com

ハワイらしい雑貨やトロピカルフルーツが販売されている

ショッピングモール内を散策するだけでも楽しめる

約1分

3 カイルア・コナの町からアクセスしやすい青空市
コナ・ファーマーズ・マーケット
Kona Farmer's Market

約3分

カイルア・コナの中心部で月曜と火曜以外に開催されている。新鮮な野菜、フルーツがずらりと並び、ちょっとした雑貨やアクセサリー店などが出店。

DATA → P.136

コーヒー豆の麻袋をリサイクルしたバッグは $64

4 帆船をイメージしたショッピングモール
ウォーターフロント・ロウ
Waterfront Row

アリイ・ドライブ沿いに位置するショッピングモールで、雑貨屋やカフェ、レストラン、ギャラリーなどが入る。大きな船の中にお店がオープンしているかのような造りがおもしろい。

DATA → P.141

開業当時からの写真スポットとして有名な「キャプテン・ジャック」

ひと休みしてね

約1分

5 絶品シービューランチを満喫
アイランド・ラヴァ・ジャバ
Island Lava Java

カイルアの海を一望できる絶好のロケーションでランチやディナーが楽しめる人気店。地元産の食材を使った独自のハワイアンスタイルの料理を提供する。ディナーは必ず予約しておこう。

DATA → P.119

フレッシュなマヒ（白身魚）がライスと相性抜群なレモングラスカレーマヒ $32

冬の時期にはクジラやイルカも集まってくるという

GOAL　約15分

こぢんまりとした小さなビーチだ

6 白い砂浜でまったり過ごそう
ホワイト・サンド・ビーチパーク
White Sand Beach Park

カイルア・コナエリアでは貴重な白砂の海岸。遊泳には向かないが、美しいビーチを眺めながらのんびりできる。潮が満ちると砂浜のある場所まで浸食してしまうことから、「マジック・サンド・ビーチ」とも呼ばれる。

DATA → P.68

ハワイ島のコーヒーはここから始まった
ハワイ島コーヒーファーム探訪

世界三大コーヒーのひとつであるコナ・コーヒー。
その生産地であるハワイ島には、コナ・コーヒー・ベルトと呼ばれる
多くの農園が点在するエリアがある。
ツアーやグッズの販売をしているビジター向けの農園をご紹介しよう。

大粒に赤く色づく
コーヒーチェリー！

標高が高いためカイルア・コナの町と
海を一望できるUCCハワイの農園

ホルアロア 焙煎体験やファームの見学ツアーが人気
UCC ハワイ・コナ・コーヒー・エステート
UCC Hawaii Kona Coffee Estate

1989年にハワイ島コナ地区2番目の直営農園としてオープン。東京ドーム約3.5個分の広大なファームでは、厳格な品質管理がされ質の高いコーヒーが収穫される。日本人スタッフがガイドをしてくれる有料の焙煎体験（要予約）やファームの見学ツアー（無料）が人気だ。

📍 P.53-C1　🏠 75-5568 Mamalahoa Hwy.　📞 808- 322-3789
🕐 9:00 ～ 16:30（農園見学ツアー受付～ 16:30、焙煎体験ツアー
受付～ 15:00）　🗓 土・日曜　農園見学ツアー無料、所要約15
～ 20 分、焙煎体験ツアー $50+TAX、所要約45分～1時間
💳 AJMV　🅿 無料　🌐 www.ucc-hawaii.com/ja/

お待ちしてます！

マネージャー・
三木秀樹さん

カフェや売店は予約
なしでOK。
ふらっと立ち寄ろう

イートインメニューも

売店にはここでしか購入でき
ないコーヒー豆やグッズが揃
う。左からエステート・グロウ
ン 100% コナ・コーヒー227g
$28.50、アイスコーヒー用
100% コナ・コーヒー $25

コナ・コーヒーアイスに、
エスプレッソをかけていた
だくアフォガート $6.50

※金額は 2023 年 5 月現在のもの。

焙煎体験ツアーに参加

農園見学と実際に豆を焙煎、写真付きのオリジ
ナルパッケージに袋詰めして持ち帰ることがで
きる。記念にぜひ参加しよう！（要予約）

ラベル用の写真撮影
農園見学をしたら、
コーヒー豆のパッケー
ジに印刷される写真の
撮影。

**焙煎方法や豆の
ローストについ
て説明を聞く**
どのくらいの時間
で豆の色が変化し
ていくのかなど、
焙煎のコツを教え
てもらえ、豆を焙
煎機へ！

**焙煎機から
取り出し冷ます**
焙煎された豆は
いい香り！冷却
装置でムラが出
ないように素早
く冷まそう。

完成～！

名前と日付、写真
が入ったオリジナ
ルのコーヒー豆が
誕生！おみやげに
ぴったり。

ファームツアーのあとはドリップしたての絶品コーヒーの試飲でひと休みしよう

ホルアロア アロハな心でもてなしてくれるコーヒーファーム

村松小農園 Pine Village Small Farm

村松さん夫妻が運営するコナ・コーヒーとカカオ豆の農園。名前のとおりコーヒーファームとしては小規模の農園ながら、村松さん夫妻をはじめスタッフが一つひとつていねいな手作業で生産するコナ・コーヒーは国内外にファンが多い。コーヒーファームツアーは無料で参加できる（要予約）。

左 村松さんをはじめ温かいスタッフたちが出迎えてくれる **右** 園内の休憩スペースからは息をのむほど美しい絶景が広がる

📍P.53-D2　🏠78-6919 Palekana Rd.　📞808-936-0904　🕐月〜金曜13:00〜17:00 ※来園には予約が必要。予約はHPから　❌土・日曜　🚶ファームツアー無料（コーヒーの試飲あり）　💳ADJMV　🅿無料　💻www.muramatsu.farm/ja

---

ホルアロア 楽園のような美しいガーデンが魅力

🫘 ドトール・マウカ・メドウズ・コーヒー農園
Doutor Mauka Meadows Coffee Farm

ドトールコーヒーの直営農園。こちらで販売している商品はすべて日本では購入できない農園限定商品。また、コーヒーだけではなく、フラワー＆フルーツガーデンも兼ね備えていて、楽園のような園内散策を楽しめる。

📍P.53-C1　🏠75-5476 Mamalahoa Hwy.　📞808-322-3636（日本語可）　🕐9:00〜16:00　❌無休　入園料＄5、焙煎体験ツアー＄80（要予約、入園料込み）　💳AJMV　🅿無料　💻maukameadows.com
※2023年4月現在臨時閉園中だが、来園希望の場合はinfo@maukameadows.comまで連絡を。日にちによっては農園案内が可能。

＼おみやげもチェック！／

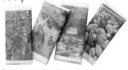

左 左から一番人気のプライベート・リザーブ ＄30、No.1＄25
右 農園のカカオを使ったチョコレート・バー各＄13

人気！

☞ **カウ・コーヒー・ファームもCHECK**

Q カウ・コーヒーって？

今やコナ・コーヒーに匹敵する人気と知名度を誇るカウ・コーヒーは、マウナロア東部のカウ地区で生産されるコーヒー。日当たりのよさと日中の寒暖差、肥沃な火山性土壌がコーヒー栽培に適しており、コナ・コーヒーよりも酸味が少なく甘くて深みのあるアロマが特徴。

パハラ カウ・コーヒーのパイオニア

アイカネ・プランテーション
Aikane Plantation

ハワイ州政府の「シール・オブ・クオリティ」に認定された上質な無農薬コーヒー。運営するベッカー夫人の祖父が約100年前にカウ地区で最初にコーヒーの木を植えた人物。

📍P.54-B2　🏠96-1944 Kaalaiki Rd.　📞808-927-5352　🕐10:00〜14:00（無料のファームツアーは要予約）　❌水・土曜、不定休　💳MV　🅿無料　💻www.aikaneplantation.com

上 約7000本のコーヒーの木を有する、約12エーカーの農園だ **下** 水・土曜はナアレフのカウ・ファーマーズ・マーケットに出店している

パハラ

カウ・コーヒー・ミル・ビジターセンター

こちらもチェック **DATA → P.87**

コナ・コーヒー物語

ハワイ島のコナ・コーヒーは、世界的にも高い評価を得ていて、
希少性からも高級な豆として認知されている。
ここにいたるまでには、長い苦労と努力があった……。

豊かな自然が良質のコーヒーを育む

コナ・コーヒーはハワイ島西海岸、カイルア・コナに迫るフアラライ山麓一帯で作られている。100年以上もの間、商業ベースでコーヒーを生産し続けている、アメリカ唯一のエリアだ。コナでコーヒー産業が発展した理由は、その自然環境によるところが多い。まずコナの弱酸性火山土壌、次に昼は海から暖かい風が、夜間は山から冷たい風が吹くことによって生じる気温差、そして多過ぎない午後の雨。これらすべてが、おいしいコーヒーを栽培するのに最適の環境といわれている。

標高460m付近にあるUCCハワイ・コナ・コーヒー・エステート
(→ P.30)

おいしいコーヒーには理由がある

コーヒーの木は1～5月に花をつけ、8～1月の約6ヵ月間が収穫期となる。一つひとつ、手でつまれた赤いコーヒーチェリー（果実）は、皮をむいたあと、水に浸され、乾燥工程に入る。日光で乾燥させるのがひと苦労で、農家では広く並べた豆を特製の熊手でかき混ぜながら乾かす。その作業は、初日に15分ごと、それ以降は1～2時間おきに行われているというのだから、何とも気の遠くなるような仕事である。5～7日間乾燥させ、グリーン・コーヒーと呼ばれる緑色の状態になっ

てようやく、焙煎機にかけられる。こうした大変な手間をかけて、あの香り高いコーヒーができあがるのだから、高級品になるのもうなずける。

ちなみに、コナ・コーヒーは、豆の含有水分量や大きさによってランク分けがなされる。最高ランクは「エクストラ・ファンシー」、次に高価な「ファンシー」、「ナンバーワン」、「プライム」の順となる。そして、コナ・コーヒーの収穫高のたった3％といわれる「ピーベリー」はそのなかでも特に高価。酸味がマイルドで、カフェインも少ないので体によいとされている。

100% コナ・コーヒーこそが本物

まさに作り手の愛情がたっぷり注ぎこまれたコナ・コーヒー。だが、世界的に有名なコーヒー産地と比べれば、その面積は微々たるもの。当然、生産量はそれほど多くない。またハワイの物価高を反映して、コナ・コーヒーは中南米産コーヒーの7～8倍の高値。ハワイ島でも100％ピュアのコナ・コーヒーは1ポンド（約450g）$30～50は出さないと買えない。ギフトショップなどで売られている$10くらいの製品は「コナ・コーヒー」と名付けられているものの、ラベルをよく見るとコナ・コーヒーが10％ほどしか入っていないブレンド品なのだ。

コナ・コーヒーは1月頃から3月頃まで開花シーズン。ジャスミンのような甘い香りが特徴。開花はたったの3日間と短く、見ることができると幸運が訪れるという。白い花が特徴で、コーヒーの木にまるで雪が積もっているように見えることから、「コナ・スノー」といわれる。

手づみで地道な作業のうえにコナ・コーヒーはなり立っている

当時のコーヒー農家の生活の様子がしのばれる展示があるH.N. グリーンウェル・ストア・ミュージアム
🌐 konahistorical.org/hn-greenwell-store-museum

コナ・コーヒーの歴史

　ハワイに初めて、コーヒーの木が植えられたのは1825年のこと。ロンドン訪問中のカメハメハ2世とその王妃カママルが、麻疹のため帰らぬ人に。彼らの遺体を乗せた英国艦ブロンド号がハワイに帰る途中、ブラジルのリオデジャネイロに寄港した。同乗していた当時のオアフ島の統治者ボギがブラジル・コーヒーをホノルルに持ち帰ったのが、ハワイのコーヒーの始まりだといわれている。オアフ島では白人の手によって農園造りが試みられたが、成功しなかった。

　その後1828年、あるキリスト教宣教師がオアフ島の農園からハワイ島のコナに観賞用としてコーヒーの木を持ち帰ったところ、その木は瞬く間に成長し、数年後にはコナ一帯はコーヒーの木だらけになったという。

1930年代、コーヒー豆の運搬にはロバが使われていた
© Kona Historical Society

サトウキビ最盛期の時代

　この頃、メインランドから来た実業家が、カウアイ島のコロアでもコーヒー農園を始め、コーヒー作りでひと儲けという風潮が一時は各島に起こった。しかし、結局どの農園も成功することはできず、1860年頃までには、ハワイ島のコナとハマクアの一部を除いて、ほとんどがサトウキビ農園に変貌した。この時代のサトウキビ産業はハワイの経済成長に大きく貢献し、ハワイ各島に数え切れないほどのプランテーションを生んでいた。コナの農家としても、できれば儲かるサトウキビを、という思いもあったようだ。だが、コナの土壌や気候がサトウキビには適さず、それまで入植していたポルトガル人や中国人農家は、次々と新しい土

地へ移っていった。そんなコナに残ったのは、辛抱強い日系移民たちだった。

日系人が支えたコーヒー産業

　幸運なことに、農園主が人を雇って大プランテーションを経営するシステムが崩れ、地主が個人農家に土地と家を貸し、生産したコーヒー豆を納めてもらう方法を作りだした。借り物とはいえ、自分の農園で働けるとあって、ヒロ近辺のサトウキビ農場からコナへ移り住み、コーヒー栽培を成功させた日本人移民の数も多かったという。そして、1910年頃には日本人農家が作るコーヒーは、コナの全生産量の8割を占めるまでになっていった。カイルア・コナから山側を南へ走る180号線沿いには、アベ・ホテルやキムラ・ストアなど、日本人経営のホテルやよろず屋が繁盛し、日本人街の様相を呈していた。

> 珈琲咲き
> 明日への夢の
> 明るさよ

　しかし、コーヒー相場の安定は長くは続かなかった。1930年の大恐慌や第2次世界大戦の混乱で、コーヒーの価格が暴落したあとは、細々と食いつなぐのがやっとという農家も多かったという。上記の俳句は、作者不明だが、コーヒー作りに従事する当時の日本人移民が残したもの。身を粉にした苦しい生活を送りながらも、コナ・コーヒーの未来を信じたコーヒー農家の信念を表した一句だろう。そんな日系移民の勤勉さとひたむきな努力があってこそ、世界三大コーヒーのひとつになるまで成長したのだ。

ロイヤル・コナ・コーヒー・ミルでは日系移民たちの当時の写真などが展示されている

● ロイヤル・コナ・コーヒー・ミル
ケアラケクア　📍 P.54-A2
🏠 83-5427 Mamalahoa Hwy.　📞 808-328-2511
🕐 6:00 ～ 15:00　🚫 土・日曜　💳 ADJMV　💰 無料
🌐 www.royalkonacoffee.com

SEA SALT
シー・ソルト

シー・ソルト工場見学
🕐 45分 💰 $25

海水の汲み上げを行っている美しいビーチを見学後、乾燥させて塩になる工程を見学。ツアーの最後にはシー・ソルトのテイスティングもできる。

売店ではフレーバー豊富なシー・ソルトを販売。2oz $8。肉料理をはじめ、料理に使用すると、グッと味が引きしまる

ハワイの名産品の裏側に潜入！
メイド・イン・ビッグ・アイランドの 社会科見学

試食や試飲も楽しめる盛りだくさんな内容の工場＆ファーム見学スポットをご紹介。「名産品」が生み出される生産現場を見学しよう。

1 日光にさらされ、乾燥した塩の結晶 **2** スタッフがていねいに説明してくれる **3** ツアーの最後にはショップでシー・ソルトを野菜やフルーツにディップしてテイスティング

> カイルア・コナ

ハワイアングルメソルトの一番人気
シー・ソルト・オブ・ハワイ Sea Salt of Hawaii

タツノオトシゴのロゴが印象的なシー・ソルトブランド。コナの海の深海から汲み上げられた海洋深層水を原料としており、マグネシウムやミネラルがたっぷり。工場見学ツアーでは、生成される過程をスタッフの説明を受けながら見学できる（英語のみ）。

マグネシウムがたっぷりで疲労解消効果があるマグネシウムドロップ $10。水に数滴たらすだけでOK

📍 P53-C1 🏠 73-907 Makako Bay Dr. 📞 808-326-9301 🕐 ツアー 9:00 ～ 11:00 ～ストア：9:00 ～ 16:00 🈳 無休 💰 $25、14歳以下 $15 💳 AJMV 🅿 無料 🌐 konaseasalt.com/pages/kona-sea-salt-farm-tours

MACADAMIA NUTS
マカダミアナッツ

マカダミアナッツ 工場見学
🕐 30分 💰 無料

製造ラインでナッツが缶に入れられている様子を眺めているだけで楽しい。

コナ・コーヒーフレーバーも人気！ $5.99

上 ガラス越しに製造ラインを見学できる **下** 試食コーナーもある。お気に入りを見つけよう

> カワイハエ

マカダミアナッツの超有名店
ハマクア・マカダミアナッツ
Hamakua Macadamia Nut

100％ハワイ産のマカダミアナッツの商品を生産しているファクトリー＆ギフトショップ。高品質を誇るハマクアのマカダミアナッツは、農地での生産過程や工場での作業工程にいたるまで、徹底した品質管理が行われている。

📍 P58-B1 🏠 61-3251 Maluokalani St. Kawaihae 📞 808-882-1690 🕐 9:00 ～ 16:30（工場見学は土・日曜、祝日休み）🈳 おもな祝日 💰 無料 💳 AJMV 🅿 無料 🌐 www.hawnnut.com

コナ アバロニ
KONA ABALONE

カイルア・コナ

ハワイで育った極上素材

ビッグ・アイランド・アバロニ
Big Island Abalone

太平洋の海底深く約 900m から汲み上げた海洋深層水を使って、今や絶滅危惧種となった希少なエゾアワビを養殖。ローカル食材が揃う BBQ 施設も併設する。

📍 P.53-C1　🏠 73-357 Makako Bay Dr.　📞 808-334-0034　🕐 8:00 ～ 16:00（土曜 10:00 ～ 15:00）、ツアーは 9:00 ～複数回開催。HP から要予約）　休 日曜、おもな祝日　💲 $25、8 歳以下 $12　💳 JMV　🅿 無料　🌐 www.bigislandabalone.com

1 アワビは水質や水温などの徹底管理のもと、産卵、孵化の段階から育て上げている　**2** アワビの餌は特許取得したこだわりの海藻、ダルス　**3** アツアツ焼きたてのアワビを試食できる

ビール工場見学
🕐 1 時間　💲 $25（15 歳以上）

出荷用ビールの冷蔵庫内などを見学。4oz のビールのサンプルをテイスティングできる（21 歳以上）。

カイルア・コナ　BEER

コナ発の人気クラフトビール

コナ・ブリューイング・カンパニー
Kona Brewing Company

カイルア・コナの地からスタートしたブリュワリー。ハワイのピュアな水や厳選されたホップを使っているというビール作りにかける情熱と精神を感じることができる。

📍 P.63-B1　🏠 74-5612 Pawai Pl.（パブ）　📞 808-334-2739（パブ）　🕐 工場見学ツアー 10:30 ～ 12:00、16:30 ～ 18:00（土曜は 15:00 ～もあり、要予約。）パブの営業時間 10:00 ～ 21:00　休 日曜　💲 $25（15 歳以上の参加）　💳 ADJMV　🅿 無料　🌐 konabrewingco.com　※写真入りの身分証明書を提示

工場内にある雰囲気のいいテイスティングルーム

茶園見学
🕐 1 時間　💲 $70

じっくりと茶畑を見学したあと、3 種類のお茶をテイスティング。手作りのお茶菓子もついてくる。

ホノカア　TEA

自然の条件で栽培された茶葉

マウナ・ケア・ティー
Mauna Kea Tea

ハワイ島北東部のホノカアにある茶園。2005 年の創業以来、茶を無農薬で栽培、製茶してきた。ライグラスやクローバーを緑肥に使用するなど、趣向を凝らした取り組みが特徴的だ。

📍 P.59-A3　🏠 46-3870 Old Mamalahoa Hwy., Honokaa　📞 808-775-1171　🕐 9:30 ～ 14:30（ツアーは 10:30 ～ 13:00）　休 日曜　💲 見学ツアー $70、6 ～ 12 歳 $35、5 歳以下無料　💳 JMV　🅿 無料　🌐 maunakeatea.com

無農薬で栽培された茶葉やオリジナルの商品が並ぶ

チョコレート工場見学
🕐 1 時間 30 分　💲 $30

間近でカカオ豆を見学できる貴重な機会。ショップではチョコレートバーなどを販売。

ヒロ　CHOCOLATE

上質なチョコレートを生産する

マヒアイ・メイド
Mahiai Made

オーナー夫妻が運営する小さな店ながら、ファーム散策をしながらカカオ豆からチョコレートになるまでの工程を学べる。ショップではチョコレートの試食も可能。

📍 P.101-A1　🏠 160 Kilauea Ave., Hilo　📞 808-319-6158　🕐 10:00 ～ 15:00（土曜 9:00 ～）、農園ツアー：水・金・土曜 14:00 ～　休 日・月曜　💲 ツアー $30、10 歳以下 $10（完全予約制）　💳 ADJMV　🅿 付近の路上パーキングを利用　🌐 mahiaimade.com

ショップではカカオの含有量が異なるチョコレートバーが人気 $12 ～

ハワイ島で絶対食べたい！ ローカル＆

A ノエラニ
$10
ハウピアアイスクリームにフレッシュなフルーツソースがかかったシェイプアイス

D ファーマーズ・マーケット
$14
オリジナルブレンドのアサイペーストは濃厚で食べごたえがある

E ダブル・ロコ
$13.60
ロコモコ発祥といわれる店の逸品。パティと卵がふたつ付いた大ボリュームのダブル・ロコ

B リリコイ・グレーズ・マラサダ
$1.89
酸味のあるリリコイのソースがたっぷりかかったマラサダ

F マラサダ
$1.75〜
スクエア形の絶品揚げたてマラサダ。中にフルーツシロップが入ったフィリングは $2.75

A ワイコロア・ビーチ・リゾート
豪快なひんやりスイーツが豊富に揃う
オリジナル・ビッグ・アイランド・シェイプアイス
Original Big Island Shave Ice
フードトラックで人気を博していたシェイプアイス店が、キングス・ショップス内に路面店をオープン。さわやかな口溶けのシェイプアイスをはじめ、大ボリュームのハロハロなどが楽しめる。

📍 P.61Ⓓ 🏠 キングス・ショップス内 📞 808-895-6069 🕐 11:30 〜 18:30 📅 月曜 💳 AMV 🅿 キングス・ショップスのパーキングを利用

店内にはオリジナルグッズやアパレルも販売する

B ナアレフ
スイートブレッドで有名な店
プナルウ・ベイクショップ
Punaluu Bake Shop
ナアレフの町を代表するマラサダが有名な店。人気のリリコイを含め5種のマラサダをはじめとしたペストリーが揃う。プレートランチが食べられる店も併設している。

📍 P.54-C2 🏠 95-5642 Mamalahoa Hwy., Naalehu 📞 808-929-7343 🕐 9:00 〜 17:00 📅 おもな祝日 💳 ADJMV 🅿 無料 🌐 www.bakeshophawaii.com

サウス・ポイントやボルケーノへのドライブの休憩に立ち寄りたい

C ヒロ
美しいモチ・スイーツ
トゥー・レディス・キッチン
Two Ladies Kitchen
ヒロにあるカラフルなモチ・スイーツが人気のトゥー・レディス・キッチン。ここでは求肥を使った20種類のモチや焼きまんじゅうを販売している。一つひとつ手作りされる上品な味だ。

📍 P.101-A1 🏠 274 Kilauea Ave. 📞 808-961-4766 🕐 10:00 〜 16:00 📅 日〜火曜、おもな祝日 💳 ADJMV 🅿 路上パーキングを利用

店内にはカラフルなモチ・スイーツがずらりと並ぶ

B級グルメ

新鮮な海の幸を使ったポキやハワイ島発祥のグルメなど、
ハワイ島ならではの料理を試したい。
クオリティが高く、ロコに愛されるお店はこちら。

G **ポケ・プレート**
$17.95
2スクープのライスと2種のポ
ケ、サイドメニューが1種選べ
る。野菜も付くのがうれしい！

H **ハウピア・パンケーキ**
$13.95
濃厚なハウピアソースはもちも
ちのパンケーキ生地とよく合う！
シェアがおすすめ

I **サイミン（ケイキ）**
$10.95
ハワイ風ヌードル。ちょっ
と小腹がすいた時にちょ
うどいいスモールサイズ。
通常サイズは $14.95

I **ラージバターミルクパンケーキ**
$9.95
素朴な味わいながら甘過ぎず食べやすい。
シロップをかけていただこう

C **モチ・スイーツ**
$1 〜
リリコイをはじめ、カラフルな色とこ
ろんとした形がキュート。ヒロエリア
のスーパーなどでも手に入る

A **ハロハロ**
$10
フルーツのゼリー、
ウベ（紫芋）のアイス、
アズキ、タピオカな
どが全部のせのハロ
ハロ

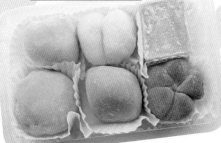

D ヒナ・ラエズ・カフェ→ P.125
E カフェ100→ P.131
F テックス・ドライブ・イン→ P.125
G パアカイ・ポケ＆デリ→ P.118
H ハワイアン・スタイル・カフェ→ P.128
I ケンズ・ハウス・オブ・パンケーキ→ P.129

ハワイ島の2大スーパーで
コスパ〇みやげをゲットする

海外らしい雰囲気を味わえるハワイ島のスーパーは、おみやげの宝庫！
お手頃な値段のアイテムもあるので、まとめ買いにぴったり。

ポケ・コーナーが充実

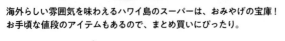

KTA Super Stores

ポケ・ボウル $12.99 は 2 種類のポケが選べる

日本スタイルの弁当！

おにぎりに唐揚げといった懐かしい日本スタイルの弁当は $3.59

軽食にぴったりなベーカリー

お店で焼き上げるベーカリーコーナーにはあんパンやドーナツなどが並ぶ

マストBUYはコレ！

$8.29

ヒロのチップス・メーカー、アテバラ・チップスのタロチップス

$9.99

KTA オリジナルブランドの個別ドリップパック

$4.99

オリジナルショッピング・バッグ（保冷用）はカラーバリエ豊富。8種

$7.49

ミルク入りの餅菓子、チチモチ

$3.47

サクサク食感でピリ辛という新感覚のクッキー

$4.19

レトロなパッケージも味があるヒロのスナック菓子、ワンタン・チップ

ヒロ

ハワイ島にしかない日系スーパー

KTA スーパーストア
KTA Super Stores

ヒロに本社をおく、島内最大規模のスーパーマーケットチェーン。メイド・イン・ビッグ・アイランドの商品や、自社ブランドの商品も充実している。おみやげはもちろん、滞在中に必要な食料品や生活雑貨など何でも揃う。

DATA → P.143

ヒロに 2 店舗、コナ・コースト・ショッピングセンター、ケアウホウ・ショッピングセンター、ケアラケクア、ワイコロア・ビレッジ、ワイメアにある

フレッシュな
ポケが人気！

本格ポケ・ボウルが食べられる。1/4lb（ポンド）$8.99のボウルとは別に自分好みにカスタムできるものも

簡単
3ステップ

How to make your own "Poke Bowl"

1/4lb（約113g）$9.99
1/2lb（約226g）$17.99

①
ライスを選ぶ

白米か玄米かをチョイスする。

②
ポケを2種選ぶ

好きなポケを2種伝える。ポケの種類は日替わりで、常時約8種が並ぶ。

③
トッピング2種、ソース1種選ぶ

トッピングは海藻類、ジンジャー、サラダなど、ソースはテリヤキスイートチリ、ワサビアイオリ、キムチなどから選んで完成。

Island Gourmet Markets

デリメニューが
絶品

ハワイ産ビーフのステーキをはじめ、イートインできるデリメニューはどれもレストラン級のクオリティ！写真はパープルカラーがキュートなウベ・パンケーキ $10.49

アルコールの
品揃え◎

ワインのセレクションはハワイ島随一。ワインバーも併設されている

リゾートらしい
トートバッグも

ハワイらしいデザインのトートバッグはサイズ・形ともに豊富。

マストBUYはコレ！

$11.99

自宅で食事のときにも気分が上がりそうなアロハなデザインの箸

$7.99

タロイモフレーバーでほんのり紫のパンケーキミックス

$4.69

個包装でばらまきにもぴったりなタロクッキー

各$3.99

レトロなデザインがかわいいソープ。いろいろなデザインがある

$5.99
（2つで $9.99）

2oz（約56g）と小さいサイズがおみやげに◎な100%カウ・コーヒー

各$6.99

ポケ作りに便利なシーズニング。フレーバーは2種

ワイコロア・ビーチ・リゾート

ツーリストの強い味方！

アイランド・グルメ・マーケット
Island Gourmet Markets

広々とした店内には、手作りスイーツ、Tシャツやバッグなどの雑貨、食料品、ハワイ産のアイテムなどがずらり。イートインでアルコールが楽しめるワインバー、できたてのプレートランチが楽しめるデリもある。

DATA → P.143

広々とした店内はアルコール、スナック、生鮮食品、雑貨といった具合にジャンル分けされているから、探しているものが見つけやすい

マナ宿る地に立つ
アウトリガー・コナ・リゾート&スパで心休まるハワイ島ステイ

砂が敷き詰められたラグーンプール。子供におすすめ

2021年にリブランドされオープンした、アウトリガー・コナ・リゾート&スパ。カイルア・コナの喧騒から逃れ、初めてなのにどこか懐かしく、ハワイ島を思う存分堪能できる快適なステイを提供する。

ケアウホウ

ホテルアクティビティが魅力

アウトリガー・コナ・リゾート&スパ
Outrigger Kona Resort & Spa

ホテルに到着すると目に飛び込んでくるのは、開放的なロビーの窓に広がるケアウホウ湾とフアラライ山の裾野に広がる町。にぎやかなカイルア・コナから車でたった15分の場所ながら喧騒とは無縁の空間で、溶岩

ケアウホウ湾をぼんやり眺めているだけで、心も頭も空っぽにリセットできる

に囲まれたプールサイドのベンチから眺めるサンセットタイムは、日常の疲れがじんわり癒えていく極上のひとときだ。それもそのはず、この地はかつてハワイアンの王族たちに愛された保養地だった場所。古代の王族たちも、この地に宿るマナ（エネルギー）に癒やされていたのだろう。ホテル敷地内には修復されたヘイアウ（神殿）をはじめ、たくさんの史跡が残されており、ガイドとともに巡るカルチャーツアーなども催行。また世界的にも珍しい巨大マンタレイが集まるスポットでもあり、スノーケルのツアーではもちろん、ホテル内からもその姿を確認することができる。2023年中には客室ほか、すべての改装を完了予定だ。**DATA → P.178**

Pool

ホテル内にはふたつのプールを完備。人工砂浜のラグーンと、ハワイ島随一の高さを誇るウオータースライダーのあるプールがある。

● 8:00 ～ 22:00

Room

ケアウホウ湾を望む、オーシャンビュールーム。ハワイの島をイメージしたインテリアで整えられたさわやかな客室だ。

ラナイには大きな長テーブルを完備。朝食を楽しんだり、部屋飲みするのにも最適

Activity

ケアウホウ湾は巨大マンタの生息地。夜にやってくるマンタウオッチング＆スノーケルを楽しめるツアーを毎日催行している。
🕐20:00〜(所要約75分) 💰$120

Historical Tour

ケアウホウ湾やカウクラエラ村の歴史について説明してくれる90分のツアー。ホテル敷地内にあるヘイアウなど興味深い史跡を探索しよう。
🕐火・木曜 9:00 〜 (所要約90分、英語のみ)
💰無料(ホテルゲストのみ)

Gourmet

ホテルのメイン・ダイニング、ワイレレ・カフェ (→ P.118) は宿泊ゲスト以外も1日中利用できる。ハワイ産の食材を使用した料理は、味はもちろん盛り付けも美しい。

左 敷地内はホテルゲストであればツアーに参加しなくとも回れる。住居跡やカヌー小屋だった場所などが残る 右 史跡のあるエリアは南国の花々が咲き誇るちょっとしたガーデン

キラウエアに住む
火の女神ペレという存在

古代から現代まで、ハワイの人々はキラウエア火山に火の女神ペレが住むと信じている。ハワイに限らず、古代人はその土地の自然をよく観察し、人間の力の及ばない大自然の脅威を神と結びつけてきた。キラウエア火山に住む女神が、ハワイの人々の間で最もパワフルな神と信じられたのも当然のことだったのだろう。

火の民のよりどころ・ペレ

　ポリネシア人がハワイ諸島へ渡ってきたのは、西暦500年頃といわれている。もちろんハワイ諸島はすでにほとんど現在のように形成されていたが、ハワイ島では盛んに火山活動が繰り返されていた。南のマルケサス諸島からカヌーに乗ってやってきた人々の目には、噴火を繰り返し、流れ出た真っ赤な溶岩が海へ落ち込む壮大な光景は、まさに神の仕業としか思えなかったに違いない。

　ハワイの人々は、火山が爆発するたびにペレが怒ったといって、その怒りを鎮めようと祈祷師が火口へ行き、祈りを捧げて豚肉や花、果物、古酒を火口に投げ入れたという。この習慣は今でも引き継がれ、よいことがあったからありがとうとか、お願いごとがあってとか、ペレに祈りを捧げてパーティや食事を行う。その理由は案外フレキシブルながら、火山の島に暮らすということの覚悟や信念を感じさせる。

ゴツゴツした男性的な幹から可憐な花が咲くのにはこんな理由があるのだ

の美しさにきっと見とれたはずだ。しかし、なぜ、そこに悲恋を見出したかはわからないが、実はこの花と木は、女神ペレが引き裂いた恋人たちだという伝説がある。

　若くハンサムな若者オヒアがキラウエアに来たとき、ペレが彼に一目ぼれ。が、オヒアにはレフアという恋人がいたため、ペレを拒んだところ、怒ったペレがオヒアとレフアを焼き殺してしまった。冷静になったペレはすぐに後悔するものの、2人を蘇生させる術はないため、オヒアを木に、レフアをオヒアから咲く花に変化させた。ハワイアンの言い伝えでは、レフアの花をつんではいけないと言う。離れ離れになったオヒアとレフアが悲しんで、雨を降らせるから。この美しくて悲しい話は荒涼とした溶岩台地に孤高に咲くオヒア・レフアにふさわしい。

ハワイ各島にある火口跡は
ペレの仕業？

　ハワイの神話によると、ハワイの外からやってきたペレは住処を探すため、各地で住居となる穴を掘り続けた。しかし、対立していた姉で海水の女神であるナマカオカハイがどこまでも追いかけてきて、ペレの穴を見つけては水浸しにするので、現在ハワイ諸島各地にあるクレーターができあがったのだという。オアフ島にあるダイヤモンドヘッドもそのひとつ。

　最終的にペレは姉の力が及ばない、海から遠く離れているキラウエア火山に落ち着き、水浸しにされることなく永遠の炎を燃やすことに成功した。

女神ペレを描いた絵は、ほとんどの場合、美しいが鋭い目をした長い黒髪の女性で、頭には真っ赤な花のハク（頭に付ける冠状のレイ）を付けている

溶岩台地に咲く
オヒア・レフアの伝説

　ビッグ・アイランドの島花であるレフア。この花が咲く木は、オヒアという名前で、木と花と別々の名前で呼ばれる。古代人もこのオヒア・レフア

Area Guide

 ハワイ島エリアガイド

An Overview of
ハワイ島概略

ハプナ・ビーチ州立公園 (→P.73)

地 勢

北緯18度54分から20度16分、西経154度48分から156度04分に位置するハワイ島は、ハワイ諸島最大の島。面積は約1万432.5km²で、四国の約半分の大きさ。ほかのハワイ主要5島（カウアイ、オアフ、マウイ、モロカイ、ラナイ）の総面積よりさらに広い。島には5つの火山系があり、マウナ・ケア山（標高4205m）、マウナ・ロア山（4169m）、フアラライ山（2521m）、コハラ山脈（1670m/カウム・オ・カレイホオヒエ頂）、キラウエア山（1248m）の5山系。これらが火山活動によって融合したために、これほどの巨大な島になったわけだ。

特にマウナ・ケア山は海底から計測すると実に1万203mにもなり、エベレストを超え、世界で最も高い山ということになる。

今なお続く火山活動

ハワイ島といえば「火山の島」として知られているが、2023年5月現在、前述の5山系のうち、噴火の様子を見ることができるのはキラウエア山系のみである。ハワイ島東部にあるキラウエア火山群は、ハワイが西欧に紹介されるようになって以来、ほとんど間断なく噴火を続けている。口承によればそれ以前にも活動していたらしい。1983年1月の大噴火以降、小休止を挟みながら噴火点が東に移動しており、流れ出た溶岩は2018年5月にはレイラニ・エステイト地区へ到達している。

Island of Hawaii

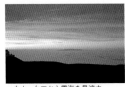

マウナ・ケアから雲海を見渡す

サイズ比較

　「四国の半分の大きさ」といわれてもピンとこない人がいるかもしれないが、右の地図を参照いただきたい。これは、ハワイ島の地図（赤ライン内）を関東圏・関西圏の地図に重ね合わせ比較したもの。こうして比べてみると

その広大さが理解できるだろう。島の西にあるエリソン・オニヅカ・コナ国際空港と島の東にあるヒロ空港間の直線距離は、京阪圏でいえ

ば姫路～奈良間とほぼ同じ、約110kmにも及ぶ。コナからヒロまでは車でだいたい2時間かかるので、ちょっとした小旅行だ。

気候

　ハワイ島の気候は、基本的には1年を通して北東から吹くトレードウインド（貿易風）の影響が大きいが、場所や標高によってさまざまな顔を見せる。太平洋上から運ばれてくる暖かい湿気を帯びた貿易風は、マウナ・ケアやマウナ・ロアといった高山によって遮られるため、東海岸一帯に厚い雲を作り、雨を降らせる。ヒロ市の降水量は多いときで年間3000mm以上、その北西の標高900mの地域では年間7600mmにも達することがある。ちなみにヒロ空港の晴天率は約40％程度で、ハワイでは最も低い。

　対照的に、風が島の西側に運ばれる頃には乾燥した空気となり、西海岸一帯の晴天率は高い。例えば一流リゾートが並ぶサウス・コハラ地域の年間雨量はわずか250mm強にすぎない。

　また、コナ・コーストなどの海岸地方はいかにもハワイらしい亜熱帯的な気候だが、前述の高山地域ではぐっと涼しくなる。ボルケーノ・エリアやコハラ山脈では霜が降り、マウナ・ケア、マウナ・ロア山頂においては冬季（10 ～ 3月）は雪に覆われるほどだ。

各地の気温と降水量　　　　　　　　　　（出典：Hawaii Data Book 2020）

観測地 / 標高（m）	平均気温（℃）		過去の記録的気温（℃）		平均年間降水量(mm)
	平均最低気温	平均最高気温	最低気温	最高気温	
コナ /213※	20.8	30.8	15.6	35.6	592
マウナ・ケア・リゾート /15※	15.7	29.4	11.1	33.3	229
ワイメア /814	19.3	23.3	6.1	26.1	30
ヒロ空港 /12	22.3	25.6	15.0	33.9	3840
ナアレフ /244※	16.4	29.2	10.0	35.6	1148
ハワイ火山国立公園 /1210※	7.8	22.5	1.1	30.6	2365

※は 2017 年のデータ

1 冬場は冠雪もあるマウナ・ケア山　2 溶岩台地を切り開いて豪奢なリゾート施設が造られている（写真はマウナ・ラニ・リゾート）

政治

　ハワイ郡政府の所在地はヒロ。日本の国 - 都道府県 - 市町村という形態と同様、ハワイもアメリカ連邦政府 - ハワイ州政府 - 市・郡政府という3層の行政機構となっている。日本と異なるのは、ハワイ州政府は自らの憲法を有した自治体であること。ハワイ州政府憲法の下、行政・司法・立法の三権が分立。立法府として上院25人・下院51人の州議会をもち、ハワイ郡からは上院3人・下院7人の州議員が選挙で選ばれる。

　郡政府レベルでは、郡憲章が採択されたのは1968年と比較的最近であり、ホノルル市・郡政府に比べるとハワイ郡の自治権はかなり遅れているのが実情である。ハワイ郡議会は、選挙による9人の議員により構成される。2023年4月現在のハワイ郡長はMitch Roth。

経済

　かつてハワイ全島の耕地面積・作高の約4割を占めた製糖業は終焉を迎え、代わって広大な土地を生かしコーヒー、フルーツ、マカダミアナッツ、切り花などさまざまな農産物を生産している。

　また、最近ではケアホレ岬（コナ空港の北側）での海水温度差発電、アワビ、ウニ、サケ、カキ、ロブスターなどの養殖といった産業開発が進み、注目を浴びている。

　観光業による収入も年々増加傾向にある。2019年の総訪問客数は176万3904人。日本人訪問客数は、ここ数年は直行便の運休などもあり減少傾向にある。

歴史

　キャプテン・クックがハワイを発見した頃、ハワイでは各島内、さらに各島間での勢力争いが頻繁に行われており、すさまじい戦いが毎日のように繰り広げられていた。この戦乱の世を制圧したのがハワイ島北部出身のカメハメハであった。

　彼はほかの島々のアリイ・ヌイ（王）に比べて若く、西欧近代文明の利点を吸収できる柔軟性とともに、年配の王族たちの心情にも同調できる古いハワイの生活感情ももち合わせていた。彼はクック以後、ハワイに来航したイギリス船から帆船や大砲を購入し、白人を参謀格にしてハワイ統一に乗り出した。

　その一方、出陣に当たっては神事の命ずるところに従って古来の儀式を行ったので、配下の王族や兵士たちの信望も厚かったという。

　カメハメハは各島に上陸し、1795年にはマウイ、ラナイ、モロカイ、オアフ各島を制圧、ハワイ王朝が誕生する。1810年にはニイハウ、カウアイ島をも屈伏させ、ハワイ統一の偉業を成し遂げたのであった。

カメハメハ大王が生まれ育ち、晩年を過ごしたのもハワイ島

Area Information エリアインフォメーション

02 サウス・コハラ・コースト
→P.72

South Kohala Coast

ハワイ島随一のリゾートエリア。マウナ・ケア・リゾート、マウナ ラニ リゾート、ワイコロア・ビーチ・リゾート、フアラライ・リゾートといった4つのリゾートがある。ラグジュアリーホテルやコンドミニアム、ゴルフコースを擁し、マウナ ラニ リゾートとワイコロア・ビーチ・リゾートにはショッピングモールも備わっている。

ワイコロア・ビーチ・リゾートにあるキングス・ショップス

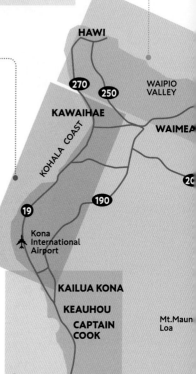

HAWI

WAIPIO VALLEY

270 250

KAWAIHAE

KOHALA COAST

WAIMEA

190

19

Kona International Airport

KAILUA KONA

KEAUHOU

CAPTAIN COOK

Mt.Maun Loa

11

PUNALUU

11

MILOLII

SOUTH POINT

01 コナ・コースト
→P.62

Kona Coast

ハワイ島観光の中心ともいえるエリア。港町のカイルア・コナは、ショッピングモールが並び、散策が楽しい町。リゾートホテルやコンドミニアムが多いケアウホウに宿泊し、旅の拠点とするのもいい。山側にあるホルアロアにはコナ・コーヒー農園が点在。さらに南部にはハワイ古代宗教の聖地プウホヌア・オ・ホナウナウ、クック船長の記念碑などがある。

ビーチ遊びも町歩きも楽しめる

04 コハラ〜マウナ・ケア →P.90

Kohala 〜 Mauna Kea

ホノカアのレトロな雰囲気を楽しみたい

広大なパーカー・ランチとともに発展してきたワイメアには、ショッピングモールが数軒ある。カワイハエから海岸線を北へ向かうと史跡が点在し、カメハメハ大王生誕の地、カパアウの町を通りポロル渓谷が終点となる。ホノカアは、古い建築様式の建物が並ぶ雰囲気のある町。その先にあるワイピオ渓谷も必見だ。これらのエリアの南側には雄大なマウナ・ケア山がそびえる。

05 ヒロ周辺 →P.100

Around Hilo

ヒロは郡庁のあるハワイ島の中心地。日系人が多くノスタルジックな雰囲気でレストランやショップも多い。アカカ滝への途中にあるホノムは、映画のセットのような小さな町。また、ヒロの南にあるパホアも独特の雰囲気をもつ町。パホアからさらに南へ進むと、溶岩流によって消滅してしまったカラパナエリアへ突き当たる。

虹で知られるレインボー・フォールズにも立ち寄りたい

ONOKAA
19
Mauna
HILO
Hilo Airport
130
11 **PAHOA**
VOLCANO
HAWAII VOLCANOES NATIONAL PARK
KALAPANA

03 ボルケーノ〜サウス・ポイント →P.80

Volcano 〜 South Point

ハワイ火山国立公園はハワイ島観光のハイライト。キラウエア火山のハレマウマウ火口の噴火など、地球の鼓動を感じられる場所だ。ビジターセンターやボルケーノ・ハウスへ立ち寄って、情報収集をしたり、キラウエア・カルデラを眺めてみよう。アメリカ最南端の地であるサウス・ポイントや黒砂海岸、カウ・コーヒーの産地であるパハラなども訪れたい。

地図や資料が手に入るキラウエア・ビジターセンター

エリアガイド ☑ エリアインフォメーション

ハワイ島全図

カウアイ島
ニイハウ島
オアフ島
モロカイ島
マウイ島
ラナイ島
カホオラウェ島

ハワイ島

HAWI
WAIPIO
HONOKAA
KAWAIHAE
WAIMEA
KAILUA KONA
HILO
KEAAU
VOLCANO
KALAPANA
NAALEHU

*数字はマイル

カメハメハ大王像
Hawi
ボロル渓谷展
ラパカヒ州立歴史公園
プウコホラ・ヘイアウ国立歴史公園
Kawaihae
Kawaihae Bay
Puako
ワイコロア ビレッジ
サウス・コハラ・リゾートエリア
Anaehoomalu
Waikolo
Keawaiki
Kiholo
Kaupulehu

エリソン・オニヅカ・コナ国際空港
カロコ・ホノコハウ国立歴史公園
フアラライ山
Kailua
カイルア・コナ
Kailua Bay
Holualoa
ケアウホウ・リゾートエリア
Keauhou Bay
Kainaliu
Kealakekua
Captain Cook
キャプテン・クック記念碑
ケアラケクア湾 州立歴史公園
Kealakekua Bay
Napoopoo
Honaunau
プウホヌア・オ・ ホナウナウ国立歴史公園
Kealia

South Kona Forest Reserve

Milolii
Manuka State Park
マヌカ州立公園

ドライブ・マイレッジ

*数字はいずれも概算。1マイル≒1.6km

カイルア・コナから	miles	km
ワイメア（190号線経由）	37	59
サウス・コハラ（19号経由）	33	53
ハヴィ	53	85
ヒロ（北回り・19号経由）	99	158
キャプテン・クック	13	21
ボルケーノ	95	152

ヒロから	miles	km
ワイピオ渓谷	50	80
ワイメア	56	90
カイルア・コナ	99	158
プナルウ黒砂海岸	57	91
ボルケーノ	28	45
カイルア・コナ（南回り・11号線経由）	123	197

P.58~59

P.56~57

P.52~53

P.54~55

イビオ渓谷
展望台
Waipio Bay

ホノカア・タウン
Honokaa

9

Hamakua

Paauilo

ea 15

Forest

パーカー・ランチ＆
ワイメア・タウン

Reserve

28

Laupahoehoe

19

Hakalau

Honomu

Mauna Kea Forest Reserve

アカカ・フォールズ州立公園

マウナ・ケア山

Hakalau National Wildlife Refuge

12

Papaikou

Hilo Bay

オニヅカ・ビジターセンター

Paukaa

ヒロ

26

6

Hilo Forest Reserve

レインボー・
フォールズ

ヒロ空港

Hilo

サドル・ロード

Pohakuloa Military Training Area Reservation

29

7

Keaau

Mauna Loa Forest Reserve

Upper Waiakea Forest Reserve

Kurtistown

Mountain View

11

130

Hawaii Volcanoes National Park

Hawaii Volcanoes National Park

21

Pahoa

マウナ・ロア山
モクアヴェオヴェオ火口

ボルケーノ・ビジターセンター

Puna Forest Reserve

Pohoiki

キラウエア火山

Volcano

ハワイ火山国立公園

Kaimu

チェーン・オブ・
クレーターズ・ロード

KAU DESERT

Hawaii Volcanoes National Park

STOP!

40

11

Pahala

Kau Forest Reserve

プナルウ・ブラックサンド・ビーチ

Naalehu

N

グリーン・サンド・ビーチ
Ka Lae (South Point)
サウス・ポイント

0   30km

0   10miles

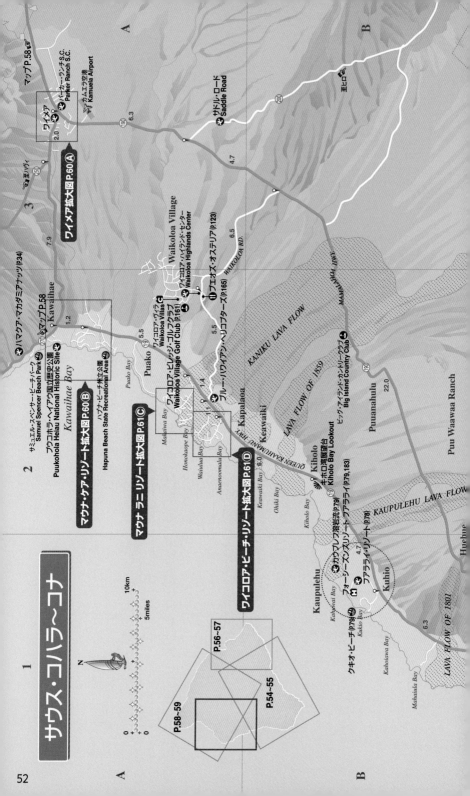

サウス・コハラ〜コナ

マウア P.58

A

B

パーカー・ランチ S.C.
Parker Ranch S.C.

カムエラ空港
Kamuela Airport

至ヒロ

サドル・ロード
Saddle Road

ワイメア

6.3

190

4.7

Waikoloa Village
ワイコロア・ヴィレッジ

ワイコロア・ハイランズ・センター
Waikoloa Highlands Center

プエオス・オステリア(P.123)

ワイコロア・ヘリコプターズ(P.165)

6.5

WAIKOLOA RD.

KANIKU LAVA FLOW

ワイメア拡大図 P.60 Ⓐ

ハワイ・マカダミアナッツ(P.34)

至マウア P.58

至マウイ

至マウナケア

7.9

Kawaihae

サミュエル・スペンサー・ビーチ・パーク
Samuel Spencer Beach Park

プウコホラ・ヘイアウ国立歴史公園
Puukohola Heiau National Historic Site

ハプナ・ビーチ州立公園
Hapuna Beach State Recreational Area

Kawaihae Bay

1.2

5.5

19

Puako

ワイコロア・ヴィラ
Waikoloa Villas

ワイコロア・ビレッジ・ゴルフクラブ
Waikoloa Village Golf Club (P.161)

ブルー・ハワイアン・ヘリコプター(P.165)

5.5

Puako Bay

マウナ・ケア・リゾート拡大図 P.60 Ⓑ

マウナ・ラニ・リゾート拡大図 P.61 Ⓒ

Makaiwa Bay

Honokaope Bay

Wailua Bay

Anaehoomalu Bay

Kapalaoa

Keawaiki

LAVA FLOW OF 1859

1.4

1.1

ワイコロア・ビーチ・リゾート拡大図 P.61 Ⓓ

QUEEN KAAHUMANU HWY.

ビッグ・アイランド・カントリー・クラブ
Big Island Country Club

MAMALAHOA HWY.

Puuanahulu

22.0

190

Puu Waawaa Ranch

Kiholo

キホロ展望台
Kiholo Bay Lookout

Keawaiki Bay

6.0

Ohiki Bay

Kiholo Bay

19

KAUPULEHU LAVA FLOW

Kaupulehu

カウプレフ溶岩流(P.79)

フォーシーズンズ・リゾート フアラライ(P.79,183)

フアラライ・リゾート(P.78)

Kahuwai Bay

クキオ・ビーチ(P.79)

Kukio Bay

4.7

Kuhio

Kahoiawa Bay

Mahaiula Bay

6.3

LAVA FLOW OF 1801

Huehue

10km

5miles

N

0

P.56-57

P.58-59

P.54-55

0 + 0

A

B

52

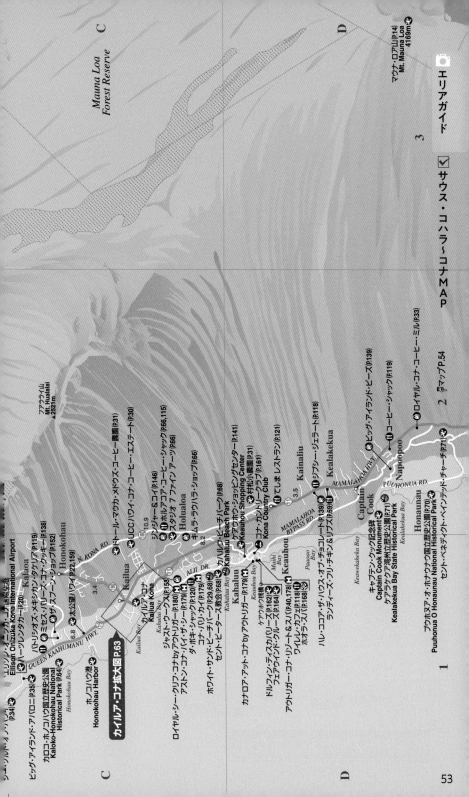

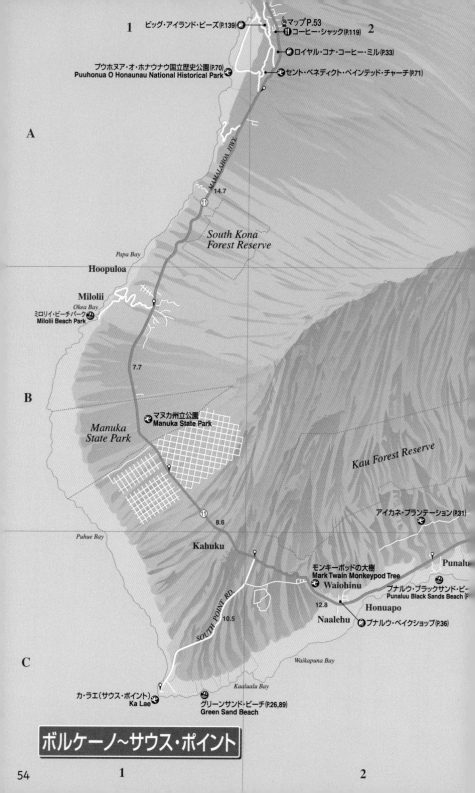

1　ビッグ・アイランド・ビーズ(P.139)　　マップ P.53
コーヒー・シャック(P.119)　2

ロイヤル・コナ・コーヒー・ミル(P.33)

プウホヌア・オ・ホナウナウ国立歴史公園(P.70)
Puuhonua O Honaunau National Historical Park

セント・ベネディクト・ペインテッド・チャーチ(P.71)

A

MAMALAHOA HWY

14.7

*South Kona
Forest Reserve*

Papa Bay

Hoopuloa

Milolii
ミロリイ・ビーチ・パーク
Milolii Beach Park

Okea Bay

7.7

B

マヌカ州立公園
Manuka State Park

*Manuka
State Park*

Puhue Bay

8.6

Kau Forest Reserve

アイカネ・プランテーション(P.31)

Kahuku

モンキーポッドの大樹
Mark Twain Monkeypod Tree

Waiohinu

Punalu

プナルウ・ブラックサンド・ビー
Punaluu Black Sands Beach (F

SOUTH POINT RD.

10.5

12.8

Honuapo

Naalehu

プナルウ・ベイクショップ(P.36)

C

Waikapuna Bay

Kaalualu Bay

カ・ラエ(サウス・ポイント)
Ka Lae

グリーンサンド・ビーチ(P.26,89)
Green Sand Beach

ボルケーノ〜サウス・ポイント

1　　　　2

3

4

マップ P.53　至マウナ・ケア山

SADDLE RD.

州立ネネ保護区
Kipuka Ainahou State
Nene Sanctuary

*Mauna Loa
Forest Reserve*

200

*Hilo Forest
Reserve*

A

マップ P.56

マウナ・ロア山(P.14)
Mt. Mauna Loa
4169m

モクアヴェオヴェオ火口

*Upper Waiakea
Forest Reserve*

*Hawaii Volcanoes
National Park*

**Volcano
Village**

*Hawaii Volcanoes
National Park*

ボルケーノ・ワイナリー(P.82)

ボルケーノ・ゴルフ&カントリークラブ
Volcano Golf & Country Club

B

キラウエア火口
Kilauea Caldera

マップ P.57

Glenwood

VOLCANO HWY. (MAMALAHOA HWY.)

27.6

キラウエア・カルデラ拡大図 **P.81**

ウッドバレー寺院(P.87)

アカツカ・オーキッド・ガーデン
Akatsuka Orchid Garden

カウ・コーヒー・ミル・ビジターセンター(P.87)

11

ハワイ火山国立公園(P.80)
Hawaii Volcanoes National Park

ミズノ・スーパーレット(P.87,145)

ババラ・プランテーション・コテージ(P.85)

Pahala　*KAU DESERT*

チェーン・オブ・クレーターズ・ロード(P.84)
Chain of Craters Road

プウ・オオ
噴火口

P.58~59

チェーン・オブ・
クレーターズ・ロード終点
STOP!

シー・アーチ

C

P.52~53

P.56~57

N

0　　　　　　　10km

0　　　　　5miles

3

4

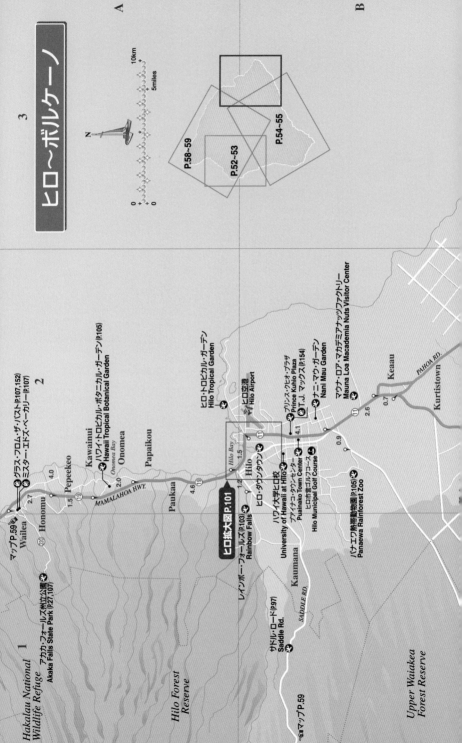

ヒロ～ボルケーノ

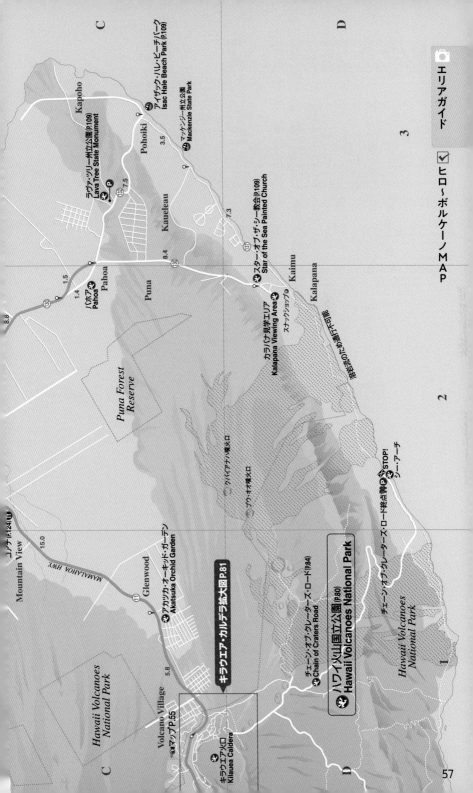

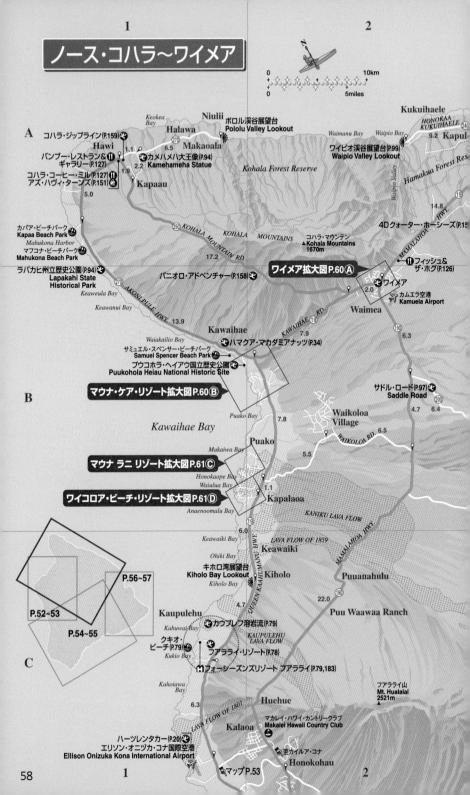

ノース・コハラ〜ワイメア

N

0 ───── 10km
0 ───── 5miles

A

Keokea Bay

Niulii
ポロル渓谷展望台
Pololu Valley Lookout

Halawa
Makaoala

Waimanu Bay　*Waipio Bay*

Kukuihaele
HONOKAA KUKUIHAELE　9.2　Kapul

コハラ・ジップライン(P.159)
Hawi
1.1

バンブー・レストラン＆
ギャラリー(P.127)

コハラ・コーヒー・ミル(P.127)
アズ・ハヴィ・ターンズ(P.151)

2.2　カメハメハ大王像(P.94)
Kamehameha Statue
1.9

Kapaau

5.0

Kohala Forest Reserve

ワイピオ渓谷展望台(P.99)
Waipio Valley Lookout

14.8
4D クォーター・ホーシーズ(P.15

カパア・ビーチパーク
Kapaa Beach Park
Mahukona Harbor
マフコナ・ビーチパーク
Mahukona Beach Park
ラパカヒ州立歴史公園(P.94)
Lapakahi State
Historical Park

250
KOHALA MOUNTAIN RD.
KOHALA　MOUNTAINS

コハラ・マウンテン
▲Kohala Mountains
1670m

ワイメア拡大図P.60Ⓐ

フィッシュ＆
ザ・ホグ(P.126)

2.0　ワイメア

17.2

パニオロ・アドベンチャー(P.158)

カムエラ空港
Kamuela Airport

Keaweula Bay

270
AKONI PULE HWY

Waimea

190
6.3

Keawanui Bay

13.9

Waiakailio Bay

Kawaihae
7.9

ハマクア・マカダミアナッツ(P.34)

KAWAIHAE RD.
19

サドル・ロード(P.97)
Saddle Road

サミュエル・スペンサー・ビーチパーク
Samuel Spencer Beach Park
プウコホラ・ヘイアウ国立歴史公園
Puukohola Heiau National Historic Site

B

マウナ・ケア・リゾート拡大図P.60Ⓑ

200
4.7　6.4

Kawaihae Bay

Puako Bay　7.8

Waikoloa
Village

WAIKOLOA RD.　6.5

マウナ ラニ リゾート拡大図P.61Ⓒ

Puako

5.5

Makaiwa Bay
Honokaope Bay
Wailua Bay

ワイコロア・ビーチ・リゾート拡大図P.61Ⓓ

1.1
Kapalaoa

Anaenoomalu Bay

KANIKU LAVA FLOW

19
6.0

Keawaiki Bay
LAVA FLOW OF 1859

Ohiki Bay

Keawaiki

QUEEN KAAHUMANU HWY

MAMALAHOA HWY

P.56~57

キホロ湾展望台
Kiholo Bay Lookout
Kiholo Bay

Kiholo

Puuanahulu

22.0
190

P.52~53

4.7

Puu Waawaa Ranch

P.54~55

Kaupulehu

Kahuwai Bay
クキオ・
ビーチ(P.79)
Kukio Bay

カウプレフ溶岩流(P.79)
KAUPULEHU LAVA FLOW

フアラライ・リゾート(P.78)

フォーシーズンズリゾート フアラライ(P.79,183)

Kahoiawa Bay

フアラライ山
Mt. Hualalai
2521m

C

6.3

LAVA FLOW OF 1801

Huehue

マカレイ・ハワイ・カントリークラブ
Makalei Hawaii Country Club

ハーツレンタカー(P.20)
エリソン・オニヅカ・コナ国際空港
Ellison Onizuka Kona International Airport

Kalaoa

至カイルア・コナ

マップ P.53

Honokohau

1　　　**2**

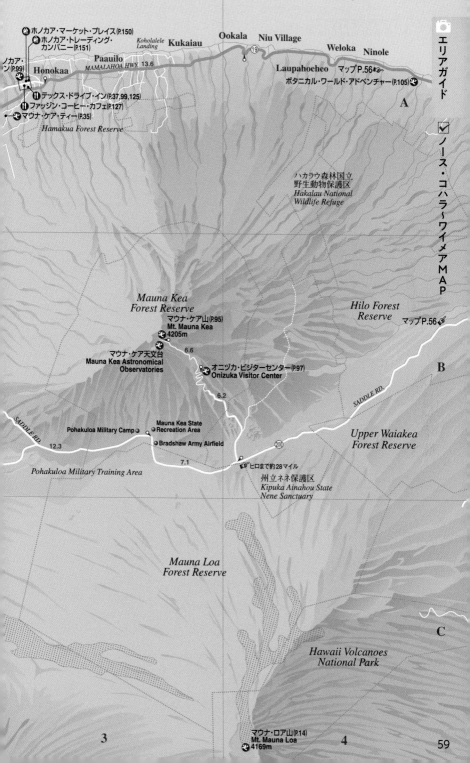

エリアガイド

ノース・コハラ～ワイメアMAP

ホノカア・マーケット・プレイス(P.150)
ホノカア・トレーディング・カンパニー(P.151)
ノカア・イン(P.99)
Honokaa
Paauilo
MAMALAHOA HWY. 13.6
Koholalele Landing
Kukaiau
Ookala
Niu Village
Weloka
Ninole
Laupahoehoe
マップ P.56
ボタニカル・ワールド・アドベンチャー(P.105)

A

テックス・ドライブ・イン(P.37,99,125)
ファッジン・コーヒー・カフェ(P.127)
マウナ・ケア・ティー(P.35)
Hamakua Forest Reserve

ハカラウ森林国立
野生動物保護区
Hakalau National
Wildlife Refuge

Mauna Kea
Forest Reserve

マウナ・ケア山(P.95)
Mt. Mauna Kea
4205m

Hilo Forest
Reserve
マップ P.56

B

6.6

マウナ・ケア天文台
Mauna Kea Astronomical
Observatories

オニヅカ・ビジターセンター(P.97)
Onizuka Visitor Center

6.2

SADDLE RD.

SADDLE RD.

Pohakuloa Military Camp

Mauna Kea State
Recreation Area

Bradshaw Army Airfield

Upper Waiakea
Forest Reserve

12.3

7.1

200

ヒロまで約28マイル

Pohakuloa Military Training Area

州立ネネ保護区
Kipuka Ainahou State
Nene Sanctuary

Mauna Loa
Forest Reserve

C

Hawaii Volcanoes
National Park

マウナ・ロア山(P.14)
Mt. Mauna Loa
4169m

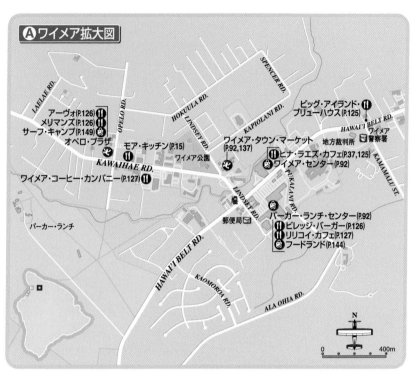

Ⓐ ワイメア拡大図

- アーヴォ (P.126)
- メリマンズ (P.126)
- サーフ・キャンプ (P.149)
- オペロ・プラザ
- モア・キッチン (P.15)
- ワイメア公園
- ワイメア・タウン・マーケット (P.92,137)
- ビッグ・アイランド・ブリューハウス (P.125)
- ワイメア警察署
- 地方裁判所
- ヒナ・ラエズ・カフェ (P.37,125)
- ワイメア・センター (P.92)
- ワイメア・コーヒー・カンパニー (P.127)
- パーカー・ランチ
- 郵便局
- パーカー・ランチ・センター (P.92)
- ビレッジ・バーガー (P.126)
- リリコイ・カフェ (P.127)
- フードランド (P.144)

LAELAE RD.
OPELO RD.
HOKUULA RD.
LINDSEY RD.
SPENCER RD.
KAPIOLANI RD.
HAWAI'I BELT RD.
KAMAMALU ST.
KAWAIHAE RD.
PUKALANI RD.
LINDSEY RD.
HAWAI'I BELT RD.
KAOMOROA RD.
ALA OHIA RD.

N

0 — 400m

Ⓑ マウナ・ケア・リゾート拡大図

- プウコホラ・ヘイアウ国立歴史公園 (P.94)
- スペンサー・ビーチパーク
- マウウマエ・ビーチ
- マウナケア・スパ by マンダラ (P.169)
- マウナケアビーチホテル (P.182)
- カウナオア・ビーチ (P.73)
- マウナケアゴルフコース (P.160)
- ハプナゴルフコース (P.160)
- ウェスティン ハプナ ビーチ リゾート (P.181)
- ハプナ・スパ by マンダラ (P.170)
- ハプナ・ビーチ州立公園 (P.73)

Kawaihae Bay
Kauna'oa Bay
Hapuna Bay

270
KAWAIHAE RD.
270
19
QUEEN KA'AHUMANU HWY.
19

N

0 — 1km

Ⓒ マウナ ラニ リゾート拡大図

ホロホロカイ・ビーチ
プアコ・ペトログリフ・パーク(P.75)

Pauoa Bay

ザ・フェアモント・オーキッド, ハワイ(P.182)
スパ・ウィズアウト・ウォールズ(P.169)

Kawaihae Bay

Makaiwa Bay

トミー・バハマズ・トロピカル・カフェ(P.123)
フードランド・ファームズ(P.145)
トミー・バハマ(P.147)
ショップス・アット・マウナ ラニ(P.75,142)

フランシス・H・イイ・ブラウン・ゴルフコース
(ノースコースP.161)
マウナ ラニ・ポイント(P.182)

Iliilinaehehe Bay

ジ・アイランズ・アット・
マウナ ラニ(P.182)

Honokaope Bay

フランシス・H・イイ・ブラウン・ゴルフコース
(サウスコースP.161)

下図へ続く

N

0 400m

Ⓓ ワイコロア・ビーチ・リゾート拡大図

上図へ続く

フランシス・H・イイ・ブラウン・ゴルフコース
(サウスコースP.161)

Wailua Bay

ワイコロア・ゴルフ/
ビーチコース(P.161)

ヒルトン・ワイコロア・ヴィレッジ(P.180)
ドルフィン・クエスト(P.163)
ウクレレ・レッスン&レイ・メイキング(P.166)
レジェンド・オブ・ハワイ・ルアウ(P.166)
カムエラ プロヴィジョン カンパニー(P.116)
コナ・タップ・ルーム(P.122)
ヌイ・イタリアン(P.122)
コハラ・スパ(P.168)

アストン・ショアーズ・
アット・ワイコロア(P.180)

アストン・ワイコロア・
コロニー・ヴィラ(P.181)

ワイコロア・ゴルフ/
キングスコース(P.161)

ワイコロア・ゴルフ/レイクコース(P.161)

オーシャン・スポーツ(P.162)
ハワイ・コールズ・レストラン(P.123)
マンダラ・スパ(P.170)
ワイコロア・ビーチ・マリオット・リゾート&スパ(P.181)
アナエホオマル・ベイ・ビーチ(P.77)

Anaehoomalu Bay

ラヴァ・ラヴァ・ビーチクラブ
(P.117,123)

フェアウェイ・ヴィラズ・ワイコロア
by アウトリガー(P.181)

キングス・ショップス(P.77,140)
オリジナル・ビッグ・アイランド・シェイブアイス(P.36)
ロイズ・ワイコロア・バー&グリル(P.122)

クイーンズ・マーケットプレイス(P.77,140)
ワイコロア・シュリンプ・カンパニー(P.122)
サンセイ・シーフード・レストラン&スシ・バー(P.123)
ロマノズ・マカロニ・グリル(P.123)
アイランド・グルメ・マーケット(P.39,143)
ブルー・ジンジャー(P.147)
レイン・スプーナー(P.147)
ソーハ・リビング(P.148)
マヒナ(P.148)
コナ・サーフ&サンダルズ(P.152)

19

N

0 400m

ハワイ島ステイはここから！ 静かで風情ある港町

カイルア・コナ

Kailua Kona

📍 詳細 MAP P.63

🚗 Access

🚗 エリソン・オニヅカ・コナ国際空港から約7マイル（約11km）、所要約20分、ワイメアから約37マイル（約59km）、所要約60分（190号経由）、ヒロから約98マイル（約157km）、所要約145分（19号線経由）、ボルケーノから約95マイル（約150km）、所要150分

🚌 エリソン・オニヅカ・コナ国際空港からヘレオン・バスのルート203でルヒアストリート（ターゲット）下車、コナ・トロリー（201）利用で約30分

エコなシェアサイクル HIBIKE のポートも点在する（→P.28）

カイルア・コナの町並み。そぞろ歩きにぴったりだ

陽光が降り注ぐSUNNY TOWN

　西海岸のほぼ中央に位置するカイルア・コナは、ドライな空気と燦々と降り注ぐ太陽に恵まれたリゾートタウン。

　町はカイルア湾を囲むように形づくられていて、海岸線に沿ってリゾートホテルやコンドミニアムが立ち、メインストリートの**アリイ・ドライブ Alii Drive** の両側にはショッピングモールやレストランが軒を連ねている。といっても、オアフ島のワイキキのような高層ビルはなく、繁華街を端から端まで歩いてもほんの500mというコンパクトな田舎町だ。

カメハメハ大王ゆかりの地

　メインストリートの「アリイ」という名前は、ハワイ語で「王、首長」という意味。その名のとおり、ハワイ王朝初期には都があり、おおいににぎわった地域。カメハメハ大王が晩年を過ごしたといわれる草葺きの**カマカホヌ**（Kamakahonu＝亀の目という意味）の家は、カイルア桟橋近くに**アフエナ・ヘイアウ**（→P.64）として復元されている。王家にまつわる史跡といえば、**フリヘエ宮殿**（→P.64）が挙げられる。その向かいには町のランドマークにもなっている白い外壁が印象的な**モクアイカウア教会**（→P.64）が立っている。ぜひ見学してみよう。

　アリイ・ドライブのほんの数百メートルの間には、コナ・イン・ショッピング・ビレッジ（→P.141）をはじめとした小規模なショッピングスポットがあるので、史跡を見物しながらウインドーショッピングを楽しみたい。1時間もあればあらかたのお店はのぞくことができる。シェアサイクル・HIBIKE（→P.28）を上手に活用して巡るのもおすすめだ。

COLUMN

カイルア・コナの
ビッグイベント

　普段は静かなカイルア・コナだが、毎年8月のハワイアン・インターナショナル・ビルフィッシュ（カジキ）・トーナメントと、10月のアイアンマン・トライアスロン世界選手権、11月のコナ・コーヒー・フェスティバルなどビッグイベントが開催されるときばかりは、町は熱気に包まれ、たくさんの参加者、観客で大にぎわいとなる。

カイルア・コナ拡大図

エリソン・オニヅカ・コナ国際空港へ

2

アイランド・ナチュラルズ・マーケット＆デリ(P.144)

コナ・コモンズ(P.141)

ロス・ドレス・フォー・レス(P.154)

裁判所

MAKALA BLVD.

1

400m

ターゲット(P.28,145)

マカラプア・ショッピングセンター(P.142)

A

KUAKINI HWY.

オールド・コナ・エアポート州立保養地

LOLOKU ST.

KAIWI ST.

LUHIA ST.

QUEEN KA'AHUMANU HWY.

KAMAKEHA AVE.

ブローク・ダ・マウス・グラインズ(P.120)

メイシーズ

A

ブリーズ・ハワイ(P.163)

アライズ・コナ・ベーカリー＆カフェ(P.114)
オーキッド・タイ・クィジーン(P.119)

ALAPA ST.

EHO ST.

ピリカナ・ブティック(P.146)
オリビア・クレア・ブティック(P.146)
コナ・ブリューイング・カンパニー(P.35)
コナ・ブリューイング・パブ(P.120)
コナ・ビーチ・ホテル(P.178)

ボディ・グローブ(P.164)

KTAスーパーストア

コナ・コースト・ショッピングセンター(P.142)

PALANI RD.

PALANI RD.

ホノコハウへ

セイジ・ブルー・ガーデン＆スシ(P.121)
アフエナ・ヘイアウ(P.64)

郵便局

消防署

ラニハウ・センター(P.142)

ウォルマート(P.145)

カイルア桟橋

Kailua Bay

OLOLI RD.

ALAHOU ST.

フィッシュ・ホッパー(P.121)
スシ・ココロ＆うどん(P.121)

クロスロード・ショッピングセンター

B

フリヘエ宮殿(P.64)

スカンジナビアン・シェイブアイス(P.28)

B

コナ・カヌークラブ(P.120)
アロハ・トウ・リングス(P.151)
コナ・イン・ショッピング・ヴィレッジ(P.141)
ビー・チー・オーガニック・アポセカリー(P.150)

ALI'I DR.

SARONA RD.

モクアイカウア教会(P.64)

ビッグ・アイランド・グリル(P.120)

HENRY ST.

MALULANI RD.

コナ・ファーマーズ・マーケット(P.29,136)
ウォーターフロント・ロウ(P.29,141)

HUALALAI RD.

パアカイ・ポケ＆デリ(P.37,118)

ALA ONAONA ST.

KALANI ST.

MALULANI RD.

Kahului Bay

ハンビーズ(P.121)

アイランド・ラヴァ・ジャバ(P.29,117,119)

ドン・ザ・ビーチコマー・レストラン(P.119)
ザ・ロータス・センター(P.169)
ロイヤル・コナ・リゾート(P.178)

KAMAKAI RD.

ハゴス(P.120)

ラバーンズ(P.121)

ココナッツ・グローブ・マーケット・プレイス

ALOHA KONA DR.

コナ・リーフ(P.179)

ALI'I DR.

WALUA RD.

KUAKINI HWY.

HUALALAI RD.

C

KINI LOOP

ALOHA KONA DR.

C

LUNAPULE RD.

カハルウへ

1

ジャッキー・レイズ・オハナ・グリル・コナ(P.116)

ONI ONI ST.

ホルアロアへ

2

カマカホヌ・ビーチの目の前にたたずむ

ハワイアンの息遣いを感じる
アフエナ・ヘイアウ
Ahuena Heiau

　ハワイ統一という偉業をなし遂げたカメハメハ大王が晩年を過ごしたという草葺きのカマカホヌ（亀の目という意味）の家をヘイアウ（神殿）として復元したもの。伝承によれば、魚釣りをしたり、畑を耕したりして、静かな余生だったらしい。この家で一生を終えたカメハメハ大王だが、敵によって冒とくされないようにと、彼の骨を従者が隠してしまい、その骨は現在でも見つかっていないそうだ。

♀ P.63-B1　🏠 コナ・ビーチ・ホテル敷地内　Ｐ 無料

磯の目の前に復元されたかつての神殿・ヘイアウ

ハワイアンの息遣いを感じる
カロコ - ホノコハウ国立歴史公園
Kaloko-Honokohau National Historical Park

　古代ハワイアンの伝統的な生活様式や文化を残すために、現在は国立歴史公園として整備され、いくつかの遺跡が復元されている。公園内には溶岩のトレイルが何本か設けてあり、散策だけでも楽しめる。また、約700年前に造られたとされる2ヵ所の大きな養魚池があり、ハワイ固有の鳥たちが集まるポイントとしても知られる。

♀ P.53-C1　🏠 73-4786 Kanalani St. #14　☎ 808-326-9057　⏰ ビジターセンター 8:30 ～ 16:00　🔒 無休　Ｐ 無料
🌐 www.nps.gov/kaho

Point of Interest

(Check) カイルア・コナの見どころ

海沿いに建つ歴史的な宮殿

偉大なる王の別荘地
フリヘエ宮殿
Hulihee Palace

　カメハメハ大王の義弟にあたるハワイ島初代総督ジョン・アダムス・クアキニが1838年に建てたもの。その後、カラカウア王が夏の別荘として使用するようになってから、宮殿と呼ばれるようになった。現在では博物館として特注のビクトリア調の家具といった調度品が並ぶ。

♀ P.63-B1　🏠 75-5718 Alii Dr.　☎ 808-329-1877
⏰ 11:00 ～ 16:00（金曜～ 14:00）　🔒 日～火曜、おもな祝日　💲 $10、18歳以下 $1（要 ID）、65歳以上 $8　Ｐ 路上パーキングを利用　🌐 daughtersofhawaii.org./hulihee-palace
※内部は撮影禁止

カイルア・コナのランドマーク的存在

ハワイで最も古い教会
モクアイカウア教会
Mokuaikaua Church

　フリヘエ宮殿の向かいに建つのが、カイルア・コナで最も目立つ建築物とも言えるモクアイカウア教会。1820年にキリスト教徒の宣教師の家として、1837年に現在の形の教会として建てられた。白い外壁と尖塔が印象的で、ハワイ産の資材を使用し貿易風が建物全体に吹き流れる構造になっているため、天然の涼風を感じられる。

♀ P.63-B1　🏠 75-5713 Alii Dr.　☎ 808-329-0655
⏰ 9:00 ～ 16:00　🔒 無休　Ｐ 路上パーキングを利用
🌐 mokuaikaua.com
※ 2023年4月現在、改装中のため見学不可。

ノスタルジックな雰囲気漂うギャラリーの町

ホルアロア

町のランドマークでもある旧コナ・ホテルは改装休業中

Holualoa

📍 詳細 MAP P.53-C2

🏄 **Access**

🚗 エリソン・オニヅカ・コナ国際空港から約15マイル（約24km）、所要約30分、ヒロからサドル・ロード経由で約79.8マイル（約128km）、約1時間30分

高感度なギャラリータウンに進化中

フアラライ山の裾野を南北に走る180号線は、コーヒー農園が点在し、時折コナの海が一望できるという気持ちのよいドライブコース。実はこのエリア、1900年代初頭にコーヒー産業に従事する日本人移民が移り住み、いくつかの町をつくり上げていったという、日本にゆかりのある通りなのだ。その町のひとつがホルアロア。ちょうど180号線の中間地点、11号線につながるフアラライ・ロードとの交差点付近に位置している。1950年代頃には、日系移民の経営によるホテルや食堂が並び、ジェネラルストアだけでも最盛期にはホルアロアで20軒は営業していたということもあり、ちょっとした日本人街のようだったという。現在は、往年の姿をとどめているレトロなホテルやジェネラルストアなどが点在。さらにアーティストが移り住み、感度の高いギャラリーなどに姿を変えている建物が多い。

ホルアロア・タウンへはこちらの看板が目印

カフェ＆ギャラリー巡りを楽しもう

カフェやギャラリーが集中する中心部は端から端まで歩いても約1マイル（約1.6km）。ノスタルジックな雰囲気を堪能しながらギャラリー巡りやコーヒーブレイクを満喫しよう。日本人アーティストの夫婦が運営する**スタジオ7ファインアーツ**（→P.66）をはじめバラエティ豊かなギャラリーの見学、伝統工芸品ラウハラの島で唯一の専門店、**キムラ・ラウハラ・ショップ**（→P.66）のチェックも忘れずに。散策の休憩には**ホルアコア・コーヒー・シャック**（→P.66・115）がぴったり。100%コナ・コーヒーと種類豊富なホームメイドのペストリーやスイーツが食べられるほか、食事メニューもある。

標高が高いためコナの町並みを一望できる

ミッドセンチュリーテイストのおしゃれ空間

ホルアコア・コーヒー・シャック
Holuakoa Coffee Shack

ホルアロア・ヴィレッジ内の看板カフェともいえる店。こぢんまりとした店内はミッドセンチュリーなテイストで写真映え抜群。自社農園で作る100%コナ・コーヒーとハワイ産の食材を使ったペストリー、スイーツはどれも相性抜群。大きなモンキーポッドがそびえる隣接のテラス席でいただくのもおすすめ。

📍 P.53-C2　🏠 76-5900 Mamalahoa Hwy., Holualoa　📞 808-731-4711　🕐 9:00 〜 18:00（金・土曜 10:00 〜 17:00）　🚫無休　🅿 付近のパーキングを利用　🌐 holuakoacoffeeshack.com

1 ブレックファストブリトー $10 といった食事系やリリコイロール $6 などどれも絶品　**2** 大きなモンキーポッドの木が目印

Point of Interest

Check ホルアロアの見どころ

&Cafe・Shop

ライトグリーンの建物が目印

ハワイ島で唯一のラウハラ専門店

キムラ・ラウハラ・ショップ
Kimura Lauhala Shop

ラウハラの葉を編んで作る籠やマット、帽子といった日用品は、ハワイの伝統民芸品。特にハワイアンにとって、フェザー（鳥の羽）やハク（花の冠状のレイ）のバンドを付けたラウハラの帽子は、正装に欠かせないアイテムだ。キムラ・ラウハラ・ショップは1914年創業という老舗で、商品は一つひとつすべてていねいに手作りされているので気に入ったら即買いがマスト。

📍 P.53-C1　🏠 77-996 Hualalai Rd.　📞 808-324-0053　🕐 10:00 〜 16:30　🚫月・火・日曜　🅿 付近のパーキングを利用

事前に電話連絡して訪れると安心

日本人アーティストのギャラリー

スタジオ7ファインアーツ
Studio 7 Fine Arts

日本人のヒロキ＆セツコ・モリノウエ夫妻が運営するアートギャラリー。ふたりのアート作品はもちろん、地元のアーティストのコンテンポラリーアートも扱っていて、「21世紀を担う子供たちのために、芸術を通してできることを」と、地域住民や賛同者とともにさまざまなプロジェクトを実行している。

📍 P.53-C1　🏠 76-5920 Mamalahoa Hwy., Holualoa　📞 808-324-1335　🕐 11:00 〜 17:00（事前に電話問い合わせが確実）　🚫無休　🅿 付近のパーキングを利用　🌐 www.studiosevenfinearts.com

穏やかな空気が流れるカメハメハ3世生誕の地

ケアウホウ

ホワイト・サンド・ビーチパーク（→P.29・68）前のアリイ・ドライブ

Keauhou

詳細 MAP P.53-D1・2

Access

🚗 エリソン・オニヅカ・コナ国際空港から約 14 マイル（約23km）、所要約 25 分、ヒロからサドル・ロード経由で約 82.5 マイル（約 133km）約 1 時間 36 分

🚌 エリソン・オニヅカ・コナ国際空港からからヘレオン・バスのルート 203 でルヒア・ストリート（ターゲット）下車、ルート 204 利用で約 1 時間

コナエリアに広がるリゾート地

正式名は「ケアウホウ・コナ」。カイルア・コナから海岸線に沿ってアリイ・ドライブが約10km続き、この地区にいたる。この海岸線は、ハワイ島のビーチリゾートの人気エリアでもあり、通称「コナ・ゴールド・コースト」と呼ばれている。

中心地にはケアウホウ湾に立つ**アウトリガー・コナ・リゾート＆スパ**（→P.40・178）をはじめ、ホテルやコンドミニアム、ゴルフコースが広がり、リゾートにふさわしい施設がずらり。買い物にぴったりな**ケアウホウ・ショッピングセンター**（→P.141）やスーパーマーケットもある。また、ケアウホウ湾は巨大マンタの生息地としても知られ、アウトリガー・コナ・リゾート＆スパでは夜になるとマンタの姿を見ることができるほか、ナイトスノーケリングが楽しめるツアーも催行。夜のマンタツアーはハワイ島でもここだけなので、ぜひ参加してほしい。

のんびりとした空気に癒されるケアウホウ湾

マナ（エネルギー）を感じて心ほぐれる滞在を

リゾートといっても、カイルア・コナのにぎやかな雰囲気とは異なり、穏やかでどこかゆっくりとした時間が流れている。それもそのはず、ここはかつて**デイビッド・カラカウア王**をはじめとした多くのハワイの王たちに愛された保養地だった場所。カメハメハ大王の息子のひとりで後の3世カウイケアオウリの生誕地でもある。ヘイアウやクアモアの戦場、ホルア・スライド、フィッシュポンド（養魚池）などの史跡やその復元なども多く存在している。カハルウ湾やケアウホウ湾をぼんやりと眺めているだけで、身も心も不思議と浄化されていくように感じるのはこの地に古代からのマナ（エネルギー）が宿っているからかもしれない。

こぢんまりとした外観のセント・ピータース教会

珊瑚礁の保護活動にも力を入れている

カハルウ・ビーチパーク
Kahaluu Beach Park

　波が穏やかな湾で、珊瑚礁に囲まれているため、色とりどりの魚たちを観察することができる。水中マスクとスノーケルは必携。魚の種類は多くないが、透明度ではオアフ島のハナウマ湾より上と評判だ。ウミガメも頻繁に現れるが、約3m離れた位置から観察すること。大きなビーチハウスやトイレ、シャワー、広い駐車場（有料4時間$12）なども完備している。

📍P.53-D1　🏠78-6702 Alii Dr., Kailua-Kona　🅿有料

1 ビーチ内にはミネラルを含むリーフ・セーフな日焼け止めを設置　**2** ハワイ島でも屈指の人気を誇る

Point of Interest

Check ケアウホウの見どころ

写真のように潮が満ちると足場はほぼ岩場になってしまう

コナエリアでは珍しい白砂のビーチ

ホワイト・サンド・ビーチパーク
White Sand Beach Park

　正式名称はラアロア・ビーチパークだが、コナでは貴重な白砂の海岸のため、ホワイト・サンド・ビーチパークと呼ばれる。さらに「マジック・サンド・ビーチ」という愛称まである。何がマジックなのかというと、潮が満ちているときや波の具合で砂浜が消えてしまうように見えるから。波が荒く、残念ながら遊泳には向かない。

📍P.53-C1　🏠アリイ・ドライブ沿い、ヒストリック・オハナ・チャーチ跡を右に見て、さらに数百メートル進むとビーチに到着　🅿路上パーキングを利用

ブルーが愛らしい小さな教会だ

溶岩台地に立つキュートな教会

セント・ピータース教会
St. Peters Church

　地元の人たちは「リトル・ブルー・チャーチ」という愛称で呼んでいる。1889年に建てられたそうで、もちろん今でも現役。結婚式や日曜のミサも行われている。内部もブルーとホワイトで統一されており、海側の窓ガラスには宗教画が刻まれている。教会の隣には海のコンディションを祈願するクエマヌ・ヘイアウがひっそりとたたずんでいる。

📍P.53-C1　🏠78-6684 Alii Dr.,Kailua-Kona　☎808-326-7771　🅿路上パーキングを利用

小さなオールドタウンが点在する

サウス・コナ

カイナリウの町にあるアロハ・シアター

South Kona

📍 詳細 MAP P.53 〜 54

🚗 Access

🚗 エリソン・オニヅカ・コナ国際空港から約27マイル（約43km）、所要約80分、ヒロからサドル・ロード経由で約90マイル（約145km）約1時間50分

🚌 エリソン・オニヅカ・コナ国際空港からヘレオン・バスのルート90利用で約1時間57分

ドライブに最適なレトロタウンが続く

　カイルア・コナから火山に向かって11号線を南に下っていくと、道の両側に何軒かのお店が建ち並ぶ、歴史を感じさせる小さな町をいくつか通過することになる。それが、**カイナリウKainaliu**、**ケアラケクアKealakekua**、**キャプテン・クックCaptain Cook**だ。カイナリウの町にはアロハ・シアター・カフェをはじめ、オールドハワイアンな雰囲気が漂う建物が並び、おしゃれなカフェやショップが入る。そぞろ歩きにぴったりなエリアだ。次に見えるケアラケクアには飲食店、銀行などが立ち並ぶ。そして160号線ナポオポオ・ロードにぶつかる十字路を左折するとキャプテン・クックと呼ばれるエリアになる。ここにはクック船長が上陸した**ケアラケクア湾州立歴史公園**（→P.71）や1917年に日系移民のマナゴ夫妻によって始められマナゴ・ホテルなどが立っている。

コナ・コーヒーの歴史をたどる

　コナの山側は世界的にも有名なコーヒーの産地で、1825年以来、コーヒー豆を生産し続けている。降り注ぐ太陽、高地独特のソフトな雨と涼しい風、水はけのよい土壌と、コーヒー栽培にとって理想的な条件が揃っているわけだ。この地域にも多くの日本人移民の労働者たちが暮らした。キャプテン・クックの11号線沿いにある**ロイヤル・コナ・コーヒー・ミル**（→P.33）には、コナ・コーヒーの歴史や日本人移民労働者の活躍ぶりがわかる写真やパネルが展示されているのでぜひチェックしておこう。（コナ・コーヒー物語→P.32）

　また、古代ハワイアンの聖地であった**プウホヌア・オ・ホナウナウ国立歴史公園**（→P.70）も、史跡として訪れておきたい場所だ。

COLUMN

ケアラケクアの絶品フリフリチキン

　カイナリウの町から車で11号線をケアラケクアへ下ること数分。もくもくとした煙が見えてきたらぜひ停車していただきたい。それは木・金曜（9:00〜16:00）のみ出店しているランディーズ・フリ・チキン＆リブズ📍P.53-D2の目印。ハワイの名物である鶏の丸焼き「フリフリチキン」やグリル料理が販売されていて、焼きたての絶品チキンが食べられるとあってローカルや観光客から大人気。ぜひお試しあれ。

ハーフチキンプレート $16。皮はパリッと肉はジューシーに焼き上がっている。営業日はFacebookを要確認

Check サウス・コナの見どころ

古代ハワイアンたちの魂に触れる

プウホヌア・オ・ホナウナウ 国立歴史公園
Puuhonua O Honaunau National Historical Park

　1819年、カメハメハ2世によってハワイ古来のカプ（タブー）が廃止されるまでの約300年間、ここはカプを破ってしまった人や、敗残兵たちにとって「駆け込み寺」的存在であった。ここに逃げ込めば追跡者の手は届かず、カフナ（祈祷師）のもとで宗教的な礼拝を行い、神々の保護を受けて罪の汚れは清められたのだという。キリスト教の宗教改革の際に、すべてが破壊されてしまったが、州政府の国立公園管理局によって再建された。

📍 P.53-D2　🏠 Kealaokeawe Rd. と Puuhonua Rd. の交差点付近　📞 808-328-2326　🕐 8:15 ～日没（ビジターセンターは 8:30 ～ 16:30）　🚫無休　🚗車1台につき入園料 $20（1週間有効）　Ｐ有料　🌐 www.nps.gov/puho

1 いかめしいティキ（神像）が並ぶヘイアウや聖域を守っていた石垣などを見学していると、厳粛な空気があたりに漂っているような気さえしてくる　**2** ハワイの伝統的なボードゲーム、ババウ　**3** ビジターセンターで地図をもらおう

カラフルで心躍るキュートな教会
セント・ベネディクト・ペインテッド・チャーチ
St. Benedict's Painted Church

中世ヨーロッパとハワイの様式を取り入れた白亜の教会。名前の由来は、内部の壁や天井に描かれた絵画。これはベルギー人のジョン・ヴェルジ司祭が英語の読めないハワイアンたちのために描いたもので、聖書の1節や寓意的なシーンが描かれている。

📍 P.53-D2　🏠 84-5140 Painted Church Rd., Captain Cook
📞 808-328-2227　🕐 火～木曜 9:30 ~ 15:30　🔒 金～月曜
🅿 無料　🌐 thepaintedchurchhawaii.org

1 教会内部には美しい絵画が描かれている　**2** ぽつりと立つこぢんまりとした教会

ここから眺めるサンセットが人気
ケアラケクア湾州立歴史公園
Kealakekua Bay State Historical Park

ケアラケクア湾はハワイの発見者ジェームス・クック船長が非業の死を遂げた場所。湾のはるか向こう側に、キャプテン・クック記念碑を望むことができる。近くでモニュメントを見たい人は、クルーズツアーなどに参加して海から接近するしかない。湾にはスノーケルなどの名所であるビーチがあり、のんびり過ごす観光客やローカルが多い。

📍 P.53-D2　🏠 11号線から160号線に入り、下って行った突き当たり　🅿 無料

1 公園内に残るヒキアウ・ヘイアウ。マナーを守って訪れたい　**2** キャプテン・クックの記念碑へは徒歩で約1時間30分かかる

ハワイ島の伝説はここから始まった

マウナ・ケア・リゾート

Mauna Kea Resort

♀ 詳細 MAP P.60Ⓑ

🚗 Access

🚐 エリソン・オニヅカ・コナ国際空港から約25マイル（約40km）、所要約40分、ヒロからサドル・ロード経由で約74.8マイル（約120km）約1時間26分

🚌 カイルア・コナ（アリイ・ドライブ）からヘレオン・バスのルート202でエリソン・オニヅカ・コナ国際空港下車、ルート80利用で約2時間

隠れ家のような雰囲気でリゾートを満喫できる

ハプナ・ビーチ州立公園はハワイ島最大の白砂ビーチ

美しいビーチを望むウェスティンハプナビーチリゾート（→ P.181）

ハワイ島リゾートの先駆け

　マウナ・ケア・リゾートはサウス・コハラ・コーストの北端、なだらかに弧を描くカワイハエ湾に面して広がっている。2軒の高級リゾートホテルが立ち、それを取り囲むように、各18ホールのふたつのゴルフコース、そして分譲別荘が点在している。このリゾートはアメリカの大財閥・ロックフェラー一族によって開発された。1964年、莫大な資金を投入し、漆黒の溶岩流とはあまりにも対照的なグリーンも鮮やかなマウナ・ケア・ビーチ・ゴルフコースをオープン。翌年にはマウナ・ケア・ビーチ・ホテルをオープンさせる。ロックフェラーの個人的コレクションだった価値ある美術品を惜し気もなくホテル内に展示するという演出は、ハワイのホテル関係者に衝撃を与え、世界中のエグゼクティブが評価したという。まさにハワイのマスタープラン・リゾートの先駆けであり、ハワイ中の高級リゾートのお手本となった。

心身を癒やすまばゆいビーチ

　リゾート一帯は雨の少ない気候で、周囲は乾いた灌木地帯。だが、天然の白砂ビーチに恵まれているため、滞在客だけでなく観光客や地元の人たちの利用率も高い。コナエリアや南部エリアの溶岩大地のビーチを見慣れていると、目の覚めるような白砂に驚くことだろう。

　ビーチはふたつ。リゾート開発の中心となった**カウナオア・ビーチ**（→P.73）とその南側に広がる**ハプナ・ビーチ州立公園**（→P.73）。後者は言わずと知れた全米ナンバーワンに輝いた人気のビーチだ。ここはビーチ近くの海底から泉が湧き出していて、古代ハワイアンにとって「癒やしの聖地」だったそうだ。

全米ベストビーチの常連
ハプナ・ビーチ州立公園
Hapuna Beach State Park

マウナ・ケア・リゾートの一帯は雨の少ない地域で、晴天率が高い。そんな最高なコンディションを求めて訪れたいのがこちらのビーチ。ハワイ島最大の白砂ビーチで、目の覚めるような紺碧の海が広がっている。ホテルゲストはもちろんのこと、観光客や地元の人たちの利用率も高い。公園内には、シャワー、トイレ、ライフガードを完備。

📍 P.60Ⓑ 🚗 クイーン・カアフマヌ・ハイウエイからハプナ・ビーチ・ロードへ入った突き当たり 🕐 7:00 ～ 18:45 🔒 無休 🅿 有料（車 1 台 $10）

1 冬場は波が高いので遊泳は控えたい　**2** 砂のきめ細かさと海の青さはハワイでも 1、2 を争う

Point of Interest

(Check) # マウナ・ケア・リゾートの見どころ

波音に耳を澄ませて心ほぐれるハワイ島ステイを楽しめる

ラグジュアリーステイを楽しむならここ
マウナ・ケア・リゾート
Mauna Kea Resort

核となるのはウェスティン ハプナ ビーチ リゾート（→P.181）とマウナケアビーチホテル（→P.182）。眼前に広がるのはハプナ・ビーチ州立公園やカウナオア・ビーチといった白砂の美しいビーチ。どちらのホテルもプール、ゴルフコースなど極上のリゾートステイが楽しめる設備やサービスが充実している。ホテルゲスト以外でも敷地内は散策できる。

📍 P.58-B2 🚗 エリソン・オニヅカ・コナ国際空港から19号線クイーン・カアフマヌ・ハイウエイを北上 🅿 有料

白い砂浜と濃淡の蒼のグラデーションが美しいビーチ

三日月形の穏やかなビーチ
カウナオア・ビーチ
Kaunaoa Beach

マウナ・ケア・リゾート開発の中心となった白浜のこぢんまりとしたビーチ。マウナケアビーチホテル前に位置することから、通称マウナケア・ビーチとも呼ばれる。ビーチがあるカウナオア湾は、入江になっているので、ハプナ・ビーチ州立公園よりも波が穏やかなのが特徴。小さな子供のいる家族連れにもぴったりだ。トイレやシャワーも完備されている。

📍 P.60Ⓑ 🚗 マウナ・ケア・ビーチ・ホテルのゲートを入り、マウナ・ケア・ビーチ・ドライブを道なりに進んだ先 🅿 無料

溶岩台地に広がる楽園リゾート

マウナ ラニ リゾート

Mauna Lani Resort

📍 詳細 MAP P.61©

🚗 Access

🚗 エリソン・オニヅカ・コナ国際空港から約 21.5 マイル（約 35km）、所要約 27分、ヒロからサドル・ロード経由で約 69.8 マイル（約 112km）、所要約 1 時間 19 分

🚐 カイルア・コナ（アリイ・ドライブ）からヘレオン・バスのルート 202 でエリソン・オニヅカ・コナ国際空港下車、ルート 80 利用で約 2 時間

白浜のビーチを歩いているだけで心がほぐれていく

世界三大パワースポットのひとつ

　18 ～ 19世紀にかけて活発に活動したマウナ・ロア火山。その溶岩流にのみ込まれたカラフイプアアの地を開拓したのが、マウナ ラニ リゾートである。すぐ隣のワイコロア・ビーチ・リゾート、北側のマウナ・ケア・リゾートと並び、サウス・コハラ・コーストを代表するリゾートエリアで、約1300万m²という土地にゴルフコース、スパ、マウナ ラニ オーベルジュ リゾーツ コレクション、**ザ・フェアモント・オーキッド、ハワイ**（→P.182）といった2軒の高級ホテルを完備。さらに6サイトに約1500戸の分譲コンドミニアム、ショッピングモールも擁するのんびりハワイ島ステイを楽しむのにうってつけのエリアだ。

オーラが写真に写るというスポットがあるカラフイプアア歴史公園内の洞窟。正午前後がきれいにオーラが見えるという

　ここには興味深い史跡が点在していることも見逃せない。古代この地は「カラフイプアア」と呼ばれ真水が湧き出る王族たちのオアシスだったという。そのことからも、不思議なマナ（エネルギー）が宿る地として世界三大パワースポットのひとつに挙げられることが多い。ハワイ王族のフィッシュポンド（養魚施設）やペトログリフを見ることができる**プアコ・ペトログリフ・パーク**（→P.75）、オーラが見えるという洞窟がある**カラフイプアア歴史公園**など、古代のハワイを垣間見れる貴重なスポットだ。

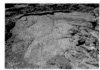

古代ハワイの人々が彫ったペトログリフ。旅の記録として彫ったものもあれば、祈りを込めて彫ったものもあるといわれている

マウナ ラニ リゾート内にいくつも点在するフィッシュポンド（養魚施設）。幼魚は入ることができ、成長して大きくなると出られなくなる仕組みになっているものも

心穏やかになるリゾートエリア

マウナ ラニ リゾート
Mauna Lani Resort

「マウナ ラニ」とはハワイ語で"天国に手が届く丘"という意味。その名の通り現実を忘れ心身ともにリラックスさせてくれる洗練された大人のリゾートにふさわしい場所。ふたつの世界的一流ホテルを備え、どちらも細やかなホスピタリティあふれるおもてなしを堪能できる。ホテルゲスト以外も利用できる美しいビーチではアクティビティも思う存分楽しめる。

📍P.58-B2 🏠空港から19号線クイーン・カアフマヌ・ハイウエイを北上 🅿有料

1 日中はもちろんのこと、日が沈んでいくサンセットの時間も美しい **2** リゾート内にあるカラフイプアア歴史公園内のアフ（祭壇）はマウナケア山に向かって現代に作られたもの

Point of Interest

Check マウナ ラニ リゾートの見どころ

リゾートにふさわしいショップが揃う

買い物やおみやげ探しはここで

ショップス・アット・マウナ・ラニ
The Shops at Mauna Lani

マウナ ラニ リゾート内にあるショッピングモール。オープンエアの敷地内には、トミー・バハマをはじめとするライフスタイルショップやハワイブランドを扱うジャムズ・ワールド、スーパーのフードランド・ファームズ、カジュアルダイニングなどが並ぶ。買い物やおみやげに必要な物は何でも揃う。

📍P.61ⓒ 🏠68-1330 Mauna Lani Dr. マウナ ラニ リゾート内 ☎808-885-9501（インフォメーション）🕐店舗により異なる 🅿無料 🌐www.shopsatmaunalani.com

古代ハワイアンたちが描いたペトログリフの種類も数も豊富だ

古代ハワイアンたちのメッセージに触れる

プアコ・ペトログリフ・パーク
Puako Petroglyph Park

マウナ ラニ リゾート内にあるホロホロカイ・ビーチ・パークの近くのトレイルには、岩石の表面に刻まれたペトログリフ（ハワイ語で「キイ・ポハク」）が点在。このエリア全体はプアコ・ペトログリフ・パークと呼ばれ、千点以上のペトログリフを見ることができる。古代ハワイに思いをはせてみるのもおもしろい。

📍P.61ⓒ 🏠ホロホロカイ・ビーチの駐車場横が、パークへ続くトレイルの入口 🅿ホロホロカイ・ビーチの駐車場を利用

ホテルやモールが充実の人気リゾート

ワイコロア・ビーチ・リゾート

Waikoloa Beach Resort

📍詳細 MAP P.61Ⓓ

🚗 Access

🚗 エリソン・オニヅカ・コナ国際空港から約17マイル（約27km）、所要約20分、ヒロからサドル・ロード経由で約69マイル（約111km）約1時間19分

🚌 カイルア・コナ（アリイ・ドライブ）からヘレオン・バスのルート203でエリソン・オニヅカ・コナ国際空港下車、ルート2または80利用で約1時間49分

アナエホオマル・ベイ・ビーチにあるカブ（ハワイ語で禁止、禁忌を意味する）のシンボルを説明するサイン

ヒルトン・ワイコロア・ビレッジのトラム（モノレール）。空調完備で快適だ

ヒルトン・ワイコロア・ビレッジの巨大プール

快適なファシリティと伝説が同居する

　リゾートの広がるアナエホオマルAnaehoomaluの地は、かのカメハメハ大王によって一般の立ち入りを禁止された聖域である。ごく限られた王族たちのみが、サウス・コハラで最長のアナエホオマル・ベイ・ビーチで水を浴びたり、養魚池で育てた魚に舌鼓を打ったりしたのだろう。現在、アナエホオマル・ベイ・ビーチではマリンアクティビティ施設が充実しており、たくさんのホテルゲストなどでにぎわっている。

　リゾート内には入口に位置する**キングス・ショップス**（→P.77・140）、緑豊かな**クイーンズ・マーケットプレイス**（→P.77、140）があり、世界各国の料理が味わえるレストラン、フードコート、ブティックやスーパーなど何でも揃うツーリストの強い味方だ。

ハワイ島屈指の巨大ホテルと常連に人気のホテル

　ワイコロア・ビーチ・リゾートの核となっている**ヒルトン・ワイコロア・ビレッジ**（→P.180）の人気が際立っている。ホテル内の各棟への移動交通機関はトラム（モノレール）、ボートという規模の大きさ、ミュージアムを思わせる数えきれないほどの美術工芸品、イルカの泳ぐラグーン、スパなど訪れるものを驚嘆させる施設の数々が他のホテルでは味わえない非日常性を演出。まるでアミューズメントパークのようなダイナミックなリゾートホテルで、滞在すること自体がアクティビティのように楽しめること間違いなしだ。

　対照的に、**ワイコロア・ビーチ・マリオット・リゾート&スパ**（→P.181）は落ち着きのあるハワイアンムードを前面に出し、常連客の心をしっかりとつかんでいる。

緑豊かなオープンエアモール
クイーンズ・マーケットプレイス
Queens' MarketPlace

ワイコロア・ビーチ・リゾートにある大型ショッピングモール。レイン・スプーナー（→ P.147）やソーハ・リビング（→ P.148）などのショップをはじめ、品揃え豊富なスーパーのアイランド・グルメ・マーケット（→ P.39・143）など、ファッションやインテリアまで揃う。なお、フードコートもある。

📍P.61Ⓓ 🏠 69-201 Waikoloa Beach Dr. ワイコロア・ビーチ・リゾート内 📞 808-886-8822（インフォメーション） ⏰ 9:30 ～ 21:30（店舗により異なる）🚫無休 🅿無料 🌐 www.queensmarketplace.com/ja/

1 おみやげ、食料品、雑貨など何でも揃うスーパー、アイランド・グルメ・マーケット　**2** モール内にはベンチなどが多く、木陰で休憩できる

Point of Interest

（Check）ワイコロア・ビーチ・リゾートの見どころ

アサイボウルとコナ・コーヒーで人気のアイランド・ヴィンテージ・コーヒー

ハワイ発の人気店が集結
キングス・ショップス
King's Shops

規模は小さいが、話題のショップやレストラン、アパレルショップやジュエリーショップ、ギャラリーなどが軒を連ねる。オアフ島の人気カフェ、アイランド・ヴィンテージ・コーヒーや、ハワイ・リージョナル・クィジーンの有名店ロイズ・ワイコロア・バー＆グリル（→ P.122）も入っている。

📍P.61Ⓓ 🏠 250 Waikoloa Beach Dr. ワイコロア・ビーチ・リゾート内 📞 808-886-8811（インフォメーション） ⏰ 10:00 ～ 20:00（店舗により異なる）🚫無休 🅿無料 🌐 kingsshops.com/ja/

エモーショナルな気分にならずにはいられない景色

サウス・コハラのサンセットの名所
アナエホオマル・ベイ・ビーチ
Anaehoomalu Bay Beach

サウス・コハラで最長を誇るビーチ。カメハメハ大王が、一般の立ち入りを禁止した聖域だったエリアにある。そのため、ビーチ周辺には、ペトログリフやフィッシュポンド（養魚池）などが点在。セーリングやスクーバダイビング、ウインドサーフィンなどが楽しめる場所としてとても人気だ。

📍P.61Ⓓ 🏠 19号線クイーン・カアフマヌ・ハイウエイから、ワイコロア・ビーチ・ドライブへ入り、クウアリイ・プレイスを左折して進んだ先に駐車場がある 🅿ワイコロア・ビーチ・マリオット・リゾート＆スパの駐車場を使用

カウプレフの伝説がよみがえる

フアラライ・リゾート

Hualalai Resort

詳細 MAP P.52-B1

Access

🚗 エリソン・オニヅカ・コナ国際空港から約8.4マイル（約13.5km）、所要約14分、ヒロからサドル・ロード経由で約80.1マイル（約129km）、所要約1時間30分

🚐 カイルア・コナ（アリイ・ドライブ）からヘレオン・バスのルート202でエリソン・オニヅカ・コナ国際空港下車、ルート2または80利用で約1時間19分

カウプレフは溶岩台地の上に切り開いたリゾートといえる

©Riddle, Don/ Four Seasons Hualalai
歴史の上に建つフォーシーズンズリゾート フアラライ。今では旅人たちがカウプレフの「村人」だ

©Riddle, Don/ Four Seasons Hualalai
溶岩流にのみ込まれた村の再現から始まったリゾート開発

溶岩流にのみ込まれた伝説の村、カウプレフ

コナ空港の北、約6マイル（約9.6km）の位置にある**カウプレフ Kaupulehu**という地には、かつて漁村があったという。しかし、18世紀末と推定される**フアラライ山**の噴火により村は溶岩流にのみ込まれてしまう。カウプレフ溶岩流と名づけられた大自然の猛威は、現在でもその圧倒的な質量感を失わぬまま黒々と大地に横たわっている。そんな歴史の片隅に追いやられたカウプレフに転機が訪れたのは1959年。カリフォルニアで石油請負業を営んでいたジョンノ＆ヘレン・ジャクソン夫婦がやってきて、土地をリースし、カウプレフ村の再現に取り組んだ。そして1966年までには草葺きの小屋を46棟とダイニングを完成。これが今はなきコナ・ビレッジ・リゾートの始まりだ。各部屋にはテレビ、電話、ラジオはおろか鍵すらなく、自分たちだけの空間が約束された他に類を見ない究極のリゾート地だった。

リゾート通の隠れ家的アコモデーション

レンタカーに乗った観光客がハイウエイを疾走する現在でも、コナ・ビレッジ・リゾートだったエリアは静けさが保たれている。カウプレフ溶岩流によってクイーン・カアフマヌ・ハイウエイから隔絶されているのだ。そして1996年、現在の**フォーシーズンズリゾート フアラライ**（→P.79）が誕生。上質のファシリティとサービスを併せもった最上級のホテルだ。プライベート感にあふれていて宿泊施設から一歩も出ない、そんな過ごし方もでき、リゾート通も唸らせる。ちなみにコナ・ビレッジ・リゾートは2011年の東日本大震災の津波の被害に遭い閉鎖していたが、2023年7月からローズウッドホテルズ＆リゾーツ傘下となり営業をスタートする。

ハワイ島で5つ星を獲得したホテル
フォーシーズンズリゾート フアラライ
Four Seasons Resort Hualalai

古代ハワイアンたちが暮らした神聖な地に建つリゾートホテル。美しいビーチや南国の木々に恵まれた究極の癒やしの地。自然と調和した開放的な設計のリゾート内には7つのプールにオーシャンビューのレストランほか、ゴルフコースやテニスコートも隣接。これぞハワイの大人のリゾートといった空間を思う存分満喫することができるだろう。宿泊ゲスト以外でも、敷地内を散策するだけで楽しめる。

DATA → P.183
©Four Seasons Hualalai

1 心ゆくまでリゾートステイを味わえるプールデッキ　**2** 細部まで行き届いたホスピタリティ、施設、自然、すべてが完璧に調和したリゾート

Point of Interest

Check フアラライ・リゾートの見どころ

このエリアでの釣りは制限されている

リゾート内にあるフィッシュポンドが、悠久の年月を感じさせる

古くからの伝説によって名付けられた
カウプレフ溶岩流
Kaupulehu Lava Flow

溶岩流の痕跡を見るならここ。伝説によると、村を訪れた老女に変化した火の女神・ペレに魚を分けずに怒らせたため溶岩流にのみ込まれたと言われていて、唯一焼いたブレッドフルーツを差し出した家だけは無事だったという。そこからハワイ語で「焼いたブレッドフルーツ」という「カ・ウルプレフ」が省略されたカウプレフという地名になった。

📍 P.52-B1　🏠 フアラライ・リゾート内　🅿 フォーシーズンズリゾート フアラライの駐車場を利用

高級リゾート内にある隠れ家ビーチ
クキオ・ビーチ
Kukio Beach

フアラライ・リゾートに隣接し、キカウア・ポイントの先にあるビーチで、穏やかな空間が広がっている。溶岩の岩場で区切られていて、遊泳するためのビーチというよりは、のんびりとシートを敷いて過ごしたり、散策したりするのにおすすめという場所。人は比較的少ないので盗難には細心の注意を払いたい。冬場にはウミガメが集まってくることも。

📍 P.52-B1　🏠 アイナ・カハ・プレイスを進んだ先にある駐車場から、徒歩で遊歩道を進んだ先　🅿 無料

想像を絶するスケールの国立公園

ハワイ火山国立公園

ハレマウマウ火口。火口いっぱいに溶岩があふれたさまを想像すると圧倒される

Hawaii Volcanoes
National Park

📍詳細 MAP P.55

🚗 Access

🚐 エリソン・オニヅカ・コナ国際空港から約95マイル（約150km）、所要約150分、ヒロから約28マイル（約45km）、所要約60分

🚌 ヒロからヘレオン・バスのルート11利用で約1時間17分（本数が少ないので、事前に帰りの時間を確認しておくこと。ハワイ火山国立公園への入場は別途$15必要）

🎸 Data

Hawaii Volcanoes
National Park
📞 808-985-6000
🚗 車1台につき$30（領収書があれば1週間有効）⏰24時間（ビジターセンター9:00〜20:00）🚫おもな祝日
💻 www.nps.gov/havo

一度は訪れたいハワイ島の世界遺産

　マウナ・ロア山の東斜面から海岸に向かって50〜60kmに及ぶ、広大なハワイ火山国立公園。世界で最も活発な火山であり、地球の歴史において、地学的、生物学的に重要な特性があるとして、1987年に世界遺産に登録されている。その一部である**キラウエア・カルデラ**や、その中にある火口ハレマウマウには観光のハイライトとしてたくさんの観光客が訪れている。ちなみに**ハレマウマウ火口**（→P.82）には今なおハワイにおける**火の女神「ペレ」**（→P.42）が住んでいるといわれている。「ペレ」はハワイ神話の中にもたびたび登場し、古代の人々は、それだけ火山を身近に感じ、畏敬の念を抱いていたのだろう。

キラウエアの噴火

　2018年5月、火山活動が活発になりハレマウマウが爆発的に噴火、島の南東にあるレイラニ・エステイト地域に溶岩が流れ出し避難勧告が出された。結果約700軒以上の家が溶岩流に飲み込まれ、海辺の一部がすっかり様変わりしたという。
　そして2022年11月には1年4ヵ月ぶりに噴火活動が活発化。一度沈静化するものの、2023年1月に噴火活動を再開、2023年3月現在、ハワイ火山国立公園の主要エリアは平常通り開園しており、ハレマウマウ火口から溶岩が噴き出ているのを各所の展望台（次ページマップ参照）から確認することができる。

左 まずはキラウエア・ビジター・センターでトレイルや火口の状況をチェックしよう　右 見渡す限りの溶岩の荒野を駆け抜けるチェーン・オブ・クレーターズ・ロード

まずはキラウエア・カルデラへ

　ハワイ火山国立公園の入口は11号線沿い。ヒロからは車で約28マイル（約45km）、約1時間のドライブだ。カイルア・コナからは同じく約95マイル（約150km）、2時間30分の道程となる。

　入口で入園料（車1台につき＄30、1週間有効）を払ったら、まずは**キラウエア・ビジターセンター**（→P.83）に立ち寄ろう。ここでは国立公園の地図や資料が手に入るほか、火山活動の解説パネルや写真の展示、記録映画（約30分間）の上映も行われている。ビジターセンターの道を横切った所に**ボルケーノ・ハウス**（→P.183）というホテル＆レストラン、**ザ・リム**（→P.117）がある。ランチはここで取るようにするといい。ロビーを抜けて反対側のバルコニーに出ると、広大なキラウエア・カルデラを望むことができる。時間に余裕があるようなら**チェーン・オブ・クレーターズ・ロード**（→P.84）のドライブもおすすめだ。

COLUMN

ハレマウマウの噴火状況

　2023年3月、ハレマウマウの噴火は安定して続いている。キラウエア展望台やケアナカーコイ展望台（→P.24）など各展望台から眺めることができる。昼間は火口から出る噴煙が、夜には赤く光る火口内の溶岩流が見えたりと、昼と夜でまったく異なる顔を見せてくれる。

ペレが住まうエネルギッシュなスポット
ハレマウマウ火口
Halemaumau

　火山を司る女神「ペレ」は、ハワイ神話の中にもたびたび登場。今なお彼女が住んでいるといわれているのが、ハレマウマウの火口だ。底にはいくつもの裂け目が走り、硫黄臭の強い噴煙が漏れている。しかし、このハレマウマウでさえ、周囲約12kmのキラウエア・カルデラの中にある「ひとつの窪み」ほどの存在でしかない。

📍P.81-1　🚗車でボルケーノ・ハイウェイから料金所を入り、クレーター・リム・ロードを右手に進んだ突き当たり　💰ハワイ火山国立公園に準ずる　🅿無料

1 ケアナカーコイ展望台からの火口。赤い光とともに吹き上がる幻想的な煙に畏怖を覚える　**2** 昼でもよく見るとしっかりと火口からマグマが噴き出ているのがわかる

Point of Interest

Check ハワイ火山国立公園の見どころ

ワインは $22 ～

ハワイのエネルギーが詰まったワイン
ボルケーノ・ワイナリー
Volcano Winery

　ボルケーノにあるハワイ島で唯一のワイナリー。海抜4000フィート、14エーカーの農園で、ピノ・ノワールやシンフォニーなどを栽培。ここで醸造されたシンフォニー・メレは、国際ワインコンクールで金賞を獲得した実力派ワイン。ほかにも、グアバやマカダミアナッツなど、ハワイらしいテイストのワインもある。

📍P.55-B4　🏠35 Pii Mauna Dr.　📞808-967-7772
🕙10:00 ～ 17:30　💰12/25　🅿無料　🌐volcanowinery.com

キラウエア・ビジター・センターに隣接している

1877 年に建てられた昔のボルケーノ・ハウスを再利用
ボルケーノ・アート・センター
Volcano Art Center

　300人余りのアーティストたちが集う芸術センター。月替わりでハワイに住むアーティストの絵画や陶器、木彫、彫金、写真などを展示・販売している。アート・センターは非営利団体として、劇場やカルチャースクールも経営しており、昔の日本語学校の建物を利用してハワイ語の詩や伝説の講座も行っている。

📍P.81-2　🏠1,Crater Rim Drive,Volcano　📞808-967-7565　🕙9:00 ～ 17:00　💰12/25　🅿無料　🌐volcanoartcenter.org

溶岩の通り道を歩く簡単トレッキング

サーストン・ラヴァ・チューブ
Thurston Lava Tube

入口から出口まで歩いて15分ほどの溶岩でできたトンネル。約500年以上前に起こったキラウエア火山の噴火によって自然に作られたもので、トレッキングスポットとして人気。溶岩のパワーをじっくり堪能できるのはもちろん、トンネルを取り囲む緑豊かな熱帯雨林も必見。ハワイ固有の鳥が見られることも。

📍 P.81-2 🏠 ハワイ火山国立公園内、クレーター・リム・ドライブ東側 🅿 無料

1 トンネル部分に溶岩が流れていたかと思うと、大自然の力に圧倒される **2** トンネルへの入口まではジャングルのようで、冒険心がくすぐられる

まずはここで情報収集！

キラウエア・ビジターセンター
Kilauea Visitor Center

ハワイ火山国立公園の地図や資料（日本語版もある）が手に入る。初めてハワイ火山国立公園に訪れるのならまず立ち寄りたい場所だ。センター内には火山活動の解説パネルや写真の展示、9:00 〜 16:00の正時ごとに記録映画（30分間）の上映、ギフトショップなどがある。

📍 P.81-2 🏠 1,Crater Rim Drive,Volcano 📞 808-985-6000
🕐 9:00 〜 20:00 🈺 無休 🅿 無料

1 急な雨が降ったときのためのポンチョや傘、おみやげにぴったりな雑貨まで揃う **2** 公園内に生息している希少な動物などのわかりやすい展示がある

Check ハワイ火山国立公園の見どころ

圧倒的な質感の溶岩原を行く

チェーン・オブ・
クレーターズ・ロード
Chain of Craters Road

　クレーター・リム・ロードから分岐し、海に向かって走るチェーン・オブ・クレーターズ・ロードをドライブすると、20世紀における噴火活動の変遷を見ることができる。キラウエアの南東斜面は見渡すかぎりの溶岩荒野で、はるか眼下の太平洋まで流れ込んでいる光景には息をのむ。チェーン・オブ・クレーターズ・ロードは片道およそ20マイル（約32km）。終点で下車して溶岩台地を見物するつもりなら、往復2時間はかかるので余裕あるスケジュールで運転したい。

♥ P.55-B4～C4　♠ボルケーノ・ハイウエイからクレーター・リム・ロードを経由、キラウエア・カルデラを右手に見て進んだ先
Ｐ無料

1 途中で車を停めて、溶岩台地を歩いてみよう　**2** 漆黒の溶岩跡は近くで見ると迫力満点　**3** 広大な荒野に突然現れる野生のイノシシ。目が合うと思わずドキッとする

ハワイの素の暮らしが見える町

パハラ

のんびりと滞在できるパハラのプランテーションハウス

知られざるオールドタウン

ハワイ島の南東部、ハワイ火山国立公園とサウス・ポイントのちょうど中間にある小さな町。かつてサトウキビ産業で栄えた、オールド・プランテーション・タウン。小さなショッピングセンターがある通りがメインストリートだ。この通りを南に進むと、突き当たりに製糖工場跡地がある。

ハワイラバーの中には、パハラに滞在するという人も多い。宿泊施設には、町に残るプランテーションハウスを利用したバケーションハウスが数軒ある。ゆったりと滞在して、ハワイの普通の暮らしを楽しみたい。

プランテーション時代の名残を垣間見る

逆に交差点を北に進むと、パハラの町を抜けて**ウッドバレー**という静かな谷あいにいたる。緑豊かな小さなコミュニティにはチベット仏教の寺がある。山奥にたたずむ小さな**ウッドバレー寺院**（→P.87）はチベット仏教のお寺として、宿坊もあり、多くの信者が訪れるところだ。現在は**カウ・コーヒー**の産地として知られ、コーヒーファーム巡りもおすすめだ。

また、プランテーション時代に造られた鉄道の線路跡や桟橋などが、現在も荒廃してはいるが、残っている。線路跡はパハラの町からカアライキ・ロードに進み、ナアレフ方面に向かう途中で見ることができる。**ナアレフ**は、観光客にも人気の**プナルウ・ベイクショップ**（→P.36）がある町。この先を、右に進むとサウス・ポイント方面に続き、パハラ方面に戻る左方向に進むと、プランテーション時代に造られた桟橋が残る**ウィッティントン・ビーチ・パーク**がある。

Pahala

📍 詳細 MAP P.55-B3

🚗 Access

🚗 カイアルア・コナから約71.4 マイル（約 115km）、所要約 1 時間 40 分、ヒロからサドル・ロード経由で約 53.2 マイル（約 85.6km）約 1 時間 7 分

🚌 ヒロからヘレオン・バスのルート 10 利用で約 1 時間 47 分

種類豊富なカウ・コーヒーを取り扱うカウ・コーヒー・ミル（→ P.87）にも立ち寄りたい

COLUMN

プランテーション・ハウス

おすすめはパハラ・プランテーション・コテージ　📍 P.55-B3。ハワイらしいインテリアと部屋数も 7 部屋という他にはない贅沢な造り。プランテーション時代にタイムスリップしたかのような気分で滞在を楽しめる。1 室だいたい $99 ～。予約などは
🌐 pahalaplantationcottages. com/hawaii/Welcome.html から。

Check パハラの見どころ

太陽に反射しキラキラと光る黒砂が美しい

プナルウ・ブラックサンド・ビーチ

Punaluu Black Sands Beach

　ハワイ島の海岸のなかでも、特に有名なのがこちらのビーチ。文字どおり真っ黒な砂浜が広がっている。この黒砂は海に流れ込んで冷え固まった溶岩が細かく砕けてできたものだ。

　このビーチは毎日のようにウミガメがやってくることでも有名。黒砂の上でのんびりとしている姿を見ていると、不思議とこちらもリラックスしてくる。ただし、ウミガメを触ることはもちろん、9.8フィート（約3m）以内に近づいてはいけない決まりがあるので注意したい。

📍P.54-C2　🏠11号線からプナルウ・ロードを入った突き当たり　🅿無料

1 ビーチには簡単なスナック類を売る店やトイレも完備されている　**2** 黒砂の粒は意外と細かいが、ざらっとした手触り　**3** ウミガメが休憩しているスポットには3m以上離れるよう注意を促す看板が立っている

ファームツアーも行う
カウ・コーヒー・ミル・ビジターセンター
Ka'u Coffee Mill Visitor Center

　コーヒー生産農家が少ないカウ地区において、年間、約51万8000ポンドの生産高をあげるカウ・コーヒー・ミル。国際的な賞を数多く獲得している。パハラのウッド・バレーにあるビジターセンターでは、コーヒーや同会社経営のハマクアマカダミアナッツ、ヒロ産コーヒーなども扱う。

📍P.55-B3　🏠96-2694 Wood Valley Rd., Pahala　📞808-928-0550　🕘9:00 〜 16:30　🈂不定休　🅿無料
🌐kaucoffeemill.com

1 店内にはおみやげにぴったりなコーヒー豆やコーヒー製品などがずらりと揃っている　**2** ほかのエリアでは手に入りづらいコーヒー豆も販売　**3** カウ・コーヒーの試飲ができるのでぜひ味わってみて

チベット仏教のお寺となり、色鮮やかな建物になった寺院

カラフルでキュートな寺院
ウッドバレー寺院
Wood Valley Temple

　ウッドバレーの山奥にたたずむ小さなウッドバレー寺院は、現在はチベット仏教のお寺として、宿坊もあり、多くの信者が訪れる所だ。しかし、かつては日系人たちが信仰していた日蓮宗のお寺で、名残として祈念碑も建てられている。

📍P.55-B3　🏠96-2285 Wood Valley Rd., Pahala　📞808-928-8539　🕘9:00 〜 15:00 ※宿坊はゲストハウスとしても宿泊可能 1 泊 $115 〜（最低 2 泊から）　🈂無休　🅿無料
🌐www.nechung.org

こぢんまりとした雰囲気の店舗

パハラ滞在の強い味方
ミズノ・スーパーレット
Mizuno Superette

　パハラにあるジェネラルストア。決して大きいというわけではないが、生鮮食品、冷凍食品、軽食類、ドリンク類、日用雑貨など、食品や日常生活で必要なものはほとんど揃っている。パハラでバケーションレンタルステイをする際は利用したい。

📍P.55-B3　🏠96-3167 Pikake St.,Pahala　📞808-928-8101　🕘6:00 〜 19:00（土曜 7:00 〜 17:00、日曜 8:00 〜 12:00）　🈂12/25　🅿無料

いざアメリカ最南端の地へ

サウス・ポイント

South Point

📍 詳細 MAP P.54

🚙 Access

🚗 カイルア・コナから約65マイル（約104km）、所要約100分、ヒロから約79マイル（約127km）、所要約120分

断崖絶壁へ打ちつける波は迫力がある

荷下ろしや魚のつり上げに使用したという滑車。海をのぞき込む際はくれぐれも注意を。大人でもかなりの高さを感じるはず

岬の先にあるカラレア・ヘイアウ（神殿）。ハワイアンにとって神聖な場所なので岩の上に立ったりしないように

水平線へと続くサウス・ポイント・ロード。レンタカー会社によってはこのエリアへの走行は保険が効かない場合があるので、事前に確認を

ハワイ植民の始まりの地

　アメリカ最南端の地であるサウス・ポイントはハワイ語で**カ・ラエ**といわれる。ポリネシアの人々が、500 ～ 700年頃にカヌーを使って、この島にたどり着いたといわれる場所だ。果てしない距離の海の旅をしてきた人々が、最初に目にした世界。この地を訪れたならば、きっと当時の人々に思いをはせずにはいられないだろう。

ドドーンと最南端の波が轟く

　サウス・ポイントへのアクセスは、11号線を南へひたすら車で走りサウス・ポイント・ロードへ入る。ここからサウス・ポイントまで約20分ほどの道のりだ。まるで定規で1本スッと線を引いたようなアスファルト舗装の道がはるかに海の方向へ下っていて、左右には見渡す限りの緑の牧場が広がっている。車道は広くないので、対向車が来たらお互いに譲り合いを。ポツリポツリと固まって草を食んでいる牛の群れを見ながらどんどん先へ進もう。
　やがて行く手に巨大な風車が回っているのが見えてくるだろう。これは**カマオア風力発電所**でスウィンスウィンと滑らかな音で旋回しているのは三菱製のウインドタービン。常に強風が吹くため斜めに育った木々なども見ることができる。途中、「Green Sands」の看板があり、これを左折すると緑の砂が美しい**グリーンサンド・ビーチ**（→P.26・89）の駐車場へと向かう道となる。サウス・ポイントの駐車場には、海べりに櫓が組んであって、かつてカジキなど大型の魚を釣り上げるのに使ったという滑車がつるしてある。崖っぷちからのぞき込むと10mほど下の魚影が手にとるように見える、怖いほど澄んだ海だ。

Point of Interest

Check サウス・ポイントの見どころ

ハワイ通ならぜひ足を運びたいビーチ

グリーンサンド・ビーチ
Green Sand Beach

　カウラニ・ベイから北へ海沿いの道をたどる。その距離はおよそ3マイル（約5km）。海岸線に並行に進むと、白っぽく変色した岩場の向こうのマハナ・ベイにビーチがある。崖は50mくらいの高さだろうか、下りる道はひどく滑りやすいので要注意だ。ビーチには緑の砂が敷きつめられている。溶岩の中に溶けていたオリビン（カンラン石）が細かく砕けてできたといわれている。ビーチで1時間ほど過ごせば、所要3時間ほどのピクニックだ。

📍 P.54-C1　🏠 カウラニ・ベイから北へ海沿いの道をたどった先（徒歩のみ）　🅿 無料

1 炎天下の中を歩くので帽子と日焼け止め、水や食糧は必ず持っていこう。道中は Wi-Fi などの電波も悪い　**2** 世にも珍しい緑色の砂。太陽に反射しキラキラと光る　**3** 徒歩で到着したあと、崖を下ってビーチへ下りる。滑りやすいので注意

エリアガイド

☑ 03 ボルケーノ〜サウス・ポイント／サウス・ポイント

89

牧場とともに発展した町

ワイメア（パーカー・ランチ）

パーカー・ランチ・センター内にあるパニオロ像。台座には各農園のシンボルロゴが刻まれる

Waimea/Parker Ranch

♀ 詳細 MAP P.60Ⓐ

🚗 Access

🚗 カイルア・コナから約37マイル（約59km）、所要約60分、ヒロから約56マイル（約90km）、所要約85分

🚌 カイルア・コナ（アリイ・ドライブ）からヘレオン・バス・コナ・トロリー（201）でルヒア・ストリート（ターゲット）下車、ルート1利用で約2時間10分

フードコートがあるパーカー・ランチ・センター

際限なく広がる草の海

ハワイ島第3の町・**ワイメア**（別名カムエラ）は、東京23区の約1.5倍という規模のパーカー・ランチ（牧場）を中心になり立っているパニオロ（ハワイ語でカウボーイの意味）・カントリー。

19号線クイーン・カアフマヌ・ハイウエイを北上し、カワイハエの集落を右折すると、同じ19号線ながらカワイハエ・ロードと名前を変える。緩やかに波打った上り坂の両側には、牧草地が際限なく広がり、牛がのんびりと草を食む姿が点在している。特に看板があるわけではないが、そこはすでにアメリカでも屈指の規模を誇ったパーカー・ランチの一画なのである。そして、その巨大な牧場とともに発展してきた町、ワイメアまでは数マイルだ。

パーカー牧場の歴史

パーカー牧場の創始者は1815年に25歳でマサチューセッツからハワイに来たジョン・パーマー・パーカー。カメハメハ大王と親しくなり、後に大王の孫娘レイチェル・キピカネと結婚。1848年、58歳にしてジョン・パーカーは、それまでリースしていた2エーカー（約8100m²）の土地を、＄10くらいで購入したという。王家出身の妻は640エーカー（約2.59km²）の土地を与えられた。これがパーカー牧場の始まりだ。ひとりの名のない船乗りが南の島を訪れ、島の王女と恋に落ち、やがて牧場経営者として大成功を収めるというこのサクセスストーリーは、まさにアメリカンドリー

ムの典型といえるかもしれない。なお、その頃、ハワイ島では欧州から持ち込まれた牛や羊などの家畜が野生化し、島民の耕地を荒らした。この家畜の収拾にあたり、パーカー・ランチの働き手になったのが、19世紀初め

ハワイ島屈指の本格和食がいただけるモア・キッチン（→P.15）。ランチは特ににぎわう

パーカー・ランチ・センターにはハワイ発のスーパー、フードランドが入る

に移民してきたスペイン系のカウボーイたち。馬を操って見事に牛を誘導する仕事を初めて見たハワイ人にとって、それ以来カウボーイといえばエスパニョール（スペイン人）を意味し、エスパニョールという名称がハワイ風になまって「パニオロ」と呼ばれるようになったという。

　ジョン・パーマー・パーカーは1992年に亡くなり、現在では牧場とともに発展してきたワイメアのためにヘルスケア、教育、慈善事業を目的とするパーカー・ランチ・ファウンデーション・トラストという団体に運営が託されている。

ワイメアの中心部を巡る

　ワイメアの町はカワイハエ・ロードとママラホア・ハイウエイが交差した付近が中心部。まずはレストランやスーパーなどが入る**パーカー・ランチ・センター**（→P.92）や**ワイメア・センター**（→P.92）へ足を運ぶといい。また最近では特にグルメで洗練された飲食店が充実しており、ここでしか食べられない美食を求め多くの観光客やローカルでにぎわっている。

ワイメアのパニオロ。ちなみにカウガールはパニオラと呼ばれる

19号線のカワイハエ・ロード。野生のヤギなどが車道の脇を歩いていることもあるので走行には注意

ハンバーガー店、ビレッジ・バーガーも入る（→ P.126）

ワイメアの人々が集うショッピングセンター

ワイメア観光の拠点
パーカー・ランチ・センター
Parker Ranch Center

　ワイメアの核となるショッピングモール。マーケットやレストラン、ギフトショップ、フードコート、ブティックが入っている。ハワイ発のスーパー、フードランドはおみやげ探しにぴったり。また、種類豊富なレストランが入るフードコートでのんびり過ごすのもおすすめだ。

📍P.60Ⓐ　🏠67-1185 Mamalahoa Hwy.　🕐9:00〜17:00(日曜 10:00〜17:00) ※店舗により一部異なる　🔒店舗により異なる　🅿無料　🌐parkerranchcenter.com

店舗のバリエーションが豊富
ワイメア・センター
Waimea Center

　19号線、パーカー・ランチ・センターの斜め向かいにある。入口のマクドナルドが目印だ。マーケット、ブティック、レストランなどが入っている。食事ならタイ料理や韓国料理が人気だ。なかでも特に注目の店舗は、ハワイ島随一ともいわれるアサイボウルが食べられるヒナ・ラエズ・カフェ（→P.37・125）。

📍P.60Ⓐ　🏠65-1158 Mamalahoa Hwy.　🕐店舗により異なる　🅿無料　🌐www.shopwaimeacenter.com

---

Point of Interest

Check ## ワイメア（パーカー・ランチ）の見どころ

ローカルの支持が高いファーマーズ・マーケット
ワイメア・タウン・マーケット
Waimea Town Market

　ワイメアで開催されているファーマーズ・マーケット（→ P.137）。ワイメア周辺で栽培された野菜や果物、手作りスイーツや自然派コスメ、コーヒー、アートなどを扱う約50を超えるベンダーが並ぶ。イプで作られているアクセサリーやろうけつ染めのベビーウエアなどローカルアーティストの作品にも出合える楽しみもある。

📍P.60Ⓐ　🏠ワイメア公園付近、ワイメア・カントリー・ロッジ隣接　🕐毎週土曜 7:30〜12:00　🅿無料　🌐waimeatownmarket.com

1 のどかな休日気分を味わえる　**2** ローカルの農家と顔を合わせてコミュニケーションが取れる貴重な機会でもある

貴重な史跡が点在するエリア

カワイハエ／カパアウ／ハヴィ

ハヴィの町にあるコハラ・トレード・センター

Kawaiihae 〜
Kapaau 〜 Hawii

📍 詳細 MAP P.58

🚗 **Access**

🚌 カイルア・コナから約53 マイル（約85km）、所要約80 分、ヒロから約74 マイル（約118km）、所要約120 分

🚐 カイルア・コナ（ターゲット）からヘレオン・バスのルート 75 利用で約 3 時間30 分

復元された史跡巡りを楽しめる

　19号線から270号線に入った**カワイハエ**には、ハワイで復元されたヘイアウのなかでも最大規模の**プウコホラ・ヘイアウ**（→P.94）がある。さらに270号線を北上すると、海側に**ラパカヒ州立歴史公園**（→P.94）がある。古代ハワイの漁村を復元したものだ。前述のプウコホラ・ヘイアウが王族や司祭など高貴な人々の神殿であるのに対し、こちらは働く人々の遺産であるといえる。さらに北上すると、ハワイ島最北端の町、**ハヴィ**に出る。なお、ハヴィの東隣は、カメハメハ大王の生誕地として知られる**カパアウ**の町だ。ハワイに3体あるうちのオリジナルの**カメハメハ大王像**（→P.94）が立っていることでも有名だ。

1928 年に復元されたプウコホラ・ヘイアウ

偉大なる王"カメハメハ・ザ・グレート"

　1782年にハワイ島北西部の王となったカメハメハは、「プウコホラの地に巨大な神殿を建立すればハワイ全島を掌握できる」というお告げを受けた。神殿を造った1791年の4年後、マウイ、ラナイ、モロカイ、オアフの各島を制圧し、ハワイ王朝が設立されることになる。ハワイ近代史のターニングポイントとなった遺跡といえよう。ハヴィの町は、かつては製糖産業で栄えたことのある小さな集落。ここもまた多くの日系移民がサトウキビ畑で過酷な労働に従事したこともあり、町なかには日本名の店を見つけることができる。現在ではプランテーション時代の建物を利用したショップやカフェがあり観光客も訪れる。

古代ハワイアンの生活ぶりを知ることができるラパカヒ州立歴史公園

カパアウの町に来たらぜひ記念撮影をしたいカメハメハ大王像

ノース・コハラの熱帯雨林を疾走するジップラインが楽しめるツアーも人気（→ P.159）

ハワイで復元されたヘイアウのなかでも最大規模

プウコホラ・ヘイアウ国立歴史公園
Puukohola Heiau National Historic Site

　往時のヘイアウは火山活動による地震で朽ちてしまったが、1928年には復元され、68m×30mという巨大な石垣は国立歴史公園として保護されている。ペレカネ（王族の宮廷）や儀式を眺めたといわれる石柱、水中に建立された珍しいヘイアウのハレ・オ・カプニ・ヘイアウ（Hale O Kapuni Heiau）など、数々の遺跡が点在する。

📍P.60Ⓑ　🏠62-3601 Kawaihae Rd., Waimea　📞808-882-7218　🕐8:00～17:00（入園～16:30）　🚫無休　🅿無料
🌐www.nps.gov/puhe

1 写真は巨大遺跡のプウコホラ・ヘイアウ（奥）とマイレキニ・ヘイアウ（手前）　**2** 儀式を眺めたという石柱の先には、珍しい海中の遺跡ハレ・オ・カプニ・ヘイアウがある

Point of Interest

Check カワイハエ／カパアウ／ハヴィの見どころ

かなり広いのでじっくり時間をとって見学しよう

古代ハワイアンの生活に思いをはせる

ラパカヒ州立歴史公園
Lapakahi State Historical Park

　約600年前に存在したといわれるハワイの漁村を、考古学者が復元。ハワイ特有の樹木や作物が植えられ、ヘイアウ、当時の家屋、カヌー、生活用具などがトレイルに沿って並べられている。神に豊かな海の幸を祈り、野菜を育て、自給自足の質素な生活を送っていた当時の人々の暮らしぶりがうかがえる。公園の入口でパンフレットをもらうと巡りやすい。

📍P.58-B1　🏠270号線沿い　🕐8:00～16:00（最終入園15:30）　🚫無休　🅿無料

北を向いてひっそりと立つ

これがオリジナルの像

カメハメハ大王像
King Kamehameha Statue

　この銅像は1880年代にパリで製作されたのだが、ハワイへ輸送する途中、南大西洋のホーン岬付近で船が沈没してしまい、一度は海に沈んでしまった。ホノルルの大王像は、急遽再製作された2作目なのだ。やがて海から引き上げられた1作目の像は、すでにホノルルでは必要がなくなってしまったため、王の生誕地であるカパアウに建立されることになったというわけだ。

📍P.58-A1　🏠270号線沿い、カパアウ　🅿無料

雪の女神ポリアフが住まう宇宙に最も近い山

マウナ・ケア

マウナ・ケアから望むサンセットはかけがえのない時間になるはず

ハワイ最高峰の山、マウナ・ケア

マウナ・ケアとは、<u>ハワイ語で「白い山」</u>という意味。その名のとおり、冬季には頂上に雪が降る。ハワイ島を形成した5つの火山のひとつで、海抜4205m、ハワイ島で最も高い山であり、海底に隠れている部分から数えると1万m以上となりエベレストを超えて世界でいちばん高い山となる。

4000年〜5000年ほど前に噴火したのを最後に、現在は活動を停止している。これは、マグマ発生地であるホットスポットの上に形成された海底火山により誕生したハワイ諸島が、太平洋プレートの動きにともなって移動し、マウナ・ケアが火山の噴火ポイントから外れたためだ。

マウナ・ケア登頂はツアー参加で

マウナ・ケアの醍醐味は、何といっても山頂へ行き、壮大な景色を楽しむこと。それには、ツアーに参加することをおすすめする（→P.22）。標高2800m地点にある**オニヅカ・ビジターセンター**（→P.97）まではレンタカーでも通行可能だが、その先は四輪駆動車でないと上れず、補償範囲外になるためだ。つまり、実質、個人旅行での入山は厳しい。ツアーに参加すれば、滞在先からの送迎、200号線の快適なドライブ、オニヅカ・ビジターセンターでの星空観測や、山頂での夕日や朝日見学と、盛りだくさんの内容で楽しめる。

Mauna Kea

📍 詳細 MAP P.59-B3

🚗 Access

🚗 エリソン・オニヅカ・コナ国際空港から約53.9マイル（約87km）、所要約80〜90分、ヒロからサドル・ロード経由で約35.1マイル（約56.4km）約40〜50分（オニヅカ・ビジターセンターまで）

オニヅカ・ビジター・センターではおみやげにぴったりなアイテムも揃う

ワイコロア方面からヒロ方面
へ向かうサドル・ロード

マウナ・ケアで起こる急な天
候の変化はポリアフの仕業か
もしれない

サドル・ロードをひた走る

　マウナ・ケア山にアプローチする際に必ず通るのが**200号線サ
ドル・ロード**（→P.97）。もともとはハワイ島西部と東海岸を結ぶ
ハイウエイとした造られた道だったが、かなりタフな道程として
知られていた。現在ではダニエル・K・イノウエ・ハイウエイと
いう名称でも呼ばれ、道路も舗装され運転もスムーズになった。
個人でドライブする場合は、ヒロからのアクセス（オニヅカ・ビ
ジター・センターまで約45分）が一般的だが、コナ・サイドから
ドライブするという人も多いだろう。片道約1時間30分はかかる
と考えた方がよいので、くれぐれも安全運転で無理をせず、時間
に余裕をもって出かけたい。

　サドル・ロードを進み、マウナ・ケア山への道マウナ・ケア・
アクセスロードMauna Kea Access Rd.に入ると車種によってはセカ
ンドギアでないと上っていけない急坂道となる。舗装状況は良好
なので、それほど心配することはないが、むしろ帰路のほうがス
ピードが出がちなので要注意。オーバーヒートにも気をつけたい。

雪の女神・ポリアフ

　ハワイの神話によるとマウナ・ケアの山頂には雪の女神・ポリ
アフが住むといわれている。同じく火の女神・ペレとはライバル
関係として描かれることが多いのだが、最後には必ずポリアフが
勝つというストーリーとして描かれることが多いのがおもしろい
（ポリアフの伝説→P.110）。

広大なハワイ島の中心を走る

サドル・ロード
Saddle Road

州道200号線はサドル・ロード（馬の鞍のようなデコボコ道）と呼ばれ、悪路といわれてきた道だが、ルート変更や新舗装になってよみがえった。ワイメアやワイコロアとヒロを結ぶ、全長約85kmの舗装道路だ。マウナ・ケアとマウナ・ロア、フアラライ山などの間を通って行くため、溶岩台地が広がっている風景や、遠くに雄大な山々を望むという景観も楽しめる。

📍P.58-B2 〜 59-B4、56-B1　🚗車でエリソン・オニヅカ・コナ国際空港から約 24 マイル（約39km）、所要約 40 分、ヒロ・ダウンタウンから約 11 マイル（約18km）、所要約20分(各方面からサドル・ロード入口までの距離)

1 ワイコロア方面では迫力の溶岩台地の風景が続く　2 ヒロ方面に向かって進むと左手にマウナケア、右手にマウナ・ロアを見ること

Point of Interest

Check マウナ・ケアの見どころ

偉大な日系人の名前を冠した施設

オニヅカ・ビジターセンター
The Onizuka Center for International Astronomy Visitor Information Station

センター名となっている"Onizuka"とは、1986年に起きたスペースシャトル『チャレンジャー』号の事故で亡くなったオニヅカ大佐にちなむもの。ビジターセンターの入口には大佐の石碑が建立されている。

📍P.59-B3　Mauna Kea Access Rd., Hilo　📞808-934-4550　🕘9:00 〜 21:00　🎫無休　🅿無料

1 おみやげを購入できる売店や望遠鏡などの展示がある
2 マウナ・ケアで取れる岩石などの展示も

のんびりしたローカルタウンと王たちの「エデン」の園

ホノカア／ワイピオ渓谷

Honokaa/
Waipio Valley

📍 詳細 MAP P.58 〜 59

★

🚗 Access

🚗 ホノカア：カイルア・コナから約 52 マイル（約 83km）、所要約 80 分、ヒロから約 40 マイル（約 64km）、所要約 65 分
ワイピオ渓谷展望台：ホノカアから約 9 マイル（約 14km）、所要約 15 分

🚌 ホノカア：ヒロからヘレオン・バスのルート 60 利用で約 1 時間 30 分
ワイピオ渓谷：なし

おみやげにぴったりな T シャツなどが揃うホノカア・マーケット・プレイス

ホノカア・タウンの最盛期であった 1927 年に建てられたバンク・オブ・ハワイ

食料品が揃うホノカアの小さなスーパー、マラマ・マーケットにも立ち寄りたい

映画のロケ地にもなった場所だ

まるで古い映画のセットのような町・ホノカア

ハワイ語で「崩れる湾」という意味の**ホノカア**。その名のとおり、集落を出るとすぐに急勾配で、稜線は海岸線まで落ち込み、**ワイピオ渓谷**へと続く。かつて、サトウキビとマカダミアナッツ栽培で栄えたが、現在は当時の町の面影を残す静かな町だ。メインストリート240号線（ママネ・ストリート）沿いには、町が栄えていた当時に建てられた昔ながらの建築様式の建物が今でも数多く残り、現在はアーティストやナチュラル志向の人々が移り住み、ギャラリーやショップをオープンしている。

マナ（エネルギー）に守られた地、ワイピオ渓谷

1000年以上前から人が住みついていたというワイピオ渓谷には、ハワイアンの主食であるタロイモの栽培に適した環境がある。絶えず流れている水が必要なタロイモにとって、いくつもの滝に潤されて水量が豊かなワイピオ川周辺は、絶好の条件を提供しているようだ。そんな谷だから、偉大なハワイの族長たちが何人もここに埋葬され、そのマナによって谷に住む人々を守っているのだという。1946年に津波が襲ったとき、ひとりの死者も出さなかったのはマナのおかげだと暮らす人々は考えている。現在この谷の下に降りることはできないが、ワイピオ渓谷展望台からは谷の一部とコーストラインを眼下に望むことができる。

展望台から渓谷を眺める。古い山道が海に近い山肌を登っているのがわかる

豊かな水と自然に恵まれたワイピオを望む

ワイピオ渓谷展望台
Waipio Valley Lookout

ホノカアの町から240号線の先にククイハエレという集落があり、そのいちばん奥にあるのが、ワイピオ渓谷の展望台だ。白い波が砕けている黒砂海岸と濃緑の林を挟んで、向かい側にも高い崖が突き出しているワイピオ・ベイの風景は圧巻。ワイピオ川には、昔から変わらない養魚池が残っているという。

📍P.58-A2 🏠ホノカアから240号線を突き当たりまで行くとワイピオ渓谷の展望台の駐車場がある。約9マイル（約14km）、所要約15分 🅿無料（7:00～23:00）

1 駐車スペースは小さいが、満車でも出入りが多いので少し待てば空く
2 ハワイ島でも屈指の人気を誇る展望スポット

Point of Interest **& Restaurant**

(Check) ## ホノカア／ワイピオ渓谷の見どころ

散策途中の休憩にぴったりなレストランやカフェなどもある

時間が止まっているかのようなオールドタウン

ホノカア・タウン
Honokaa Town

サトウキビ農園と小さな牧場を中心に人が集まり、町が形成された。1881年に、オーストラリアでマカダミアナッツを栽培していたW.H.パルビスにより、新産業がスタート。町は1920年～30年代は「マカダミアナッツ・タウン」とも呼ばれたという。

📍P.59-A3 🏠19号線からパカラナ・ストリート、もしくは、ピカケストリートを入って行き、突き当たった240号線（ママネ・ストリート）がホノカアのメインストリート 🅿無料（パブリックパーキングを利用）

テイクアウトはもちろん、テラス席でのイートインも可能

ドライブの休憩にぜひ立ち寄ろう

テックス・ドライブ・イン
Tex Drive Inn

ホノカアの老舗ドライブ・イン。ロコモコ$8.95～やテックスハワイアンプレート$17.05～、サンドイッチ$7.50～など、メニューの種類も豊富だ。また、グアバやマンゴー、パッションフルーツなどのフィリングがたっぷり詰まったマラサダ(→P.36)も大人気。

📍P.59-A3 🏠45-690 Pakalana St.,Honokaa 📞808-775-0598 🕐6:00～18:00 ❌12/25 🅿無料 🌐www.texdriveinhawaii.com

のどかなノスタルジックタウン

ヒロ

新旧の店舗が混在するカメハメハ通り

Hilo

📍 詳細 MAP P.56

🚗 Access

🚗 カイルア・コナから約80マイル（約128km）、所要約130分、ボルケーノから約28マイル（約45km）、所要約45分

🚌 カイルア・コナ（ターゲット）からヘレオン・バスのルート1または2で約3時間10分

日本庭園が美しいリリウオカラニ庭園（→ P.104）

ハワイ第2の都市ヒロ

　ヒロは"雨の都"と呼ばれている。降雨量は年間3200mm を超えることもあり、同じハワイ島西海岸コナと比較すると対照的だ。太陽が降り注ぐリゾート地というイメージはヒロには当てはまらない。だから観光産業はこの町では必ずしも成功していない。

　代わりにヒロはハワイ第2の都市として、政治、教育、水産、農業の中心地である。雨が多いから、緑が濃く、花が美しい。午前中は雲が切れて晴れわたることが多く、澄んだヒロ湾のかなたに雪を頂いた**マウナ・ケア山**が、青い空を背景に浮かび上がる。

素朴なダウンタウンを歩く

　ヒロは日系人が中心になってつくった町、といっても過言ではない。町を歩くと日本名のお店がとても多いし、町並みはタイムマシンで何十年か前の日本の田舎町に連れ戻されたような雰囲気がある。

　そこに住む人たちも親切な人ばかりで、道に迷ってうろうろしていると、気さくに声をかけてくれることも。砂浜のビーチやリゾートの派手な雰囲気はないが、ヒロの町の人情や静けさに魅せられてしまうはずだ。

　ヒロ・ダウンタウンの**ケアヴェ通りKeaweStreet**には高いビルはほとんどなく、木造の建物が目立つ。町全体がセピア色に染まったかのような昔風のストリートだ。古い映画館や小さなカフェ、オ

ールドファッションの理髪店、荒物店……。ヒロのダウンタウンには訪れる人をホッとさせてくれる、素朴な雰囲気が漂っている。カメラ片手に散策するだけでも楽しめるかもしれない。

ダウンタウンの見どころ

ケアヴェ通りをぶらぶらしたあとは、ワイアヌエヌエ通りを左へ。市立図書館の前にあるのが**ナハ・ストーン**（→P.104）。巷間ではこの大石を持ち上げた人物は、ハワイの王たる資格があるとされていた、と信じられている。図書館の先をカピオラニ通りに左折しハイリ通りを右折すると、右側に**ライマン・ミュージアム＆ミッション・ハウス**がある。宣教師ライマン夫妻が1839年に建てた家が保存され、当時の生活をしのばせる貴重な品の展示や、隣接された博物館ではハワイ古来の文化的遺物などが展示されている。

Data

Lyman Museum & Mission House
P101-A1　276 Haili St.Hilo
808-935-5021　10:00 ～ 16:30. ツアー 10:00 ～　土・日曜・祝日　$7、6 ～ 17 歳 $2、60 歳以上 $5　無料
www.lymanmuseum.org

ヒロからアクセスしやすいレインボー・フォールズ

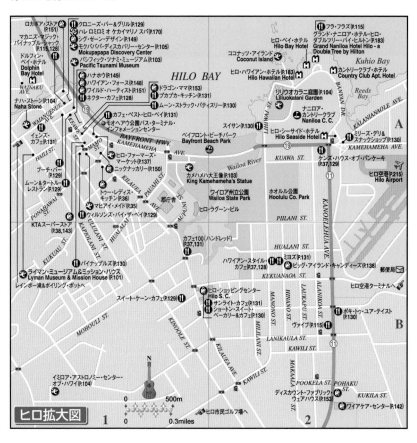
ヒロ拡大図

0　500m
0　0.3miles

"ツナミ"の影響を受けた町・ヒロ

ヒロは大きく弧を描くヒロ湾に沿って開けた町だが、1946年と1960年の2度にわたる津波によって大きな打撃を受けた。町が、ホテルのあるバニヤンドライブ周辺とダウンタウンに分かれているのは、このときの後遺症。ヒロと津波の関係についてはパシフィック・ツナミ・ミュージアム（→P.103）でわかりやすく展示されている。

しゃれた店が目立つカメハメハ通り

　ワイアヌアヌエ通りを反対に海に向かって歩いていくと、ダウンタウンのメインストリートである**カメハメハ通りKamehameha Ave.**に突き当たる。

　1932年建設で、当時新しかったアールデコ様式建造物のクレス・ビルが映画館に生まれ変わったクレス・シネマをはじめ、1900年代前半に建てられた古いビルが化粧直しされ、当時のモダンなデザインをよみがえらせたフォトジェニックな建物が多い。

　またカメハメハ通りには、ヨーロッパ風のしゃれたカフェや、地元アーティストの作品を扱うギャラリーなど、若い人にも喜ばれそうなセンスのよい店が点在している。

1925年に建てられたレトロなパレス・シアター

車を停める際はヒロ湾に面するモオヘアウ公園にある広い駐車場を利用しよう

年に1度の大イベント
『メリー・モナーク・フェスティバル』

　いつもは静かなたたずまいのヒロだが、毎年3月を迎える頃になると、町全体がソワソワした雰囲気に包まれる。その理由は、フラの競技会として最も権威があるといわれるメリー・モナーク・フェスティバルが、このヒロで行われるからだ。

　この時期のヒロは、色とりどりのレイやムームーで着飾ったフラダンサーや観客で実に華やか。日中は市内のいたるところでクラフトフェア、キルトショーなども開かれる。

　競技会は木～土曜の夜に開催。木曜はミス・アロハ・フラの個人競技、金曜は古典フラ（カヒコ）の団体競技、土曜の夜はモダンフラ（アウアナ）の団体競技が行われる。ひと晩5～6時間に及ぶ競技会だが、会場は毎晩観客で埋め尽くされ、チケットは発売してすぐに売り切れる人気ぶり（前年の12月初旬に発売）。

　だが、チケットが手に入らなくとも、テレビで生中継されるから、ハワイにいればお茶の間で観賞可能。また、日本でもストリームビデオで観られる。とはいえやっぱりライブの雰囲気

華やかなモダンフラ

を味わいたいなら、水曜夜の「ホイケ・ナイト」に参加するといい（無料）。フラのエキシビションなどが行われ、フェスティバルムードを満喫できる。

●Merry Monarch Festival
開催日：毎年イースターの翌週（2024年は4月1日（月）～4月16日（火）※予定）
会場：競技会はヒロ市内のエディス・カナカオレ・スタジアムで開催
Photo & Text by Kaori Mitani

ハワイ第3のカメハメハ像

カメハメハ大王像
King Kamehameha's Statue

　ワイロア川が造り出す美しい湖を囲むワイロア川州立保養地の一角にあるカメハメハ大王像。この像は、カメハメハ大王像コミッティというヒロ郡の非営利団体が、いわば町おこしの一環で建てたもの。各団体から寄付を募り、オアフ島ホノルル、ハワイ島のカパアウ（→P.94）に次ぐ、ハワイ第3の銅像として1998年に完成した。

📍P.101-A1 カメハメハ通り沿い、ワイロア川州立保養地近く 🅿公園内無料パーキングを利用

1 精悍な顔つきのカメハメハ大王　2 像の設置場所の工事費を捻出するために、市民レベルでも基金集めが行われのだという

Point of Interest

Check ヒロの見どころ

1946年の津波の際には、500以上の家や店が破壊されてしまった

アカデミックな雰囲気が漂うミュージアム

パシフィック・ツナミ・ミュージアム
Pacific Tsunami Museum

　1946年と1960年、ヒロの町を襲った津波をよく知り防災に役立てられればという目的で建造された博物館。館内には、ヒロの津波の被害状況をまとめたビデオが見られるミニシアターやリサーチルームなどが設けられている。

📍P.101-A1 🏠130 Kamehameha Ave. 📞808-935-0926 🕙10:00～16:00 🚫日曜、月曜、1/1、感謝祭、12/25 💰$10、60歳以上$7、6～17歳$5、5歳以下無料 🅿無料 🌐www.tsunami.org

早朝は虹が小さくてよくわからず、午後は西日のため虹が出ない。

気軽に見られるヒロの滝

レインボー・フォールズ
Rainbow Falls

　ヒロの郊外をワイルク川に沿って上っていくと、ワイアヌエヌエ通りの右側にレインボー滝がある。高さ15mほどの滝だが、深く削られた滝壺に注ぐ水量はとても多い。風が吹くと水しぶきが舞い、それが頭上から差す太陽を反射して美しい虹が出る。季節によって異なるが、9:00～11:00の間に訪ねると、虹が見られる確率が高いようだ。

📍P.56-B2 🏠ワイアヌエヌエ通りからレインボー通りに入った右側 🅿無料

Check ヒロの見どころ

祖国をしのんで造った日本庭園

リリウオカラニ庭園
Liliuokalani Gardens Park

　ワイアケア・プランテーションで働いていた日系移民たちが中心になって、1919 年に開園した日本式庭園。広大な庭園内には太鼓橋や石灯籠、鳥居や庭石が配され、立派な黒松やツツジも植樹されいている。また裏千家15代目家元が寄贈した本格的な茶室「松浪庵」もあり、散策しているとここがハワイということを忘れてしまいそうなほどだ。

📍P.101-A2　🏠バニヤン・ドライブ沿い　🅿無料

1 ハワイであることも忘れてしまいそうなこの美しい日本庭園　2 緑や木々を眺めて散歩してみよう

右手前の石がナハ・ストーン

ハワイアンたちに大切にされてきたパワーストーン

ナハ・ストーン
Naha Stone

　伝説ではこの大石（約3.5トン）を持ち上げた人物は、ハワイの王たる資格があるとされていた。若かりし頃のカメハメハ大王が衆目の中で、この石を動かし、「山を動かす男」という予言を成就したとされる。カウアイ島のナハ族から贈られたもので、生まれた赤ん坊を一族の者か否か判定するのに使われていた。

📍P.101-A1　🏠ヒロのダウンタウン、市立図書館前　🅿路上パーキングを利用

ハワイ文化継承のためのエリア

ハワイ島の起源、歴史、文化を学ぶ

イミロア・アストロノミー・センター・オブ・ハワイ
Imiloa Astronomy Center of Hawaii

　ヒロのハワイ大学に創設された天文学博物館。こちらでは最新技術を使ったプラネタリウムの上映を行っている。マウナ・ケア山からハワイ諸島、地球、宇宙へと広がる旅をするような、迫力ある映像が好評。展示室も充実しており、一度は訪れる価値のある施設だ。

📍P.101-B1　🏠600 Imiloa Place　📞808-932-8901　🕐9:00～16:30　📅月～水曜、1/1、感謝祭、12/25　💰$19、5～12歳$12　🅿無料　🌐imiloahawaii.org/

タッチパネルで、ハワイ近海の生物海洋学が学べる

無料で楽しめる屋内施設

モクパパパ・ディスカバリー・センター
Mokupapapa Discovery Center

　ハワイ周辺の自然科学や海洋環境を広く知ってもらう目的で建てられた学習センター。子供にもわかりやすい楽しい展示物は、大人でも十分に楽しめる。館内には巨大なマンタやサメの模型、写真やタッチパネルを使った展示のほか、大型水槽などが設置されている。

📍 P.101-A1　🏠 76 Kamehameha Ave.　📞 808-498-4709
🕐 9:00 ～ 16:00　🚫 日・月曜、祝日　🅿 路上パーキングを利用　🌐 www.papahanaumokuakea.gov

アメリカ唯一の熱帯動物園だ

こぢんまりとしたハワイ島の動物園

パナエワ熱帯動物園
Panaewa Rainforest Zoo

　ハワイ諸島のなかで動物園があるのはホノルルとここだけだ。トロピカルフラワーや樹木が茂る園内は、休日でも混雑するということがないから、家族でのんびりと憩いに行くには最適だ。ホワイトタイガーやハワイ固有で絶滅危惧種のタカ「イオ」やフクロウ「プエオ」は目玉。

📍 P.56-B2　🏠 800 Stainback Hwy., Hilo　📞 808-959-9233　🕐 10:00 ～ 16:00　🚫 第１木曜、12/25、1/1
🅿 無料　🌐 hilozoo.org

入口横のレインボーストリート

ハカラウの森林でアクティビティを

ボタニカル・ワールド・アドベンチャー
Botanical World Adventure

　30 エーカーの敷地を誇る植物園。園内にはトロピカルフラワーやコーヒーの木など、5000種もの植物が育っている。トレイルの途中には滝や渓流もあり、ハワイならではの森林浴が楽しめるほか、セグウェイを楽しみながら巡るツアーやジップラインも体験できる。

📍 P.59-A4　🏠 1-240 Old Mamalahoa Hwy., Hakalau
📞 808-963-5427　🕐 8:30 ～ 17:30　🚫 無休　🎫 セルフガイドツアー $10、5 ～ 12 歳 $5 ほか　🅿 無料　🌐 botanicalworld.com

ゲートをくぐるとすぐにジャングルが始まる

トロピカルな花々が咲き誇る

ハワイ・トロピカル・ボタニカル・ガーデン
Hawaii Tropical Botanical Garden

　オーナーのダン＆ポーリーン・ウトケン夫妻が、1978 年に昔のハワイアンの漁村だったオノメア湾にいたるこの谷を購入。その後、ハワイ原生の種も含む2000 種もの植物を世界各国から取り寄せ、美しいガーデンを造り上げた。

📍 P.56-A2　🏠 27-717 Old Mamalahoa Hwy., Papaikou
📞 808-964-5233　🕐 9:00 ～ 17:00（入園は～ 16:00）
🚫 感謝祭、12/25、1/1、7/4　💰 $25、6 ～ 16 歳 $12
🅿 無料　🌐 www.htbg.com

リトル・シカゴと呼ばれた味のある町

ホノム

Honomu

📍 詳細 MAP P.56-A2

🚗 Access

🚗 エリソン・オニヅカ・コナ国際空港から約82マイル（約132km）、所要約1時間46分、ヒロから約11.5マイル（約18.5km）、所要約20分

かわいらしいカラフルな建物が印象的な町

まるで古い映画のセットのような町・ホノム

　ヒロ・サイドの観光名所として有名な**アカカ・フォールズ**（→P.107）。ハイウエイからこのアカカ・フォールズへの標識に従って山側に入ると、やがて古びた木造の建築物が軒を並べる小さな町が現れる。**ハワイ語で「静かな湾」**という意味のホノムというこのエリア、現在では人影も少ない静かな町だが、かつてサトウキビ産業が華やかだった頃は、ヒロに次ぐ人口を誇り、リトル・シカゴとまで呼ばれていたという。ハイウエイから山側へ折れた所にあるため、アカカ・フォールズを訪れることがないと知らずに通り過ぎてしまうので、ぜひ車を降りて散策してほしい。メインストリートには数軒のカフェやアーティストが経営するショップなどが軒を連ねる。小さいながらもセンスのよい店が多い。

町の中でひときわ目立つホノム本願寺

一見の価値あるアカカ・フォールズ

　ヒロから北へ延びるハマクア・コーストは、緑濃い熱帯雨林と、次々に現れる橋や滝が美しいドライブコースだ。なかでもこのアカカ・フォールズはその落差と見事な景観で有名で、たくさんの観光客が訪れる。ホノムの町を通り過ぎ、かつてのサトウキビ畑のあとをしばらく走れば、**アカカ・フォールズ州立公園**（→P.107）の駐車場が道の終点。駐車場代と入園料の$15は、クレジットカードのみでの支払いになるので訪れる際はカードを忘れないよう注意しよう。

のんびりとした時間が流れる小さな町

日系人の名前が残る建物がプランテーション時代を物語る

数々の神話・伝説の舞台として知られる

アカカ・フォールズ州立公園
Akaka Falls State Park

ハワイ島を代表する名瀑のひとつ、アカカ・フォールズがある州立公園。遊歩道を歩いて滝を見に行くことになる。遊歩道は円を描くようになっていて、野生のジンジャーや蘭といった色鮮やかなハワイの植生を楽しみながら散策ができる。1周の所要時間は20 ～ 30分。

📍P.56-A1　🏠875 Akaka Falls Rd., Honomu　🕗8:00 ～ 17:00　🚪無休　🎫入園料 $5、駐車場台 $10（1台）※支払いはクレジットカードのみ　🅿有料　🌐dlnr.hawaii.gov/dsp/parks/hawaii/akaka-falls-state-park/

1 入口にスタッフが立っているので、ここで入園料と駐車場料金を払う　2「アカカ」とはかつてここで身投げをしたハワイアンの男性の名前だそう

Point of Interest

Check ホノムの見どころ　& Shop

味のあるレトロな外観のお店

ホノムの看板ベーカリー
ミスター・エドズ・ベーカリー
Mr. Ed's Bakery

ホノムのランドマーク的なイシゴ・ビルにあるベーカリー。パンやクッキーなどを製造し、焼きたてを販売している。おすすめはハワイらしいフレーバーのウベ・アンパン$4.50やリリコイ・ターンオーバー $4.50。100種類以上ある手作りジャムやフルーツバターが並ぶ陳列棚は圧巻。

📍P.56-A2　🏠28-1672 Old Mamalahoa Hwy., Honomu　📞808-963-5000　🕗6:00 ～ 18:00　🚪12/25　💳DMV　🅿路上パーキングを利用

ハワイのビンテージ＆アンティークのガラス瓶がずらり

ホノムの名物アンティークショップ
グラス・フロム・ザ・パスト
Glass from the Past

35年以上ホノムで営業を続ける、オーナーのデイビッドさんが集めたという古いガラス瓶のコレクションを販売。コレクターにはたまらない希少なガラス瓶がずらりと並んでいる。そのほか、ハワイのアンティークやビンテージグッズもあるので、掘り出し物を探してみては。

📍P.56-A2　🏠28-1672 Old Mamalahoa Hwy., Honomu　📞808-963-6449　🕗10:30 ～ 17:00（日曜 7:00 ～）　🚪感謝祭、12/25、1/1　🅿路上パーキング

火山の脅威を間近に感じるエリア

プナ

Puna

📍詳細 MAP P.57-C2

🚗 Access

🚗 エリソン・オニヅカ・コナ国際空港から約89マイル（約143km）、所要約1時間50分、ヒロから約28マイル（約45km）、所要約60分。ボルケーノから約41マイル（約66km）、所要約80分

多くの住宅がのみ込まれ被害にあったパホア。自然の脅威を感じる場所だ

カラパナのアイザック・ハレ・ビーチパーク

まるで宇宙からやってきたかのような奇妙なラヴァ・ツリー

ミントカラーのかわいらしいスター・オブ・ザ・シー教会

かつて製材所の町として栄えた

　プナ地区の中心となるのが、ハワイ語で短剣という意味をもつ**パホア**の町。かつて製材所として栄えた町で、アメリカ本土が鉄道ブームだった20世紀後半、このあたりにふんだんにあるオヒアの木が枕木として多用され、それを切り出す製材所の拠点だった。現在ではイタリアン、メキシカン、タイ、カフェやベーカリーなど本格的な飲食店が充実。ハワイ火山国立公園へのドライブ途中に休憩がてら寄ってみてはどうだろう。

たびたび溶岩流の影響を受けるエリア

　プナ地区はキラウエア火山の南東に位置していることもあり、たびたびその噴火の影響を受けている。パホアから南へ向かうと、見渡す限り溶岩流の跡が広がる光景にたどり着く。ここは、ブラックサンド・ビーチで有名だった**カラパナ**と**カイム**があった土地だ。この地域は1990年9月、溶岩流にのみ込まれてしまった。2014年にはプウ・オオ火口から噴き出す溶岩がパホアの町の至近距離まで迫り、住宅が1軒とゴミ処理場の一部が溶岩にのみ込まれた。2018年5月にはパホアの南、レイラニエステートで溶岩が流れ出し、3ヵ月にわたって激しく噴火。死者こそ出なかったものの、約700軒の住宅、ビーチや森が溶岩にのみ込まれた。**アイザック・ハレ・ビーチパーク**（→P.109）は半分が消滅したものの、現在はハワイで最も新しい黒砂ビーチとなった。こういった噴火による破壊と再生が繰り返されてきたことで、ハワイ島ひいては諸島全体が造り上げられてきたのだと考えると、地球のもつエネルギーのすさまじさを感じざるを得ない。

奇妙な形のラヴァ・ツリーを見てみよう

ラヴァ・ツリー州立公園
Lava Tree State Monument

　噴火でかつてここにあったオヒアの林が流動的な溶岩であるパホエホエ（ハワイ語）によりのみ込まれ、木を囲むように盛り上がり、木の焼ける煙が溶岩を冷やし固まってできたのが、奇妙な形のラヴァ・ツリー。当然、幹は焼けてしまっているので、中は空洞になって屹立している。

📍 P.57-C3　🏠 パホアから 132 号線でオヒアの林の中の道を車で 5 分ばかり走ると、左手にこのパークがある。道路から少し入ると広い駐車場があり、その奥が溶岩樹の林
🕐 7:00 ～ 18:45　🈚 無休　🅿 無料　🌐 dlnr.hawaii.gov/dsp/parks/hawaii/lava-tree-state-monument/

1 溶岩でのみ込まれた跡地を歩いてみよう　2 樹高 8 m はあろうかという立派な木々の森の中に、黒々と異様な姿で固まっているのがラヴァ・ツリー

Point of Interest

Check プナの見どころ

数奇な運命をたどったスター・オブ・ザ・シー教会

溶岩流から守られ続けた教会

スター・オブ・ザ・シー教会
Star of the Sea Painted Church

　現在の教会は、1931年に建てられたこぢんまりしたもので、青・赤・黄・緑と、とりどりに彩色された美しいフレスコ画で知られている。もとはカラパナの海岸にあったが、1990年の溶岩流に襲われる前に、1kmばかり内陸に移転した。一時は鉄骨の台上に仮設置されていたが、1998年にはようやく台から降ろされて130号線沿いに落ち着いた。

📍 P.57-D2　🏠 12-4815 Pahoa Kalapana Rd., Pahoa　🕐 9:00 ～ 16:00　🈚 無休　🅿 無料

人が少ないので車上荒らしなどには注意したい

ハワイで最も新しくできた海岸

アイザック・ハレ・ビーチパーク
Isaac Hale Beach Park

　かつてマウナ・ケア池という天然の温泉プールのあるアハラヌイ・パークもあり、家族連れなどに人気の場所だったが、2018年の噴火により半分が消滅。溶岩によりその形を変え新たな黒砂海岸となった。ジャングルの中にある、地熱によって温められた温水池であるポホイキ池は健在だ。

📍 P.57-C3　🏠 13-101 Kalapana - Kapoho Rd., Pahoa　🅿 無料

知ると旅がもっとおもしろくなる
ハワイ島に残る神話&伝説

独自の文化が花開き、自然崇拝が盛んなハワイは諸島各地にさまざまな興味深い神話や伝説が残っている。ハワイ島にある観光スポットで語り継がれる、有名な神話と伝説を紹介しよう。

STORY about ...

ポリアフとペレの戦い

マウナ・ケアの山頂には雪の女神・ポリアフがすむといわれている。同じく火の女神・ペレとは永遠のライバル関係として描かれることが多いのだが、最後には必ずポリアフが勝つというストーリーになっているのがおもしろい。

ある日、マウナ・ケアで妹たちとハワイ式のソリ滑りのレースを楽しんでいたポリアフ。そこに、黒髪の美女に変化したペレが現れ、一緒にレースをすることになった。敵対心むき出しの2人だが、軍配はポリアフに。すると烈火のごとく怒ったペレは地震を起こし大地は割れ、溶岩があふれ出て一帯は火の

雪に包まれるマウナ・ケアへはツアーを利用したい（→ P.22）

海になった。ポリアフもそれに対抗し、冷気で覆い尽くすという激しい戦いとなった。最後はポリアフが雪のマントでマウナ・ケアを完全に覆い尽くしたことで勝利を収め、ペレはおとなしくキラウエア火山に帰っていった。これを機に、マウナ・ケアは噴火することはなくなったという。以来、マウナ・ケアのあるハワイ島北部はポリアフの領域、キラウエアやマウナ・ロアのある南部はペレの領域となった。ただ、まれにマウナ・ロアの山頂に雪が降ることがある。きっと、いまだにポリアフがペレにちょっかいをかけているのかもしれない。

STORY about ...

キャプテン・クックが非業の死を遂げた地

サウス・コナにあるケアラケクア湾（→ P.71）はサンセットやスノーケルの名所だが、ここにはハワイの神話と歴史が複雑に絡み合う物語がある。ハワイの創世記の神話にたびたび登場する四大神の1人、ロノ。浮気の疑いから妻を殺害してしまい激しく後悔したロノは「必ず戻る」と言い残し、カヌーでこの地を去った。そして時は流れ1778年。ロノを祀る祭典の真っ最中にケアラケクア湾に船でやってきたのがハワイ諸島

を発見したジェームズ・クック船長だった。白い肌の西洋人を初めて見たハワイアンたちは、当然ロノの再来と一行を大歓迎。ご馳走を振る舞いもてなしたのもつかの間、ある時湾を出港したクック船長の船が破損し戻ってきたのを見たハワイアンたちは、神の船が壊れるはずはないと、疑念を抱くことに。そしてハワイアンたちと一行の間で小競り合いが起き、クック船長はここで命を落とすことになる。

STORY about ...

半神マウイとオオトカゲの伝説が残る滝

ヒロから車で10分の場所にあるレインボー・フォールズ（→ P.103）。水量が多いため、風が吹くと水しぶきが舞い、頭上から差す太陽の光を反射することで虹が出るため、こう呼ばれる。そしてこの滝の裏には洞窟があり、半神半人マウイの母で美しい月の女神、ヒナが暮らしていた。そんな美しいヒナを気に入り、ちょっ

かいをかけてくるのがオオトカゲのモオ。ある時、モオがヒナが暮らす洞窟の川を氾濫させようとする。身の危険を感じたヒナは大声で助けを呼ぶと、息子のマウイがマウイ島からすぐさま駆けつけて、あっという間にモオを退治し、ヒナを無事救出したのだった。

アカカ・フォールズ州立公園（→ P.27・107）

STORY about ...

多くのハワイアンソングで歌われる悲しい伝説が残る滝

ヒロの中心地から車で約30分の場所にあるアカカ・フォールズ州立公園。ハイライトはもちろん高さ約135mのアカカ・フォールズだ。その美しい景観からか、多くの神話が残っている。その昔、滝の近くには首長であるアカカという男性が暮らしていた。あるとき魔が差したアカカは2人の女性と浮気をしてしまい、それを妻に知られてしまう。そんな自分が許せず、嘆く妻から逃げ続けたアカカは、ついに滝に身を投げ死んでしまったのだった。アカカの死を知った妻は泣き崩れ、岩となり滝のそばに居続けることを選んだ。アカカ・フォールズから流れる滝は、浮気をされたアカカの妻の涙だという説もある。

STORY about ...

ウミガメの姿をした女神が暮らす黒砂海岸

ハワイ島らしい溶岩が砕けた真っ黒な砂が広がるプナルウ・ブラックサンド・ビーチ（→ P.86）。ウミガメが見られるビーチとしても有名だ。このビーチにはカウイラというウミガメの姿をした半神の女神が暮らすとされ、地元の人や子供たちを見守っているのだという。ビーチの裏手にはカウイラのすむといわれる池があるので、こちらも必見だ。

Restaurant

レストラン

Gourmet Orientation
グルメ オリエンテーション

大地の恵みが豊かなビッグ・アイランドグルメ。お店選びも、食事中の過ごし方も、もっとスマートになるワザとポイントをご案内！

\ 料理も "ビッグ" /

ぜひ予約をして訪れたいジャッキー・レイズ・オハナ・グリル・コナ（→ P.116）

TIPS 1 ディナーは予約をするのがおすすめ！

ファストフードやカフェ、カジュアルなレストランは別として、ディナーは予約しておくのがベスト。人気店や有名店、ホテルのダイニングなどは、予約がないと入るのが難しいこともあるので、希望のお店で食べたければ、時間を無駄にしないためにも、予約をしていこう。また、海辺や眺望のよいレストランの場合は、予約する際に、「できれば、窓際の眺めのよい席をお願いします」と伝えると、希望の席を用意しておいてもらえる可能性が高い。

TIPS 2 マナーとルールを知ってスマートに

レストランに到着した際に、入口にて予約の名前を伝える。予約をしていないときは、人数を伝えて待とう。係員が席に案内してくれる。また、席に着いてから、席を担当してくれるスタッフがメニューを持ってきてくれる。オーダーするときも、チェックをお願いするときも、その同じスタッフが担当することになる。また法律ですべてのレストランやバーなどでの喫煙は禁止。アルコールは21歳未満の飲酒が法律で禁止されているため注文する際は、顔写真入りの身分証明書（ID）を用意しておこう。

TIPS 3 チップの目安額とスマートな払い方

レストランでは食事代の約18〜25%が目安。ただし、ホテルやレストランの一部では、すでにサービス料としてチップを上乗せしている場合もある。支払う方法は、テーブルの上に、上記の金額を残しておくか、支払いの際にチップを含んだ合計金額を渡して、「Keep the change.（お釣りはいらないよ）」と伝えるとスマート。クレジットカードの場合はP.224を参照。

TIPS 4 リゾート地のレストランでのドレスコードを知っておこう！

ホテルのダイニングや高級レストランは、ドレスコードを設けているところも。ただし、ハワイ島はリゾート地なので、フォーマルを要求されるようなお店はない。ほとんどの場合「リゾートカジュアル」程度である。この場合、男性はアロハシャツにロングパンツ、女性はリゾートワンピースで行くのが望ましい。短パンやタンクトップ、ビーチサンダルは遠慮しよう。

TIPS 5 レストラン選びは「食べたいモノ」＋αが大切

レストラン選びのファーストステップは、もちろん「何が食べたいか」。それが決まったら、セカンドステップは「どのお店でそれを食べるか」。オアフ島ほどの選択肢はないものの、十分迷える数のレストランがあり、しかもディナーの予約必須なハワイ島では、このセカンドステップまでを事前に準備しておくことが重要。事前のリサーチを惜しまないことだ。

TIPS 6 迷ったら、知識豊富なコンシェルジュに相談

滞在しているホテルにコンシェルジュサービスがあるならば、ぜひ、スタッフの力を借りたい。食べたい料理を伝えれば、雰囲気、ロケーション、時間帯などを考慮して、おすすめのお店を教えてくれるはず。もちろん、予約を入れてもらえば、よい席を確保できる確率が高い。ぜひ、豊富な知識とネットワークをもったコンシェルジュに相談してみよう。

TIPS 7 「もったいない！」は心配無用 To Go を利用しよう！

ハワイ島の料理は実にボリューム満点。さらに、旅先ではいろいろ食べてみたいからと、ついついオーダー過剰になってしまうことも多い。そこで利用したいのが、残った料理をお持ち帰りすること。「To go, please.」のひと言で通じるので、ぜひ利用しよう。お店でボックスに詰めてくれたり、ボックスを手渡されて自分で詰めたりと、お店により対応は異なる。

TIPS 8 ハッピーアワーはお得がいっぱい！

レストランやバーでは、「ハッピーアワー」を設けているところが多い。これは、ププ（おつまみ）やカクテルなどが、通常の時間帯よりもお得な料金で味わえるサービスのこと。曜日や時間帯はお店により異なるが、だいたい15:00〜日没頃までを設定。ビールが$3〜5で飲めるところや$5均一のププが食べられるお店もあるので、賢く利用するといいだろう。

TIPS 9 眺めのよい時間をチェックしておく！

海が見える絶景レストランや、美しい夕日を望めるレストランなど、食事の内容のほかに、レストランからの眺めをウリにしているお店がある。せっかくなら、その眺望も楽しみたい。海が見えるレストランに暗くなってから行って、外の景色は真っ暗などという残念なことにならないように！ 事前にお店に問い合わせておくと安心。

コーヒー＆スイーツタイムに！
☕ ハワイジェニックなカフェ

ハワイ島散策で疲れた体を癒やすなら、ほっとひと息つけるカフェへ。居心地抜群な空間が魅力な店や写真映えするスイーツが楽しめる店など、今ドキなハワイを感じられるカフェが増えています！

HE HAS MADE
EVERYTHING
Beautiful
IN ITS TIME

> 友人とのおしゃべりはもちろん、ひとりでデスク作業するのにもぴったり

カイルア・コナ

2022年にオープンしたニューフェイス
アライズ・コナ・ベーカリー ＆ カフェ
Arise Kona Bakery and Cafe

広々とした店内には2階のロフトスペースなどもあり、ゆったりカフェタイムを満喫できるベーカリーカフェ。ホームメイドのサワードウブレッドをはじめとしたパンや、フレッシュな食材を使用したトーストサンドイッチ、スムージーボウルとコーヒーが人気。

📍 P.63-A1　🏠 74-5555 Kaiwi St. F 2-3
📞 808-731-7388　🕐 8:00 ～ 14:00
🚫 日・月曜　💳 ADJMV　🅿️無料
🌐 www.arisekonabakeryandcafe.com

とにかく居心地抜群な空間。カイルア・コナ散策の休憩にぴったり

アライズ・ボウル
$11
パッションフルーツやマンゴー、ドラゴンフルーツの後味さっぱりなスムージーボウル。アイスラテは $5.75 ～、ドリップコーヒー $3.75 ～

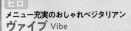

ヒロ

メニュー充実のおしゃれベジタリアン
ヴァイブ Vibe

インテリアもすてきなヴィーガン・カフェ。味といい、リッチなボリューム感といい、とても野菜だけの料理とは思えない満足度の高いメニューで地元の人たちに評判を呼んでいる。

📍 P.101-B2　🏠 750 Kanoelehua Ave.　📞 808-933-3443
🕐 8:00～17:00（日曜 9:00～15:00）　🚫 無休　💳 ADJMV
🅿 無料　🌐 www.vibehawaii.com

アボカドトースト $12、
ラベンダー・
レモネード $7

フレッシュなアボカドがたっぷり。香りのいいレモネードも人気

ヒロ

海を眺めるカジュアル・ダイニング＆バー
フラ・フラズ Hula Hula's

オープンエアで、晴れている日にはマウナ・ケアの雄大な姿を見ながら食事やアルコールを楽しめる。地産の野菜や直接漁師から買い付ける新鮮な魚を使った料理が自慢。

📍 P.101-A2　🏠 グランド・ナニロア・ホテル内
📞 808-932-4545　🕐 6:30～21:00　🚫 無休
💳 ADJMV　🅿 ホテルのパーキングを利用
🌐 hilohulahulas.com

BBQカルアポーク・ピザ $25、
フィッシュ・タコス $27

しっかり食べられるメニューが揃う。
マイタイ $13.5、生ビール $8.5

ヒロ

カラフルソフトならここ！
マカニズ・マジック・
パイナップル・シャック
Makani's Magic Pineapple Shack

ドラゴンフルーツや紫芋のウベといったカラフルな食材を使用したソフトクリームが自慢。ヒロの町を散策して疲れたら、南国テイストの店内で休憩しよう。
DATA → P.128

アロハ・パイン・ボウル
$14

豪快なパイナップルを器にしたアサイボウル。写真はウベソフトクリームのせ

レトロな雰囲気が魅力のカフェ
ホルアコア・コーヒー・シャック
Holuakoa Coffee Shack

ホルアロアの町を代表する人気カフェ。自社農園で作る 100% コナ・コーヒーとハワイ産の食材を使ったペストリー、スイーツがいただける。**DATA → P.66**

バナナ・パイナップル・マンゴースムージー $9.25、
ブレックファストブリトー $10

朝食にちょうどいいサイズのブリトーは玉子たっぷり。
スムージーは 5 種のフレーバーから 3 種選べる

ハワイ島グルメは 絶景&地産地消で選ぶ!

滞在中の数少ない食事。せっかくなら、ビーチビューやボルケーノビューのレストラン、ハワイ島の食材を使った料理に舌鼓を打って、特別な時間を過ごしたい。

Ⓑ パッション・フロウ $12
ラムベースにパインジュースなどを合わせたフローズンカクテル

Ⓐ セットメニュー $120
メイン、前菜、デザートからそれぞれ1品ずつ選べる。写真はアヒ・ステーキ（左）、アヒのタルタル（右）

Ⓑ アヒ・ポケ・タワー $23
3種のオリジナルソースがフレッシュなポケにマッチする看板メニュー

冬の季節にはクジラやイルカが見られることも　　ハワイ島近海で取れたマグロを使用している

Ⓐ ワイコロア・ビーチ・リゾート

太平洋に沈みゆく夕日と絶品グルメを堪能

カムエラ プロビジョン カンパニー
Kamuela Provision Company

ハワイ島のリゾートホテルのなかでも、ひときわ海を間近に感じられるレストラン。太平洋に沈む夕日を眺めて、地元産の食材をふんだんに使用したハワイ・リージョナル・キュイジーヌを堪能しよう。

📍 P.61Ⓓ　🏠 ヒルトン・ワイコロア・ビレッジ
📞 808-886-1234（ホテル代表）　🕐 17:30 ～ 20:30
🚫 火・水曜　💳 ADJMV
🅿 ホテルのパーキングを利用
🌐 www.hiltonwaikoloavillage.jp

ハワイアンミュージックの演奏もある

Ⓑ カイルア・コナ

ドレスアップして訪れたい

ジャッキー・レイズ・オハナ・グリル・コナ
Jackie Rey's Ohana Grill Kona

2004年のオープン以来、ローカルや観光客からも絶大な人気を誇るレストラン。地元産の新鮮な食材を使用した料理はどれも絶品。混み合うので訪れる際は予約をしておくと安心。

📍 P.63-C1　🏠 75-5995 Kuakini Hwy.
📞 808-327-0209　🕐 16:00 ～ 20:30　🚫 無休
💳 ADJMV　🅿 無料
🌐 www.jackiereyskona.com

ラグジュアリー過ぎず、カジュアル過ぎない雰囲気

迫力ある火口を眺めながらの食事は特別なひと時になるはず

C ビッグアイランド・バーガー $19.99 (奥)
シアード・アヒ刺身 $22.99 (右)
シアード・コナ・カンパチ $39.99 (手前)
フレッシュなハワイ島産の食材を使用したこだわり
のグリル料理を提供する

E モロカイチップス $17.50 (左)
ビッグアイランド・ビーツサラダ $18.50 (奥)
レモングラス・カレー・マヒ $32 (手前)
大皿のシェアスタイルで楽しめる料理が多い。アルコール
との相性も抜群

D LLBCバーガー $25
フィッシュ＆チップス $25
シズリングシュリンプ $24
アルコールにもぴったりながっつ
り系のメニューが揃う

オン・ザ・ビーチで開放感抜群。
昼も夜もにぎわう

サクッとランチから大人数での
ディナーなど、使い勝手がいい

C ボルケーノ
ボルケーノの火口を望むダイニング
ザ・リム
The Rim
キラウエア火山の火口を望むホテ
ル、ボルケーノ・ハウス内にある
レストラン。日没後は赤く空を染
める火口（天候や噴火次第）を見
ながら、地産の新鮮な野菜や魚、
牛肉を使ったメニューの数々を堪
能できる。 DATA → P.124

レストランを
出たテラスか
らも火口を眺
めることがで
きる

D ワイコロア・ビーチ・リゾート
ディナーもランチも大にぎわい！
ラヴァ・ラヴァ・ビーチクラブ
Lava Lava Beach Club
アナエホオマル・ベイ・ビーチの
すぐそばに立つオン・ザ・ビーチ
のレストラン＆バー。ハンバーガー
やフィッシュ＆チップスなどを、
大人数でワイワイ楽しめるカジュ
アルな雰囲気が魅力。
DATA → P.123

ビーチが夕日
に染まってい
く最高のロ
ケーション

E カイルア・コナ
海を眺めながらハワイ料理をいただく
アイランド・ラヴァ・ジャバ
Island Lava Java
アリイ・ドライブ沿いの人気シー
ビューレストラン。ハワイ島はも
ちろん、ハワイ各島の食材を使い、
オリジナリティあふれる料理を提
供する。2階建てで席数が多いの
もうれしい。 DATA → P.119

超がつくほど
の人気店。必
ず予約を

コナ・コーストのおすすめグルメ

カイルア・コナは、ハワイ島でもいちばんにぎやかな観光エリア。アリイ・ドライブ沿いには、ショッピングモールが点在し、多種多様なレストランが軒を連ねている。散策中に立ち寄るのはもちろん、グラスを傾けながらサンセットを眺めたりと多様な楽しみ方ができる。

🌴 ハワイ料理

手軽に絶品ポケプレートを

パアカイ・ポケ & デリ
Paakai Poke & Deli

アットホームな雰囲気のポケ専門店。ハワイ産のフレッシュなポケプレートを求め、連日たくさんの人が訪れる。人気のポケプレートは、2スクープのライスに2種類のポケにサイドメニューが付くので満足感たっぷり。

カイルア・コナ 📍P.63-B1 🇯🇵
🏠 75-143 Hualalai Rd. #105 📞 808-329-3050 🕐 月・水〜金曜 10:00 〜 16:00、土・日曜 11:00 〜 16:00 🛑 火曜 💳 ADJMV 🅿️無料 🌐 www.paakai.net

1 小腹がすいたときにぴったりなお稲荷さん風のポケボム $2.75(手前)　2 家族経営で温かい雰囲気のお店。日本語も OK だ　3 一番人気のポケプレートはワンサイドで $17.95。写真はスパイシーアヒとウマミをチョイス

🌴 カフェ & スイーツ

ひんやりジェラートで小休憩

ジプシー・ジェラート
Gypsea Gelato

ホームメイドジェラートが食べられるカフェ。フレーバーは常時約20種類あり、一番人気はコーヒー、チョコレートとマカダミアナッツフレーバーのマウカ・トレイル。できるだけハワイ島産、オーガニックの食材にこだわる。

サウス・コナ 📍P.53-D2
🏠 79-7491 Mamalahoa Hwy., Kealakekua 📞 808- 322-3233 🕐 10:00 〜 19:00（金・土曜 20:00） 🔓無休 💳 ADJMV 🅿️無料 🌐 www.gypseagelato.com

1 広々と開放的な店内。公式サイトからオンラインオーダーも可能　2 種類豊富なフレーバーに心が躍る　3 ミディアムカップ各 $6.99。左からストロベリー・リリコイとバースデーケーキ、マウカトレイルとオレオ

🌴 アメリカ料理

プールサイドでのんびり食事を

ワイレレ・カフェ
Wailele Cafe

アウトリガー・コナ・リゾート & スパ（→ P.40・178）内に入るカジュアルダイニング。地元産のフレッシュな食材にこだわった料理を提供する。さわやかなモーニングはもちろん、大人数でワイワイ楽しめるディナー、ランチもおすすめ。

ケアウホウ 📍P.53-D1 📞
🏠 アウトリガー・コナ・リゾート & スパ 📞 808-930-4900 🕐 5:30 〜 21:00（金・土曜 22:00） 🔓無休 💳 ADJMV 🅿️ホテルの無料駐車場を利用 🌐 jp.outrigger.com/hawaii/hawaii-big-island/outrigger-kona-resort-and-spa

1 もちろんホテルゲスト以外も利用可能。夜は予約が安心　2 メープルシロップをたっぷりかけていただくハワイアンスイートブレッドフレンチトースト $18　3 エディブルフラワーがアートのように美しいアボカドトースト $27

アメリカ料理

ケアラケクア湾を望む絶景カフェ

コーヒー・シャック
The Coffee Shack

ママラホア・ハイウエイ沿いに立つこぢんまりとしたカフェながら、ケアラケクア湾を眼下に見下ろすコナ・コーストが一望できるとあって人気。100% コナ・コーヒーやペストリー、サンドイッチなどの軽食メニューが揃う。

③

サウス・コナ P.53-D2
🏠 83-5799 Mamalahoa Hwy., Captain Cook　📞 808- 328-9555　🕐 7:00 ～ 15:30　🚫 水曜　💳 ADJMV　🅿 無料
🌐 www.coffeeshack.com

1 屋根付きながら吹き込む風が心地いい店内　**2** 自家製のリリコイ・チーズケーキ $7.50　**3** ザワークラウトがアクセントのホット・ルーベン $17。コンビーフかターキーかを選べる

タイ料理

本格タイ料理を楽しむならココ

オーキッド・タイ・クィジーン
Orchid Thai Cuisine

バンコク出身のシェフが腕を振るう、タイ料理レストラン。ハワイ島屈指の実力派で、本場タイの味が再現された料理には、ハーブ、スパイス、野菜など、ハワイ産の新鮮な食材が使用されているのがうれしい。

タイ風焼きそばのパッタイ $16.95

カイルア・コナ P.63-A1
🏠 74-5563 Kaiwi St.,G1　📞 808-327-9437
🕐 11:00 ～ 14:30、17:00 ～ 19:30　🚫 日曜　💳 ADJMV
🅿 無料

ステーキ＆シーフード

オーシャンフロントのホテルダイニング

ドン・ザ・ビーチコマー・レストラン
Don the Beachcomber Restaurant

さわやかな潮風と壮大な海の景色を眺めながらゆったりと食事ができるレストラン。店内は、ノスタルジックな雰囲気のポリネシア風だ。ハワイ島近海で取れた新鮮なシーフードを味わおう。

表面のみをパリッと焼き上げた、ふりかけマグロ（時価）

カイルア・コナ P.63-C1
🏠 75-5852 Alii Dr.　📞 808-329-3111　🕐 6:30 ～ 10:00、11:00 ～ 20:30　🚫 無休　💳 ADJMV　🅿 ホテルの駐車場を利用　🌐 www.royalkona.com/dining

---

メキシコ料理

ホームメイドにこだわるタケリア

パトリシオズ・メキシカン・タケリア
Patricio's Mexican Taqueria

本格タコスの専門店（タケリア）。トウモロコシから作られるトルティーヤの生地をはじめ、味の決め手となるトマトやタマネギ、コリアンダー、唐辛子などを使った数種類のサルサもホームメイド。

伝統料理のチリ・レジェーノ $15.95

カイルア・コナ P.53-C1
🏠 73-4038 Hulikoa Dr.　📞 808-334-1008　🕐 10:30 ～ 20:00
🚫 12/25、感謝祭　💳 AJMV　🅿 無料
🌐 www.patriciostaqueria.com

ハワイ料理

絶景シービューランチを堪能

アイランド・ラヴァ・ジャバ
Island Lava Java

アリイ・ドライブ沿いにたたずむオーシャンフロントのレストラン。美しい海を眺めながら、地元産の食材を使った料理が楽しめる。日が沈んでいく夕方の時間帯は予約がおすすめ。

店内からは季節によってはイルカやクジラが見えることも

カイルア・コナ P.63-B1
🏠 75-5801 Alii Dr., Bldg 1　📞 808- 327-2161
🕐 7:30 ～ 20:00　🚫 無休　💳 ADJMV　🅿 ココナッツ・グローブ・マーケットプレイスの駐車場を利用
🌐 www.islandlavajava.com/

🌴 ハワイ料理
ボリューム満点で具だくさん！
ビッグ・アイランド・グリル
Big Island Grill

バラエティ豊かなメニューが自慢のダイナー。ステーキやショートリブ、バーガー類から、パンケーキやエッグ・ベネディクト、オムレツなどの朝食メニューも揃う。ローカルフードも充実。

ボリューミーなスーパー・ロコモコ $13.95

カイルア・コナ 📍P.63-B1
🏠 75-5702 Kuakini Hwy. 📞 808-326-1153
🕐 8:00 〜 14:00 🚫 日・月曜、1/1、感謝祭、12/25
💳 AJMV 🅿️無料

🌴 アメリカ料理
手軽にテイクアウトできる
ブローク・ダ・マウス・グラインズ
Broke Da Mouth Grindz

マイタイフェスティバルの BBQ 部門で優勝した人気店。ハワイの名店で腕を振るった経験をもつシェフがお店を仕切る。朝食はステーキオムレツ $13.99 などが人気。

メインを 2 〜 3 種類チョイスできるミックスプレート $18.99 〜 22.99

カイルア・コナ 📍P.63-A2
🏠 74-5565 luhia St. 📞 808-327-1113 🕐 11:00 〜 19:00
🚫 日・月曜、おもな祝日 💳 DMV（$10 以上）
🅿️無料 🌐 www.brokedamouthgrindz.com

🌴 アメリカ料理
海を間近に感じる好立地
ハゴス
Huggo's

1969 年創業のオーシャンフロントレストラン。シグネチャーフードは、シーフード料理とアンガスビーフのステーキ。新鮮な魚は地元の漁船から、野菜はローカルの農家から直接仕入れている。

取れたての新鮮なシーフードを楽しめる

カイルア・コナ 📍P.63-C1 🈁
🏠 75-5828 Kahakai Rd. 📞 808-329-1493
🕐 7:00 〜 11:00、16:00 〜 21:00 🚫 無休 💳 ADJMV
🅿️無料 🌐 huggos.com

🌴 ハワイ料理
自分好みにアレンジしてオーダーしよう
ダ・ポキ・シャック
Da Poke SHACK

鮮度にこだわり、冷凍マグロを使わず、生マグロを使用。ポキの種類は、シャックスペシャル（味噌＆ハニーベース）、醤油、キムチタコ、キムチシュリンプなどがあり、ボウルかプレートでオーダー。

ポキプレート $35 〜はポキとサイド 2 種を選ぶ

カイルア・コナ 📍P.53-C1
🏠 76-6246 Alii Dr. 📞 808-329-7653 🕐 10:00 〜 16:00
🚫 土・日曜、1/1、感謝祭、12/25 💳 MV 🅿️無料

🌴 アメリカ料理
できたてビールとピザが人気
コナ・ブリューイング・パブ
Kona Brewing Pub

ハワイ島が誇る地ビール会社コナ・ブリューイングが直営するパブ・レストラン。できたての地ビールをお好みで 4 種類試せるフライト $16 がおすすめ。生地から手作りしている本格ピザは種類豊富。

スパイスが効いたカワイヘエ・ケーション・シアード・アヒ（時価）

カイルア・コナ 📍P.63-B1
🏠 キング・カメハメハ・モール向かい 📞 808-334-2739
🕐 10:00 〜 21:00 🚫 無休 💳 ADJMV 🅿️無料
🌐 konabrewinghawaii.com

🌴 アメリカ料理
海を眺めながら散策の疲れを癒やす
コナ・カヌークラブ
Kona Canoe Club

コナ・イン・ショッピング・ビレッジ（→ P.141）内にあるバー＆グリル。開放的なオープンエアの席で、潮風に吹かれながらボリューム満点のアメリカンな料理を味わえる。サンセットを眺めながらのディナーもおすすめ。

コナチーズバーガー $19 とマッドパイ $15

カイルア・コナ 📍P.63-B1
🏠 コナ・イン・ショッピング・ビレッジ内
📞 808-331-1155 🕐 11:00 〜 21:00 🚫 無休 💳 AMV
🅿️コナ・イン・ショッピング・ビレッジのパーキングを利用

🍴 アメリカ料理
海を望むビアレストラン
ハンピーズ
Humpy's

太陽のまぶしい時間から、サーファーや観光客がビールを求めてやってくる人気店。ハワイ島のローカルブランドをはじめ、常時 30 種類以上のビールを取り揃えている。ププもリーズナブルに味わえる。

グリルド・アイランド・フィッシュ時価など

カイルア・コナ 📍P.63-B1
🏠ココナッツ・グローブ・マーケット・プレイス内
📞 808-324-2337　🕐 7:30 ～ 24:00（金・土曜～翌 2:00）
🔓 無休　💳 ADMV　🅿ココナッツ・グローブ・マーケット・プレイスのパーキングを利用　🌐 humpyskona.com

🍴 日本料理
ローカルプライスで気軽に寿司が食べられる
セイジ・ブリュー・ガーデン&スシ
Seiji Brew Garden & Sushi

漁師が持ち込む、季節の魚を使った刺身や寿司が自慢のカジュアルな日本料理店。オーナーシェフのセイジさんが作る創作和食は値段が手頃でローカルに支持されている。おまかせ $85 がおすすめ。

握りとカリフォルニアロール、味噌汁付きで $25 はお値打ち

カイルア・コナ 📍P.63-B1　日 日
🏠 75-5669 Alii Dr　📞 808-329-7278　🕐 17:00 ～ 21:00
🔓 月曜～水曜　💳 ADJMV　🅿近くのパブリック・パーキングを利用　🌐 www.seijissushi.com

🍴 アメリカ料理
海を眺め新鮮な魚介に舌鼓
フィッシュ・ホッパー
The Fish Hopper

新鮮な海の幸とステーキを堪能できるレストラン。カイルア桟橋の近くにあり、道を挟んだ先には、美しい海が広がる絶好のロケーションだ。自慢の料理は刺身を含む 3 種のアヒ（時価）などフレッシュなシーフード。

巨大なカクテル、ボルケーノ $20 が人気

カイルア・コナ 📍P.63-B1
🏠 75-5683 Alii Dr　📞 808-326-2002
🕐 7:00 ～ 21:00（ハッピーアワー 14:00 ～ 17:00 は、カクテル 25% オフ）　🔓 無休　💳 ADJMV　🅿パブリックパーキングを利用　🌐 www.fishhopperkona.com

🍴 日本料理
ロコにも人気の定食スタイル
てしま レストラン
Teshima's Restaurant

1928 年創業、日系人ファミリーが営む日本料理レストラン。天ぷらや刺身などに、ご飯と味噌汁が付く定食スタイルで有名。ビーフ・テリヤキやフライドライスオムレツなども人気だ。

天ぷら、BBQ ビーフなどローカルのごちそうが並ぶ定食 $20 ～ 30

サウス・コナ 📍P.53-D2
🏠 79-7251 Hawaii Belt Rd.　📞 808-322-9140
🕐 7:00 ～ 14:00、17:00 ～ 21:00　🔓 無休
💳 AJMV　🅿無料　🌐 www.teshimarestaurant.com

🍴 アメリカ料理
アメリカンな夜を楽しめるバー
ラバーンズ
Lavarne's

ボリューム満点のバーガーやステーキなどのアメリカ料理を中心に、ハワイやアジア、メキシコなどのテイストを加えた料理が味わえる。40 種類以上のビールやオリジナルカクテルなど、ドリンク類も充実。

バーガー $17 ～、ナチョス $18 ～ほか、プレートランチもある

カイルア・コナ 📍P.63-C1
🏠ココナッツ・グローブ・マーケット・プレイス 2F
📞 808-331-2633　🕐 11:00 ～翌 2:00（土・日曜 8:00 ～）
🔓 無休　💳 ADMV　🅿ココナッツ・グローブ・マーケット・プレイスのパーキングを利用

🍴 日本料理
ハワイ産マグロ・ポケをどこよりも安く！
スシ・ココロ & うどん
Sushi Cocoro & udon noodles

ハワイのロール寿司が $4.99 ～とリーズナブルな値段で食べられるお店。日本の寿司だけでなく、ハワイ産マグロのポケを使ったメニューや、うどん $9.99 ～も好評。日本語での対応も OK なので安心できる。

本格的でお得な和食がずらりと揃っている

カイルア・コナ 📍P.63-B1　日
🏠 75-5699 Alii Dr.　📞 808-331-0601
🕐 11:30 ～ 14:30、17:00 ～ 20:30　🔓 土曜
💳 ADJMV　🅿パブリックパーキングを使用

イタリア料理

大人数でワイワイ楽しめる

ヌイ・イタリアン
Nui Italian

ヒルトン・ワイコロア・ビレッジ（→ P.180）内に入るカジュアルイタリアンダイニング。タイル装飾が施された「ピザ・ラボ」と呼ばれる本格ピザ釜で焼き上げるピザは必食メニュー。ハワイのトロピカルフルーツを使用したさわやかなカクテルも揃う。

ワイコロア・ビーチ・リゾート　♀ P.61 Ⓓ
🏠 ヒルトン・ワイコロア・ビレッジ　📞 808-886-1234
🕐 朝食 7:00 ～ 10:00、ディナー 17:00 ～ 21:00、テイクアウト 7:00 ～ 10:00 & 17:00 ～ 22:00、バーエリア 17:00 ～ 21:00　🚫 無休　💳 ADJMV　🚗 ホテルのパーキングを利用　🌐 www.hiltonwaikoloavillage.jp/Dining/Nui-Italian.htm

1 窓越しに調理している様子が見える開放的なキッチン　**2** モダンなインテリアで調えられたさわやかな店内　**3** マルゲリータ $26 のほか、3 日間発酵させた特別な生地を使用したローマピザなどもある

アメリカ料理

ブリューカンパニーがプロデュース！

コナ・タップ・ルーム
Kona Tap Room

ハワイ島を代表するコナ・ブリューイングが、インテリアやメニューなどをデザイン。こちらでは、16 種類以上のビールやカクテル、ワインなどのほか、ポケ・ナチョスやフィッシュ・タコス、フライドチキンといったフードメニューもある。

ワイコロア・ビーチ・リゾート　♀ P.61 Ⓓ
🏠 ヒルトン・ワイコロア・ビレッジ　📞 808-886-1234
🕐 16:30 ～ 22:30　🚫 無休　💳 ADJMV
🚗 ホテルのパーキングを利用　🌐 www.hiltonwaikoloavillage.jp/Dining/Kona-Tap-Room.htm

1 ビアタップがずらりと並ぶ　**2** カルアポークとスモークハムのパニーニサンド $25　**3** 好みのビールを3種類選べるビール・フライト $11

ハワイ料理

プリプリのエビにかぶりつこう

ワイコロア・シュリンプ・カンパニー
Waikoloa Shrimp Co.

ガーリックシュリンプのプレート専門店。ニンニクたっぷりのクラシックなものをはじめ、スパイシー、レモンペッパーなどバラエティ豊富に揃う。各プレートにはライスと特製のマカロニサラダが付く。

酸味がさわやかで食べやすいレモンペッパーシュリンプ $19

ワイコロア・ビーチ・リゾート　♀ P.61 Ⓓ
🏠 クイーンズ・マーケットプレイス内
🕐 11:00 ～ 20:00　🔒 おもな祝日　💳 AJMV
🚗 クイーンズ・マーケットプレイスのパーキングを利用
🌐 www.waikoloashrimpco.com

ハワイ料理

常に挑戦し続けるセレブシェフの創作料理

ロイズ・ワイコロア・バー＆グリル
Roy's Waikoloa Bar & Grill

東洋と西洋のエッセンスを融合させたハワイ・リージョナル・クィジーンの有名店。創業者ロイ・ヤマグチ氏考案の定番メニューと、ハワイ島のシェフチームが作る季節の素材を使ったメニューが味わえる。

旬の食材を使うメニュー。予算は $80 ～ 100

ワイコロア・ビーチ・リゾート　♀ P.61 Ⓓ　📞 🍴 🈁
🏠 キングス・ショップス内　📞 808-886-4321
🕐 16:30 ～ 21:30　🚫 無休　💳 ADJMV
🚗 キングス・ショップスのパーキングを利用

🌴 イタリア料理
人気のカジュアルなイタリアン・ダイニング
ロマノズ・マカロニ・グリル
Romano's Macaroni Grill

アメリカ本土でチェーン展開しているファミリーレストラン。紙のテーブルクロスは、料理を待つ間お絵描きができるようにとの配慮だ。ボリュームあるパスタや、ローカル産の魚介、野菜を使った料理が人気。

店内はシックなインテリア。
予算はひとり $30 ～ 40

ワイコロア・ビーチ・リゾート ⚲P.61 ⓒ 📞 📱
🏠 クイーンズ・マーケットプレイス内
📞 808-443-5515 🕚 11:00 ～ 21:00(金・土曜～ 22:00)
🔓 無休 💳 ADJMV 🅿 クイーンズ・マーケットプレイスのパーキングを利用

🌴 ハワイ料理
新鮮な海の幸を使ったフュージョン料理
サンセイ・シーフード・レストラン＆スシ・バー
Sansei Seafood Restaurant & Sushi Bar

「ハワイ・ジャパニーズ・クィジーン」と呼べる新感覚料理が並ぶ人気店。さまざまな食材を使った寿司ロールは 30 種類以上と多彩。使用するマンゴーや野菜はすべてハワイ島産というこだわりも見せる。

オリジナルの揚げアヒ
刺身ロール $15 が人気

ワイコロア・ビーチ・リゾート ⚲P.61 ⓓ 📞
🏠 クイーンズ・マーケットプレイス内 📞 808-886-6286
🕔 17:00 ～ 20:00(日・月曜16:45 ～ 17:30 入店なら50％割引) 🔓 無休 💳 AJMV 🅿 クイーンズ・マーケットプレイスのパーキングを利用

🌴 ハワイ料理
新鮮な地元食材を生かした料理
ハワイ・コールズ・レストラン
Hawaii Calls Restaurant

料理はハワイ島産の新鮮野菜や海の幸を使ったパシフィック・リム・クィジーン。ボリューム満点のビーフ・バーガー $23 やクラブラップ $20 など、カジュアルなメニューも並び気軽に楽しめる。

リリコイソースで味わうマヒマヒ $41

ワイコロア・ビーチ・リゾート ⚲P.61 ⓓ 🍴
🏠 ワイコロア・ビーチ・マリオット・リゾート＆スパ内
📞 808-886-6789 🕖 7:00 ～ 21:00(バーは～ 22:00) 🔓 無休 💳 ADJMV 🅿 ホテルのパーキングを利用

🌴 アメリカ料理
セレブな気分に浸れるカフェ
トミー・バハマズ・トロピカル・カフェ
Tommy Bahama's Tropical Cafe

しゃれた大人のリゾートウエアを展開するトミー・バハマが運営するレストラン。料理はアイランド・フュージョン・ディッシュ。ハワイの新鮮な食材をさまざまな手法で楽しませてくれるのが魅力。

時季によりメニューは変わるが、予算の目安は $30 ～ 70

マウナ・ラニ・リゾート ⚲P.61 ⓒ 🍴
🏠 ショップス・アット・マウナ・ラニ内 📞 808-881-8686 🕛 12:00 ～ 20:00 🔓 感謝祭、12/25 💳 AMV 🅿 ショップス・アット・マウナ・ラニのパーキングを利用

🌴 イタリア料理
名シェフが生み出すイタリアン
プエオズ・オステリア
Pueo's Osteria

テーマはファーム・トゥ・テーブル。地元農家やイタリアの生産者から仕入れた上質な食材を使って、ハワイアンテイストを加えたメニューが並ぶ。自家製ピザやパスタなどのイタリアンクィジーンが供される。

自家製のタリオリーニ $29 やカプレーゼ $19 が人気

ワイコロア・ビーチ・リゾート ⚲P.52-A2
🏠 68-1845 Waikoloa Rd. 📞 808-339-7566
🕔 17:00 ～ 21:00 🔓 無休 💳 ADJMV 🅿 無料
🌐 www.pueososteria.com

🌴 アメリカ料理
夕日の名所でリゾート気分を満喫
ラヴァ・ラヴァ・ビーチクラブ
Lava Lava Beach Club

パシフィックリム＆アメリカンを味わえるビーチフロントのレストラン。ディナータイムはハワイアンミュージックの演奏もある。併設の宿泊用コテージも、予約が数ヵ月待ちという人気ぶり。

人気は LLBC バーガー $25、フィッシュ＆チップス $25、シズリングシュリンプ $24

ワイコロア・ビーチ・リゾート ⚲P.61 ⓓ
🏠 69-1081 Kuualii Pl. 📞 808-769-5282 🕛 12:00 ～ 21:00
🔓 無休 💳 ADJMV 🅿 無料
🌐 lavalavabeachclub.com/bigisland/

🌴 カフェ＆スイーツ

ハワイのコーヒーを学べるこだわりのコーヒーショップ

コアナ
Koana

ハワイ産のグルメ・コーヒーのなかから好みの豆を選び、1杯ずつ淹れてくれるこだわりのコーヒーショップ。豆の種類、焙煎の方法などハワイのコーヒーの特徴についても教えてくれるから、コーヒー好きは足を伸ばす価値あり。

3

ボルケーノ 📍 P.57-C2
🏠 18-1325 Old Volcano Rd., Mountain View　📞 808-209-4432　🕐 8:30 〜 14:30　📅 日曜　💳 ADJMV　🅿 路上パーキングを利用　🌐 www.alohakoana.com

1 マウンテン・ビューという小さな集落にある　**2** コーヒー豆や地元作家のアートや雑貨も販売　**3** 奥から時計回りにエスプレッソニック $8.25、モカに焼いたマシュマロを入れたマシュマロ・トースト・モカ $8.75

🌴 タイ料理

ビレッジに滞在するならディナーはこちら

タイ・タイ・レストラン
Thai Thai Restaurant

ボルケーノ・ビレッジにあるオーセンティックなタイ料理レストラン。パッタイ $22.99 〜、タイ式カレー $25.99 〜、スプリングロール $12.99などが人気。18:00 を過ぎるとテーブル待ちの列ができることもしばしば。

シャンデリアが輝き、バーカウンターがある店内

ボルケーノ 📍 P.81-2
🏠 オールド・ボルケーノ・ロード沿い　📞 808-967-7969
🕐 11:30 〜 15:00、16:00 〜 21:00　📅 水・木曜
💳 ADJMV　🅿 無料

🌴 アメリカ料理

多彩なメニューだからみんな満足

ラバ・ロック・カフェ
Lava Rock Cafe

朝食からディナータイムまでオープンしているカジュアルなレストラン。メニューはサンドイッチからステーキ、サイミンまで多彩。ツナミサラダと異名を取る各種サラダは、それだけで食事になるボリューム。

バーガー $14.95 〜 とロコモコ $15

ボルケーノ 📍 P.81-2
🏠 キラウエア・ジェネラルストア奥　📞 808-967-8526
🕐 11:30 〜 20:00（日曜 8:00 〜 14:00）　📅 月曜、12/25、1/1　💳 ADJMV　🅿 無料

🌴 アメリカ料理

クレーターを望む特等席

ザ・リム
The Rim

ハワイアン＆アメリカ料理を供するダイニング。ローカル食材を 90%以上使用している。壮大なハレマウマウの眺望と食を求めて、ディナーに訪れたい。ランチはアンクルジョージズ・ラウンジでも味わえる。

3

ボルケーノ 📍 P.81-2　📞 🎩
🏠 1 Crater Rim Dr., Hawaii Volcanos National Park　📞 808-324-2337　🕐 7:00 〜 10:30、11:00 〜 14:30、17:00 〜 20:30　📅 無休　💳 ADJMV　🅿 ホテルのパーキングを利用　🌐 hawaiivolcanohouse.com

1 ボルケーノ・ハウス（→ P.183）内にあるレストランだ　**2** ジューシーなハンバーガー $19.99　**3** 店内からはハレマウマウ火口の噴火の様子が一望できる

コハラ～マウナ・ケアのおすすめグルメ

ノース・コハラからワイメアにかけては、知る人ぞ知る隠れた名店や人気店が点在するグルメなエリア。コナとヒロのどちらからでもアクセスできるので、レンタカーを借りてぜひ訪れよう。

🌴 カフェ＆スイーツ

ホノカアを目指すならまずここへ寄り道

テックス・ドライブ・イン
Tex Drive Inn

グアバやマンゴー、パッションフルーツなどのフィリングがたっぷり詰まったマラサダを求め、連日多くの観光客が訪れる人気店。マラサダ以外にも、ランチプレートが充実しているので、ホノカアへのドライブ途中にぜひ立ち寄りたい。

ホノカア 📍P.59-A3
🏠 45-690 Pakalana St.,Honokaa　📞 808-775-0598
🕐 6:00～18:00　🔒 12/25　DJMV　🅿 無料
🌐 www.texdriveinhawaii.com

1 毎日揚げたてのマラサダが食べられる　**2** 四角い形のマラサダ。フィリング入りは各 $2.75　**3** テラス席がたくさんあるのでのんびり食事を楽しめる

🌴 カフェ＆スイーツ

島いちばんと噂のアサイボウルが食べられる

ヒナ・ラエズ・カフェ
Hina Rae's Cafe

ヘルシーでおいしいカフェメニューが揃う。いちばん人気はオリジナルブレンドのアサイペーストを使ったアサイボウル。そのほかフレッシュなフルーツを使用したスムージーやスイーツも人気。モーニングや軽食にぴったり。

ワイメア 📍P.60Ⓐ
🏠 65-1185 Mamalahoa Hwy #1b, Waimea　📞 808-731-5873　🕐 9:00～15:00　🔒 日曜　ADJMV　🅿 無料
🌐 hinaraescafe.com

1 パパイヤがアクセントのファーマーズ・マーケット $14　**2** さわやかで明るい印象の店内　**3** バナナリシャス $10 は、外はカリッと中はもっちりのワッフル

🌴 メキシコ料理

クラフトビールとメキシカンの人気店

ビッグ・アイランド・ブリューハウス
Big Island Brewhaus

ワイメアにあるブリューハウスが営むメキシコ料理店。レストランの敷地奥に醸造所を併設しているので、フレッシュなビールを飲むことができる。レストランで味わえる料理は、タコスやトルティーヤ、サルサにいたるまで、手作りにこだわる。

ワイメア 📍P.60Ⓐ
🏠 64-1066 Mamalahoa Hwy., Kamuela　📞 808-887-1717
🕐 11:00～20:00　🔒 12/25、1/1　AJMV　🅿 無料
🌐 www.bigislandbrewhaus.com

1 タコやフィッシュ、ロコサラダのプレート。グルテンフリーをはじめ、ベジタリアンやビーガンメニューもある　**2** ビールは常時 13～16 種類を醸造している　**3** ワイメアで人気のブリュワリー＆メキシコ料理店

🍴 レストラン

ボルケーノ～サウス・ポイント／コハラ～マウナ・ケアのおすすめグルメ

カフェ & スイーツ
ショップ併設のおしゃれカフェ
アーヴォ
ARVO

ホノルルで人気のオーストラリアンカフェがワイメアにオープン。本格ラテやコーヒーとともにオーダーしたいのはオープンサンドといった軽食メニュー。彩り豊かな盛り付けで写真映えもばっちりだ。

ワイメア P.60Ⓐ
🏠 Opelo Plaza, 65-1227 Opelo Rd A-1, Kamuela
🕐 7:00 〜 16:00（土・日曜 8:00 〜 15:00）🈚 無休
💳 ADJMV 🅿 無料 🌐 www.arvocafe.com（ホノルル）

1 ワイメアの心地いい風を感じながらのカフェブレイクを楽しめる　**2** 店内にはセレクトショップのサーフ・キャンプを併設　**3** イチゴがのったリコッタ・トースト $9.50、フラットホワイト $5、ドリップコーヒー $5.50

ハワイ料理
ワイメアで元祖の料理を味わう
メリマンズ
Merriman's

ハワイ・リージョナル・クィジーンの元祖ともいえる、ピーター・メリマン氏の店。新鮮な地の産物を使う料理は、ハワイ好きならずとも一度は味わってみたい。美しい料理の数々は多くのファンを魅了。予算は＄25 〜 45。

アヒやワイメア産のトマトを使用した料理はメリマン氏の真骨頂

ワイメア P.60Ⓐ 📞 🍴
🏠 Opelo Plaza, 65-1227 Opelo Rd B, Kamuela　📞 808-885-6822　🕐 11:30 〜 14:00、17:00 〜 20:30　🈷 月・火曜のランチ　💳 AMV 🅿 無料 🌐 www.merrimanshawaii.com/waimea/

アメリカ料理
ホームメイドの BBQ が自慢
フィッシュ&ザ・ホグ
Fish & The Hog

アメリカ人が大好きな BBQ。ここでは特別に調合したスパイスを使い、ゆっくりと時間をかけて自家でスモークしたこだわりの BBQ が楽しめる。6 種類あるハンバーガーや、フィッシュ＆チップスも人気。

BBQ プレートは 2 種類のサイドディッシュが付いて$18 〜 35

ワイメア P.58-A2
🏠 64-957 Mamalahoa Hwy.　📞 808-885-6268　🕐 11:30 〜 20:30　🈷 火・水曜　💳 ADMV 🅿 無料 🌐 www.fishandthehog.com

ハンバーガー & サンドイッチ
数々の賞に輝く実力派バーガー
ビレッジ・バーガー
Village Burger

地産地消をコンセプトにするバーガーショップ。店舗から牧場や畑までの距離を表示して、新鮮、安全をアピールしている。子牛肉だけを使ったハワイ・レッド・ヴィールはくさみがなく、うま味が凝縮されている。

ワイメア P.60Ⓐ
🏠 パーカー・ランチ・ショッピングセンター内　📞 808-885-7319　🕐 10:30 〜 17:00　🈚 無休　💳 JMV 🅿 パーカー・ランチ・ショッピングセンター のパーキングを利用
🌐 villageburgerwaimea.com

1 ローカルにも人気でランチどきには行列ができる　**2** 肉肉しいパテが絶品のビッグアイランドビーフロコモコ $17　**3** いちばん人気のハワイビッグアイランドビーフ $11 はトッピングも可能

　📞=予約がおすすめ　🍴=ドレスコード　🈴=日本語メニューあり　🈴=日本語スタッフ

🌴 カフェ＆スイーツ
居心地抜群の実力派カフェ
ワイメア・コーヒー・カンパニー
Waimea Coffee Company

ハワイ産の本格コナ・コーヒーを提供する人気カフェ。店内は木のぬくもりがあり、ドライブの休憩地としても最適。手頃な値段の軽食メニューが揃う。ワイメアとハヴィの2ヵ所に店を構える。

カプレーゼのサンドイッチ
$16.90 など

ワイメア 📍P.60Ⓐ
🏠 パーカー・スクエア内 ☎ 808-885-8915 ⏰ 6:30 ～ 17:30 (日曜 8:00 ～ 15:00) 🔒 おもな祝日 💳 ADJMV
🅿 パーカー・スクエア内の駐車場を利用 🌐 www.waimeacoffeecompany.com

🌴 カフェ＆スイーツ
ハヴィ散策の休憩スポット
コハラ・コーヒー・ミル
Kohala Coffee Mill

ハヴィを代表するカフェ。ベーグルやクロワッサンなどのパンやチーズ、肉、野菜の種類を選べるサンドイッチが人気。グルテンフリーのスイーツなどもあり、ヘルシー志向のローカルたちに評判。

町のシンボル的カフェ

ハヴィ 📍P.58-A1
🏠 55-3412 Akoni Pule Hwy., Hawi ☎ 808-889-5577
⏰ 7:00 ～ 17:30 🔒 おもな祝日 💳 AJMV
🅿 路上パーキングを利用

🌴 カフェ＆スイーツ
収穫したての野菜サラダが絶品
リリコイ・カフェ
Lilikoi Café

使用する食材の90%は、地元ワイメアを中心としたハワイ島産にこだわる人気店。野菜や果物は朝取りなので、実に新鮮だ。ヘルシー志向のローカルにリピーターが多い。

パーカー・ランチ・ショッピングセンターの裏手にあるカフェ

ワイメア 📍P.60Ⓐ
🏠 パーカー・ランチ・ショッピング・センター内 ☎ 808-887-1400 ⏰ 7:30 ～ 16:00 🔒 日曜 💳 AJMV 🅿 パーカー・ランチ・ショッピング・センターの駐車場を利用
🌐 www.lilikoicafehi.com

🌴 各国料理
町の老舗レストラン
バンブー・レストラン＆ギャラリー
Bamboo Restaurant & Gallery

1900年代初頭に、日系人のハラダ家がホテルとして築造した建物をリノベーションしたレトロな店内が魅力。アジアンからアメリカンまで、カジュアルに食事を楽しめる。

青い建物が印象的

ハヴィ 📍P.58-A1
🏠 55-3415 Akoni Pule Hwy, Hawi ☎ 808-889-5555
⏰ 火～日曜ランチ 11:30 ～ 14:00、ディナー 18:00 ～ 19:30 (木～土曜、予約のみ) 🔒 月曜、日・火・水曜のディナー、おもな祝日 💳 MV 🅿 路上パーキングを利用 🌐 www.bamboorestauranthawaii.com

🌴 カフェ＆スイーツ
甘いファッジが人気♡
ファッジン・コーヒー・カフェ
Fudge'n Coffee Cafe

イタリアのお菓子でキャンディの一種の自家製のファッジやチーズケーキ、シェイブ・アイス、アイスクリームなどを扱うカフェ。隣接したスペースでイートインもできる。

ホノカア 📍P.59-A3
🏠 45-3611 Mamane St., #105, Honokaa ☎ 808-775-1333
⏰ 10:00 ～ 15:00 (土曜 12:00 ～ 18:00) 🔒 日曜、祝祭日 💳 AMV 🅿 路上パーキングを利用

1 フレンドリーな店員さんが接客してくれる **2** ホームメイドのリリコイチーズケーキ $4 **3** お店の看板メニューでもあるファッジは約15種類

❋ ハワイ料理

ロコスタイルの人気のレストラン

ハワイアン・スタイル・カフェ
Hawaiian Style Cafe

ロコモコやポケ丼、プレートランチをはじめとしたハワイのローカルフードが味わえるダイナー。ボリューム満点なのもまさにハワイアン・スタイル。ハウピア（ココナッツクリーム）がかかったパンケーキは名物のひとつ。

ヒロ ♥ P.101-B2
🏠 マノノ・ストリート・マーケットプレイス　681 Manono St.　📞 808-969-9265　🕐 7:00 ～ 14:00、17:00 ～ 20:30（金・土曜～ 21:00）　🚫 日・月曜の夜　💳 ADJMV　🅿️ S.C. のパーキングを利用　🌐 hawaiianstylecafe.us

1 4 人がけのボックス席のほか、奥には大人数で利用できるテーブルもある　**2** 卵 2 個が乗ったモク・ア・サウラ・ロコモコ $17.95　**3** 大ボリュームのハウピア・パンケーキ $13.95

❋ カフェ＆スイーツ

トロピカルフルーツたっぷりの目にも楽しいスイーツ

マカニズ・マジック・パイナップル・シャック
Makani's Magic Pineapple Shack

ドラゴンフルーツやウベ（紫芋）を使ったカラフルな色合いのソフトクリームが人気のスイーツ＆ジュースバー。暑い日に冷たいデザートで涼むのにぴったりなスポットだ。トロピカルフルーツたっぷりのアサイボウルやスムージーも自慢。

ヒロ ♥ P.101-A1
🏠 54 Waianuenue Ave., Hilo　📞 808-935-8454　🕐 10:30 ～ 17:00　🚫 無休　💳 ADJMV　🅿️ 路上パーキングを利用

1 南国テイストで陽気な店内　**2** キュートなサーフボードの看板が目印　**3** ウベとドラゴンフルーツのユニコーン・ソフトクリーム $7

❋ カフェ＆スイーツ

カラフルなドリンクやワッフルがすてき

ネクター・カフェ
Nector Cafe

ワイルド・ハーティスト（→ P.151）の奥にあり、見逃しそうなカフェ。それでも行列ができるのは、味も見た目もワクワクするようなメニューが揃っているから。カラフルで写真映えするレモネードやバブルワッフルはぜひお試しを。

ヒロ ♥ P.101-A1
🏠 216 Kamehameha Ave.　📞 808-933-4278　🕐 9:00 ～ 17:00　🚫 無休　💳 ADJMV　🅿️ 路上パーキングを利用　🌐 www.nectorcafe.com

1 カウンター席だけの小さなカフェだが屋外席もある　**2** バブルワッフルはセイボリーとスイーツの両方あり $11.11 ～　**3** ユニコーンをイメージしたワッフルメニュー、ユニブリス $15.15

カフェ＆スイーツ
オーガニックのスムージーが自慢
スイート・ケーン・カフェ
Sweet Cane Cafe

地元産オーガニック食材を用いたヘルシーなベジタリアン・カフェ＆レストラン。人工的な甘味を加えず、サトウキビジュースを使って甘さを出すナチュラルなスムージーが人気。

屋外席のイートインスペースもある

ヒロ P.101-B1
🏠 48 Kamana St. 📞 808-934-0002 🕐 9:00 〜 16:00
🔒 無休 💳 ADJMV 🅿 無料 🌐 www.sweetcanecafe.com

カフェ＆スイーツ
ヘルシードリンクが人気
ブーチ・バー
The Booch Bar

お茶や紅茶を原料とした発酵性のヘルシードリンク、コンブチャを10種類以上も手作りしている。体に優しいヘルシーなフードも充実。滞在中胃が疲れてきたらぜひ立ち寄りたい。

コンブチャはジンジャー風味など種類豊富

ヒロ P.101-A1
🏠 110 Keawe St. 📞 808-498-4779 🕐 8:00 〜 20:00
🔒 おもな祝日 💳 ADJMV 🅿 路上パーキングを利用
🌐 theboochbarhilo.com

カフェ＆スイーツ
どこか懐かしい素朴なシェイブアイス
ウィルソンズ・バイ・ザ・ベイ
Wilsons By the Bay

ハワイ式かき氷のシェイブアイス。ハワイ島ではなぜかアイスシェイブと呼ぶこともあるが、ここのシロップはすべて手作り。ほんのりマイルドでミルキーな味になるクリームがけがおすすめ。

レギュラー $6、クリームがけ＋$1

ヒロ P.101-A1
🏠 141 Mamo St. 📞 808-969-9191 🕐 12:00 〜 17:00
🔒 月曜、おもな祝日 💳 不可 🅿 路上パーキングを利用

各国料理
アットホームでほっとする味
ムーン＆タートル・レストラン
Moon & Turtle Restaurant

名店でキャリアを積んだオーナーシェフが繰り出す無国籍料理。メニューが頻繁に替わるので、いつ訪れてもバラエティ豊富な料理が楽しめる。ハワイ産の食材を使い、独創的に仕上げる料理はどれも絶品と評判だ。

店内は天井が高く明るい雰囲気

ヒロ P.101-A1
🏠 51 KalakauaSt. 📞 808-961-0599 🕐 17:30 〜 21:00
🔒 日〜火曜、おもな祝日 💳 ADMV 🅿 路上パーキングを利用

アメリカ料理
昔ながらのレトロダイナー
ケンズ・ハウス・オブ・パンケーキ
Ken's House of Pancakes

1971年創業の老舗ダイナー。朝食時には、種類豊富なパンケーキやオムレツ目当ての客が押し寄せ、車を停められないほど混雑する。ぜひ朝いちのオープンすぐに訪れよう。

もちもち生地がやみつきになるラージバターミルクパンケーキ $9.95

ヒロ P.101-A2
🏠 1730 Kamehameha Ave. 📞 808-935-8711 🕐 6:00 〜 21:00 🔒 無休 💳 ADJMV 🅿 無料 🌐 www.kenshouseofpancakes.com

アメリカ料理
受賞歴もある人気店
クロニーズ・バー＆グリル
Cronies Bar & Grill

ヒロの人気スポーツバー＆レストラン。100％ビーフを使ったバーガーやアンガス牛のTボーンやリブアイステーキなど、数々の受賞歴をもつメニューに舌鼓を打とう。

リブアイステーキのパニオロ（時価）

ヒロ P.101-A1
🏠 11 Waianuenue Ave. 📞 808-935-5158 🕐 11:00 〜 20:00（木曜〜15:00、日曜7:00〜）🔒 おもな祝日 💳 ADMV 🅿 路上パーキングを利用 🌐 cronieshawaii.com

🌴 ハワイ料理
ポキを自分好みにアレンジ
ポキ・トゥ・ユア・テイスト
Poke to Your Taste

ローカル度が高めのポキ専門店。醤油味と塩味というシンプルな2種類のポキだけを販売しているのに、朝食やランチ時には地元客で大にぎわい。シーズニングを自由自在にアレンジできるのもうれしい。

ポケ丼 $9.50、1lb ポケ $14.50

ヒロ ♀ P.101-B2
🏠 790 Leilani St. 📞 808-961-9653 🕐 5:30 〜 13:30
🔒 土・日曜、おもな祝日 💳 MV 🅿 無料

🌴 ハワイ料理
新鮮な魚が手に入る島いちばんの店
スイサン
Suisan

1907年に水産業者として開業。以来、島中に新鮮な魚介を届け続けている。店内には、何種類ものポケやサーモンやタコといった魚介のププ（おつまみ）が並び、その味はハワイ島で1、2を争うほどのクオリティ。

2種のポキを選べるポキ丼 $15.50

ヒロ ♀ P.101-A2
🏠 93 Lihiwai St. 📞 808-935-9349 🕐 9:00 〜 15:00
🔒 日・水曜、おもな祝日 💳 MV 🅿 路上パーキングを利用 🌐 www.suisan.com

🌴 ハワイ料理
オープンエアのレストラン
パイナップルズ
Pineapples

ファーム・トゥ・テーブルをテーマに、ハワイ島で取れる新鮮な野菜や魚を生産者から直接仕入れて作るアイランド・クィジーンが自慢。ディナーで訪れる際は予約がおすすめ。

生演奏のあるバーエリアもいい雰囲気

ヒロ ♀ P.101-A1 📞
🏠 332 Keawe St. 📞 808-238-5324 🕐 11:00 〜 21:30
🔒 月曜、感謝祭、12/25 💳 AMV 🅿 路上パーキングを利用 🌐 www.pineappleshilo.net

🌴 カフェ＆スイーツ
50's風のキュートなカフェ
ミリーズ・デリ＆スナックショップ
Millie's Deli & Snack Shop

ソーダ・ファウンテンを彷彿とさせる店内は、オールドアメリカンな雰囲気で写真映えする。メニューはどれも手頃な値段なので、気軽に利用できる。ビーチ帰りに立ち寄る人も多い。

ローカルが多く通う穴場カフェ

ヒロ ♀ P.101-A2
🏠 94 Kalanianaole Ave. 📞 808-969-1241 🕐 10:00 〜 16:00 🔒 火曜、おもな祝日 💳 MV 🅿 無料 🌐 www.milliesdeli.com

🌴 カフェ＆スイーツ
パリをイメージしたパティスリー
ムーン・ストラック・パティスリー
Moon Struck Patisserie

ヨーロピアンスタイルのケーキやタルト、キッシュ、クロワッサンなどを手作りしている。本格的な味を楽しめるとローカルに好評。イートインのカフェスペースで、ゆったりと席に座って味わいたい。

ケーキ$7.25、ペストリー$6前後

ヒロ ♀ P.101-A1
🏠 16 Furneaux Lane 📞 808-933-6868 🕐 8:00 〜 14:00
🔒 日〜火曜、おもな祝日 💳 ADJMV 🅿 路上パーキングを利用

🌴 カフェ＆スイーツ
焼きたてパンとスイーツに感動
ショートン・スイート・ベーカリー＆カフェ
Short n Sweet Bakery & Cafe

「アメリカで最も美しいブライダルケーキ」に選ばれたこともあるベーカリー・カフェ。キーライムパイやキャラメル・アップル、カップケーキ、マシュマロなど、魅力的なホームメイドスイーツを味わえる。

スモークサーモン・ベーグル $14.70 など

ヒロ ♀ P.101-B1
🏠 ヒロショッピングセンター内 📞 808-935-4446
🕐 8:00 〜 15:00 🔒 日曜 💳 DJMV 🅿 無料 🌐 www.shortnsweet.biz

🌴 イタリア料理

イタリアンベースのアイランド・フュージョン

カフェ・ペスト・ヒロ・ベイ
Cafe Pesto Hilo Bay

旅行客にもローカルにも絶大な人気を誇る老舗レストラン。料理はイタリアンを基本に、ハワイの素材をミックスしたアイランド・フュージョン。カルア・ピッグやパイナップルをのせたハワイ風ピザを試したい。

オーダーを入れてから焼く自慢のピザは9インチ$13〜

ヒロ 📍P.101-A1
🏠 308 Kamehameha Ave #101, S. Hata Building　📞 808-969-6640　🕐 11:00〜20:30　🚫おもな祝日　💳 ADJMV
🅿 路上パーキングを利用　🌐 www.cafepesto.com

🌴 アメリカ料理

発祥の地で元祖ロコモコを味わう

カフェ 100（ハンドレッド）
Cafe 100

ハワイのローカルフード、ロコモコはボウルに盛ったご飯の上にハンバーガーパテと半熟の目玉焼きがのり、グレービーソースがたっぷりとかかった料理。発祥とされる店は諸説あるが、そのひとつがこの店。

パテと目玉焼きがふたつのったダブルロコ $13.60

ヒロ 📍P.101-B1
🏠 969 Kilauea Ave.　📞 808-935-8683　🕐 9:30〜19:00
🚫土・日曜　💳 ADJMV　🅿 無料　🌐 cafe100.com

🌴 ベトナム料理

ベトナムの家庭の味を楽しむ

イェンズ・カフェ
Yen's Cafe

ベトナム出身のイェンさんが子供の頃から作り続けてきた家庭料理の店。体に優しい味わいと、ローカルにも旅行者にも人気。10種類以上の味が揃うフォー $13.87〜15.74が旅で疲れた胃を休めてくれる。

ビーフ・コンビネーション・フォー $15.74

ヒロ 📍P.101-A1
🏠 235 Waianuenue,#101　📞 808-933-2808　🕐 10:30〜19:30　🚫土〜火曜　💳不可　🅿無料

🌴 日本料理

日本風定食メニューが人気

サンライト・カフェ
Sunlight Cafe

ステーキやポークチョップなども楽しめる日本料理店。ランチの人気メニューは、ウナギの蒲焼きや天ぷらなど18種類のおかずから2品を選ぶデラックス定食 $15.99〜22.99。

ウナギとエビの串焼きのコンビネーション定食 $22.99

ヒロ 📍P.101-B1
🏠 ヒロ・ショッピングセンター内　📞 808-934-8833
🕐 11:00〜14:00、17:00〜18:30　🚫土・日曜、おもな祝日　💳 DMV　🅿 ヒロ・ショッピングセンターのパーキングを利用

🌴 プレートランチ

日本スタイルのお弁当屋さん

プカプカ・キッチン
Puka Puka Kitchen

ダウンタウンにあるお弁当屋さん。昼時にはたくさんの客でにぎわっている。毎日のように通うローカルも多い。すべてのメニューにガーリックライスとサラダが付く。

ガーリックライスにアヒの天ぷらがのるアヒ・ドン・プレート $28.84

ヒロ 📍P.101-A1　🗾🗾
🏠 270 Kamehameha Ave.　📞 808-933-2121　🕐 10:00〜14:30、17:00〜20:00　🚫月曜ディナー、火曜ランチ、土・日曜、おもな祝日　💳 MV　🅿 路上パーキングを利用

🌴 日本料理

ヒロで人気のこだわり家庭料理を

ミヨズ
Miyo's

ヒロ空港からほど近いロケーション。創業者の日本人ミヨさんの味を引き継ぎ、日本料理は地元の新鮮な材料を使用。米は直火炊き、野菜は契約農家から直接仕入れるこだわりぶりだ。

2品チョイスのコンビネーションは$24.70〜

ヒロ 📍P.101-B2　🗾🗾
🏠 564 Hinano St.　📞 808-935-2273　🕐 11:00〜14:00、17:00〜20:30　🚫日曜、おもな祝日　💳 ADJMV　🅿無料　🌐 www.miyosrestaurant.com

SPECIAL COLUMN

知られざる先住者たち

森の宝石 ハワイアン・バード

島に人間がやってくるはるか昔、ハワイは鳥たちの楽園だった。天敵のいない隔離された世界で、鳥たちは独自の進化を遂げ、「森の宝石」とも形容される、美しく、妙なる調べを奏でる独特の種類になった。今、絶滅の危機に瀕している、この貴重な森の宝石について語ろう。

Pueo
プエオ

ハワイのフクロウ、プエオ。フクロウにしては珍しく、昼間でもよく姿を見せる

外界から隔離された固有種たちの楽園

今から40～100万年前の間に、海底火山が隆起して太平洋上に生まれたのがハワイ諸島。いちばん近い大陸からでも4000km以上離れている、まさに絶海の孤島群だった。ほかの大陸からの陸生動物が海を越えてたどり着けるはずもなく、わずかな確率で風に助けられて飛来した鳥や海流に乗ってたどり着いた植物の種が生き延びて、ハワイ固有の先住者となった。

ハワイに住み着いた最初の動物は植物の実や花の蜜を吸うハニークリーパー（ミツスイ）の仲間だった。大陸で見られるハニークリーパーと比べ、ハワイのものは驚くほど多様で、1種の鳥から50種以上に進化したといわれている。ハワイ固有種の多様性は鳥に限らず、昆虫や植物などにも見られるのだが、このような天敵の少ない孤立した世界では、種は細分化して進化することができるのだという。この種の多様化は南米ガラパゴス諸島の例にも劣らないといわれ、もしダーウィンがハワイに来ていたら、進化論はここで唱えられたかもしれない。

人類の到来で
ハワイアン・バードの半分が絶滅

外敵のいない鳥たちの楽園ハワイは、やがてポリネシア人たちがこの島々にたどり着き、入植を始めたときに変わり始めた。それまでハワイにいなかった動植物が持ち込まれ、鳥たちのすむ森林にも生態系の変化が起こってきたのだ。長い間天敵もおらず、外的に対する防護や戦う機能が退化していたハワイ固有の動植物は、たちまちにして新参者に駆逐されていく。ハワイ固有の鳥たちは、最初にポリネシア人がやってきた西暦500年頃からキャプテン・クック来訪の1700年代後半までの間に、その半分の種が滅んでしまったという。多くのハワイアン・バードが絶滅した理由には、大きく3つの理由がある。まず、人間が家畜としてもち込んだ、豚、ヤギ、牛などの野生化。これによって、森林が食い荒らされ、鳥たちがすみかと食べ物を失ったことだ。第2にマングースやネズミなどの天敵の出現。貨物船に隠れてハワイにやってきたネズミは鳥を襲い、さらにネズミ駆除のために持ち込まれたマングースは、日中行動性のため、夜行性のネズミ駆除には役に立たず、これも鳥たちを捕食するようになってしまったのだ。第3の理由は、19世紀中盤にハワイに入ってきた蚊だ。マラリアを保菌する蚊に刺されるとハワイアン・バードは2週間以内に死んでしまう。蚊を根絶するのは不可能なだけに、これは鳥たちにとって、大変な脅威なのだ。こうした天敵や環境の変化から逃れるため、ハワイアン・バードたちは次第に高山の、手つかずの原生林が残るエリアへと逃れていった。今では固有の鳥たちは標高1200m以下ではほとんど見ることができないという。

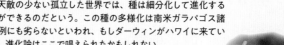

Apapane
アパパネ

レフアの花の咲くオヒアの森でよく見られる可憐なアパパネ

Iiwi
イイヴィ

「森のルビー」とでも形容したくなるほど美しいイイヴィ。くちばしは、釣鐘状の花の中の蜜が吸いやすいよう細長く進化した

Amakihi
アマキヒ

昆虫と花の蜜の両方を餌とするアマキヒは、比較的よく見られる

Nene Crossing！

Nene
ネネ

ハワイ州鳥に指定されているハワイアン・グースのネネ。一時は数が減少したが、現在は比較的回復している。ハワイ島やマウイ島の、標高の高い草原に生息

Shopping

🛒 ショッピング

Olivia Clare
Boutique

Shopping Orientation

ショッピング オリエンテーション

お買い物三昧する前に、おさえておきたいマナーやコツをチェックして、もっと、スマートにショッピングを楽しもう！

＼お目当てをハント！／

心が落ち着くアイテムが揃う、ビー・チー・オーガニック・アポセカリー（→ P.150）

TIPS 1 商品の返品は OK

　ハワイでは、商品の返品や交換は、日常茶飯事。「やっぱり気に入らない」、「サイズが違った」「色を変更したい」など、買うときに判断できそうな理由でも、快く返品や交換に応じてくれる。ただし、返品や交換できる期間が店舗により異なるので、必ず期間内に申し出よう。返品や交換の際には、商品とともに、レシートを忘れずに持参して。レジの並びに、返品と交換専用レーンがある店もある。

TIPS 2 ハワイ島のセール情報

　ハワイのセールの時期は、夏と冬の年2回だ。ハワイ島への旅の目的がショッピングメインという人は、少ないかもしれない。けれども、お得にショッピングできる時期に合わせて旅を計画してもよいだろう。特に大幅値下げが行われるのが、冬のセール。感謝祭（11月の第4木曜）翌日からスタートするいわゆるブラックフライデーから、新年明けのホリデーシーズン終わりまで続く。

TIPS 3　サイズ表記に注意！

　日本とハワイ島（アメリカ）の衣料品サイズ表示は異なる。だいたい、1サイズから2サイズほど大きいと考えるのが安心。もちろん、メーカーやスタイルによって異なるので、できれば試着をすると安心。ハワイ島の店舗では、「Can I try it on？（試着してもいいですか？）」と店員さんに声をかけよう。買って後悔しないように面倒でも試着してから購入を。

TIPS 4　商品代＋州税を把握すべし

　ハワイには、州税というものがあり、商品は税抜き価格で記載されていて、レジの際に加算される。ハワイ島は約4.166％。なお、コインの種類を覚えて、支払いの際にマメに出しておくと、あとあと、コインだらけという羽目に陥らない。最近ではクレジットカードや一部電子マネー対応の店も増えているから、困ったらカード類で支払っておくというのも手だ。

TIPS 5　スマートな買い物の仕方

　ハワイ島ではお店に入ったときに、ほとんどの店で「Aloha！」などとあいさつしてくれる。必ず、店員さんの顔を見て笑顔であいさつを返そう。心地よいあいさつが、互いの心象もよくして、商品選びにも協力的になってくれることにつながるだろう。また、支払い時に、「Have a good day！」などと言ってもらったら、「You, too.」とお返ししよう。

TIPS 6　ハワイ島の特産品に注目！

　ハワイ島には極上の特産品が数多くある。グルメ系でいうならば、マカダミアナッツやコナやカウのコーヒー、海洋深層水育ちのアワビ、バニラ、ハチミツ、シーソルトなど。シグ・ゼーンなどのアロハシャツのブランドにも注目したい。「産地」だからこそ、鮮度や質の高いものが手に入るので、これをおみやげに選ぶとまず間違いない。社会科見学はP.34を参照。

TIPS 7　ローカルスーパーがおもしろい！

　ローカルが運営するスーパーでは、ハワイ島メイドの商品をお手頃に販売していたり、全米大手チェーンにはないローカル産の食品やグッズを扱っていたりする。ハワイで展開するフードランドでは、ハワイ島の観光スポットやスパムむすびなどの柄など、オリジナルのエコバッグにも注目したい。海外のスーパーならではの品揃えは眺めているだけでも楽しいはず。

TIPS 8　狙い目お買い物タイムは？

　観光客の多くはアクティブに動くため、朝からビーチやアクティビティツアーなどに参加。そのため、日中のショッピングモールは比較的閑散としていることも。観光をしないでショッピングするという人は、ゆったりできる日中が狙い目だ。また、ローカルも多く訪れるスーパーマーケットは、週末や仕事帰りの夜に混雑するので、時間が許せば、平日の午前中に訪れたい。

TIPS 9　免税になるのは？

　日本に帰ってきた時、税関で申告不要となる範囲が決められているので注意が必要。成人ひとり当たり、右記の範囲が免税となる。
　なお、円への換算は、帰国日の税関が掲示している為替レートで行われる。

免税範囲

品名		免税範囲
酒類	3本 （1本760ml程度のもの）	クオート瓶（950ml）のように容量の大きなものは1.25本として取り扱われる
たばこ	200本（紙巻き） 50本（葉巻き） 250g（その他）	加熱式たばこ個装等10個（加熱式たばこ数量は紙巻きたばこ200本に相当）
香水	250g	1オンスは約28ml
その他物品	各物品の海外市価の合計が20万円までの物品	ただし、1個または1組が20万円を超える品物については免税適用はない。なお、同一品目ごとに合計した金額が1万円以下の品物は原則として免税

135

ローカル気分でお買い物♪

ハワイ島の
人気ファーマーズ・マーケット

ファーマーズ・マーケットでは、農作物やグルメ、アーティストの作品などを販売している。
直接、生産者やアーティストたちと交流しながら買うことができるのも魅力。

おもな ベンダー
- ●ローカルフルーツ
- ●メイド・イン・ハワイの雑貨・バッグ
- ●ハンドクラフトジュエリー

観光客が
利用しやすい立地で
気軽に立ち寄れる！

カイルア・コナ

水～日曜
7:00～16:00

コナ・ファーマーズ・マーケット
Kona Farmer's Market

カイルア・コナの繁華街にあるファーマーズ・マーケット。新鮮な野菜やフルーツ、コーヒー、アクセサリー、雑貨などが並ぶ。マンゴーやパパイヤ、パイナップルなどをカットされた状態で販売しているところがあるのもうれしい。

♥P63-B1 🏠75-5767 Alii Dr. 🕐7:00
～16:00 📅月・火曜 🏪店舗による
Ｐ無料

たくさんの観光客でにぎわう

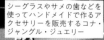

シーグラスやサメの歯などを使ってハンドメイドで作るアクセサリーを販売するコナ・ジャングル・ジュエリー

コーヒー豆を入れる麻袋で作られたトートバッグ $65

ハワイらしい雑貨やアクセサリーが多いので、ちょっとしたおみやげ探しにも便利

ワイメア

ワイメア・タウン・マーケット
Waimea Town Market

🕖 土曜
7:30～12:00

パーカー・スクールの校庭で開催される。ワイメア周辺で栽培された新鮮な野菜や果物、手作りスイーツやコナ・コーヒー、アート作品、自然派コスメなどを作り手から直接購入できる。のどかな雰囲気が特徴。DATA → P.92

おもな ベンダー
- サンドイッチ、ベーカリー
- ローカル野菜・フルーツ
- コーヒー＆紅茶
- 切り花

さわやかな高原地帯でのんびりとした雰囲気が魅力

1 芝生の上でいただくフレッシュなフルーツやスイーツは絶品だ 2 ライブ演奏もあり、雰囲気◎ 3 ハワイ島産のマカダミアナッツを使ったパイを販売するお店

ヒロ

ヒロ・ファーマーズ・マーケット
Hilo Farmer's Market

🕖 毎日
7:00～15:00

ハワイ島のなかでも規模が大きいことで有名だ。巨大なテント内には、産地直送の野菜や果物、美しい切り花、ハチミツ、コナ・コーヒーなど、ハワイ島の特産物がずらりと並ぶ。特に水曜と土曜は多くの店が出店する。

📍 P.101-A1 🏠マモ通りとカメハメハ通りの角 📞808-933-1000 🕖7:00～15:00 🈲無休 💰不可 🅿路上パーキング利用 🌐 hilofarmersmarket.com

活気あふれるヒロを体感する

1 旬の南国フルーツも味わいたい 2 次々と試食を誘うパワフルな声に圧倒されてしまう 3 ハワイ産のフルーツは多く取り揃えている

ボルケーノ

ボルケーノ・ファーマーズ・マーケット
Volcano Farmer's Market

🕖 日曜
6:30～10:00

ボルケーノに在住している人々をはじめ、観光客も多く訪れており、早朝から多くの人でにぎわう。焼きたてのパンやホットサンド、入れたてコーヒーなども販売していて、その場で食べることができるオープンスペースがあるのも便利。朝食に利用する人にもおすすめだ。

1 ボルケーノ・ビレッジのクーパーセンターで、毎週日曜の朝に開催される 2 売り切れ次第クローズする店が多いので早めに訪れたい

📍 P.81-2 🏠 19-4030Wright Rd., Volcano 🕖6:00～10:00 🈲月～土曜 💰店舗による 🅿無料 🌐 thecoopercenter.org

ハワイ島みやげに迷ったらコレ！
有名店の逸品をハント

旅のおみやげに、ハワイ島ならではのグルメみやげはいかが？
わざわざ足を延ばしてでも手に入れたい、人気店の逸品をご紹介！

ハワイ島に来たら、一度は訪れたい人気店だ

CANDIES BIG ISLAND

【ヒロ】
ハワイ人気の大定番クッキー
ビッグ・アイランド・キャンディーズ
Big Island Candies

ハワイ全体で1、2を争うほどの人気と知名度を誇るショートブレッドクッキーを販売する。ハワイ島ヒロに本店があり、店内からはガラス越しに生産ラインを見学することができる。できたてを販売しているのも魅力。

一つひとつていねいに手作業でチョコレートにディップする様子が見られる

📍P.101-B2　🏠585 Hinano St.
📞808-935-8890　🕐8:30～17:00
🔒無休　💳AJMV　🅿無料
🌐www.bigislandcandies.com

╲╲ Getすべきはコレ！ ╱╱

1 バードオブ
パラダイスボックス
$22

【18ピース入り！】

人気のショートブレッドクッキーをはじめブラウニーなどが入ったセット

2 100%コナ・コーヒー
$29

最もハイグレードな豆を使用。豆は挽いてあるのですぐ淹れられる

3 100%カウ・コーヒー
$26

ウッドバレー産のカウ・コーヒー。酸味が少ないのが特徴。

Mrs. Barry's Kona Cookies

【カイルア・コナ】
知る人ぞ知る実力派クッキーブランド
ミセス・バリーズ・コナ・クッキー
Mrs. Barry's Kona Cookies

オーナーのバリーさんが焼き上げるクッキーは、マカダミアナッツ・フェスティバル・クッキーで、ベストクッキー賞を獲得したこともある実力派。甘過ぎず、サクサク食感のハンドメイドクッキーはローカルから絶大なる支持を得ている。

Getすべきはコレ！

マックナッツクッキー＆
ショートブレッド　**$19.84～**

チョコチップやピーナッツバター、マックナッツなど各16個入りのパッケージ

1980年のオープン以来、客足が途絶えない人気の店だ

📍P.53-C1
🏠73-5563 Maiau St.
📞808-329-6055
🕐9:00～16:00
🔒おもな祝日
💳AMV　🅿無料
🌐www.konacookies.com

オーナーのバリーさんが手作りする大判のクッキーは素朴で優しい味わい

トートバッグなど雑貨類も販売する

大地の恵みを受けて育ったチョコレート

ハレ・ココア・ザ・ハウス・オブ・チョコレート
Hale Cocoa the House of Chocolate

ハワイ島プナ地区でカカオ豆の生産からチョコレートの製造を行う「プナ・チョコレート・カンパニー」が手がける新店舗。店内にはカフェも併設しており、ドリンクやチョコレートを使ったスイーツが楽しめる。

📍 P.53-D2 　🏠 79-7378 Mamalahoa Hwy.
📞 808-489-9899（プナ・チョコレート・カンパニー）
🕐 10:00 ～ 18:00 　🛑 日・月曜
💳 ADJMV 　🅿 付近のパーキングを利用

2023年4月現在はショップスペースのみオープン

╲╲ Getすべきはコレ！ ╱╱

1 スクエアチョコレート $6

珍しいスクエアの形がキュート。5つで $24 なのでまとめ買いにぴったり！

2 コナ・コーヒー $15 (4oz)、カウ・コーヒー $15 (4oz)

ハワイの動物や神様などが描かれたパッケージデザインがおしゃれなコーヒー

3 チョコレートマカダミアナッツ $12.50 (4oz)、フレーバーマカダミアナッツ $12 (small)

定番のマカチョコはもちろん、リリコイフレーバーのマカダミアナッツも、ハワイ州認定の商品

蜂蜜を使ったアートなども展示する店内。まるでミュージアムのよう

ハワイアン・ハニーの奥深さを知る

ビッグ・アイランド・ビーズ
Big Island Bees

養蜂家4代目が営むショップ＆ミュージアム。レフアやシナモン、ハワイアンチリペッパーなど、ハワイ島に咲き誇る季節の花々から採れた蜂蜜を販売。予約制でファームの見学ツアーなども行っている。

📍 P.53-D2 　🏠 82-1140 Meli Rd. Suite 102
🕐 10:00 ～ 15:00 　🛑 土・日曜 💳 ADJMV 　🅿 無料
🌐 bigislandbees.com

気になる蜂蜜は試食させてくれるので店員さんに声をかけよう

╲╲ Getすべきはコレ！ ╱╱

1 ハワイアンハニーギフトセット $32

3種の蜂蜜を試せるセット。ばらまきにもおすすめ

2 パッションフルーツピーチティー缶 $16

酸味と甘味のバランスが絶妙な香り高い紅茶。蜂蜜との相性も抜群

3 100%コナ・エステート・コーヒー ハニーフレーバー $26

ほんのりハニーの甘い香りがするフレーバーコナ・コーヒー

溶岩台地に出現した魅惑のショッピングモール

キングス・ショップス
King's Shops

規模は小さいが、レストランやしゃれた店が軒を並べる。大型店のメイシーズをはじめ、ティファニー、マイケル・コースなどの一流ブランドのブティック、トミー・バハマやクレージー・シャツ、ホノルア・サーフといったカジュアルウエア、そのほかジュエリーショップやギフトショップなどのテナントが入っている。

ワイコロア・ビーチ・リゾート ♀P.61 ⓓ
🏠 250 Waikoloa Beach Dr. ☎ 808-324-2337 🕐 10:00 ～ 20:00 ※店舗により異なる 🔒 店舗により異なる Ⓟ 無料
⊕ www.kingsshops.com

╲ **注目店はココ！** ╱
- **オリジナル・ビッグアイランド・シェイブアイス**
  →P.36

1 ホノルルの人気カフェ、アイランド・ヴィンテージ・コーヒーが入る **2** ワイコロアエリアに宿泊するなら一度は訪れたい

リゾートエリアのお役立ちモール

クイーンズ・マーケットプレイス
Queen's Market Place

ワイコロア・ビーチ・リゾートにある大型ショッピングモール。テナントにはカジュアルウエアを中心に、アクセサリーやジュエリーなどのショップが入っている。特に、品揃え豊富なスーパーのアイランド・グルメ・マーケット（→ P.143）はコンドミニアム宿泊客ならずとも訪れたい。気軽に利用できるフードコートも魅力的。

ワイコロア・ビーチ・リゾート ♀P.61 ⓓ
🏠 201 Waikoloa Beach Dr. ☎ 808-886-8822 🕐 10:00 ～ 20:00 ※店舗により異なる 🔒 店舗により異なる Ⓟ 無料
⊕ www.queensmarketplace.net

1 オープンエアで散策が気持ちのいいモール内。ベンチも多数ある **2** スーパーマーケットのアイランド・グルメ・マーケット。リゾート内で働くローカルもたくさん訪れる **3** アイランドウエアが揃う人気のマヒナ（→ P.149）

コナエリアの大型ショッピングモール
コナ・コモンズ
Kona Commons

何でも揃う大型スーパーのターゲット、スポーツ用品専門店スポーツ・オーソリティ、激安ストアのロス・ドレス・フォー・レスなどがラインアップ。カジュアルフード店も充実。

1 メイド・イン・ハワイのアイテムが揃うスーパー、アイランド・ナチュラルズ・マーケット＆デリも入る　2 ハワイ島産ビーフを使ったバーガーが楽しめる、アルティメット・バーガー　3 時間に余裕をもたせて回りたい

カイルア・コナ　📍P.63-A1・2
🏠 74-5444 Makala Blvd.　⏱💲店舗により異なる　🅿 無料　🌐 www.konacommons.com

ノスタルジックな老舗ショッピングセンター
コナ・イン・ショッピング・ビレッジ
Kona Inn Shopping Village

もとは 1920 年代にホテルとして建てられた由緒ある 2 階建ての木造家屋だ。ノスタルジーな風情が漂い、散策しながらのウインドーショッピングが楽しい。おみやげ探しにも◎。

1 カイルア・コナ散策の途中に立ち寄りたい　2 眺めのいいレストランやギフトショップ、ブティックなど 50 店舗ほど入っている　3 レトロな雰囲気が魅力

カイルア・コナ　📍P.63-B1
🏠 75-5744 Alii Dr.　📞 808-329-6573　⏱ 10:00 ～ 21:00 ※店舗により異なる　💲 店舗により異なる　🅿 無料
🌐 www.konainnshoppingvillage.com

ケアウホウ・リゾートの中心地
ケアウホウ・ショッピングセンター
Keauhou Shopping Center

アリイ・ドライブの南の終点、ケアウホウ・エリアに立つショッピングモール。地元スーパーの KTA スーパーストア、ロングス・ドラッグスを中心に、レストラン、ブティックなど 40 軒ほどが入っている。

ケアウホウ・エリアのコンドミニアム利用者にも便利

ケアウホウ　📍P.53-D1
🏠 78-6831 Alii Dr.　📞 808-322-3000（マネジメント）
⏱ 10:00 ～ 18:00 ※店舗により異なる　💲 店舗により異なる　🅿 無料　🌐 keauhoushoppingcenter.com

---

帆船をイメージしたユニークな外観
ウォーターフロント・ロウ
Waterfront Row

アリイ・ドライブ沿いにたたずむユニークなショッピングモール。スイーツショップやカフェ、海を望むレストラン、ギャラリーなどバラエティ豊富なテナントが入る。コナの町を見渡せる高台があるので景色も楽しもう。

駐車スペースは少なく有料

カイルア・コナ　📍P.63-B1
🏠 75-5776 Alii Dr.　⏱💲店舗により異なる
🅿 有料（$12。利用店での割引あり）

パラニ通り沿いのショッピングモール
ラニハウ・センター
Lanihau Center

ロングス・ドラッグス、サックン・セイブ・マーケット、L&L などが入っているショッピングモール。カイルア・コナの中心部からほど近い場所にあり、訪れやすいのもうれしい。滞在中の必需品を購入するのに便利なモール。

ローカルに欠かせない店が揃っている

カイルア・コナ 📍 P.63-B2
🏠 75-5595 Palani Rd. 📞 808-326-7260 🕐 8:00 ～ 21：00 ※店舗により異なる 🔒店舗により異なる 🅿 無料
🌐 lanihaukona.com

カフェやレストランも充実
コナ・コースト・ショッピングセンター
Kona Coast Shopping Center

幅広い品揃えが魅力のスーパー、KTA スーパーストア（→ P.143）や気軽に食事が楽しめるプレートランチ店、ベトナム料理店などの各国レストランや休憩にぴったりなカフェなどが入る。子供に人気のゲームセンターもある。

カイルア・コナ散策の休憩にも最適

カイルア・コナ 📍 P.63-B2
🏠 74-5586 Palani Rd. 🔒店舗により異なる 🅿 無料
🌐 konacoastshopping.com

大型デパートと映画館ならここ
マカラプア・ショッピングセンター
Makalapua Shopping Center

ニューヨーク生まれの有名大型デパート、メイシーズと映画館が入っているショッピングセンター。メイシーズでは水着やコスメがセールでお得になっていることが多い。季節によってさまざまなイベントが開催されることも。

インダストリアル・エリアの山側にある

カイルア・コナ 📍 P.63-A2
🏠 74-5456 Kamakaeha Ave. 🔒店舗により異なる
🅿 無料

激安のアウトレットモール
ワイアケア・センター
Waiakea Center

何でも揃う安売りスーパーのウォルマート、洋服＆雑貨のアウトレットのロス・ドレス・フォー・レスなどが入るローカル御用達の商業施設。ファストフードのフードコートがあり、気軽に食事を楽しめるのがうれしい。

駐車場は台数が多いので便利

ヒロ 📍 P.101-B2
🏠 315 Makaala St. 🔒店舗により異なる 🅿 無料

マウナ ラニ リゾートで買い物ならここ
ショップス・アット・マウナ・ラニ
The Shops at Mauna Lani

サウス・コハラ・コーストのマウナ ラニ リゾート（→ P.74）内に入る大型ショッピングモール。カジュアルウエアやダイニングといったバラエティ豊富なショップが入る。

1 ハワイ産の食材が揃うフードランド・ファームズ（→ P.145）
2 現地で使えるウエアが揃うトミー・バハマ（→ P.146）は要チェック **3** おみやげ探しにぴったり

マウナ ラニ リゾート 📍 P.61ⓒ
🏠 68-1330 Mauna Lani Dr. マウナ ラニ リゾート内 📞 808-885-9501（インフォメーション） 🕐 10:00 ～ 21:00 ※店舗により異なる 🔒店舗により異なる 🅿 無料 🌐 www.shopsatmaunalani.com

スーパーマーケット

現地のロコたちの生活が垣間見えるスーパーマーケット。特にハワイ産の商品や、日本ではお目にかかれない量の商品の数々は眺めているだけでも楽しい。

地元密着型の大型スーパー

KTA スーパーストア
KTA Super Stores

ヒロ、コナ、ワイメアなど、ハワイ島内で７店舗展開する地元日系スーパー。ローカル産の商品に力を入れているので、この島ならではのおみやげ探しにおすすめだ。日本の食材も充実し、和風のお弁当、おにぎりなども手に入る。マウンテン・アップルという自社ブランド商品もあり、こちらは他島では手に入らないので、要チェック。ハワイ島を訪れるときはぜひ立ち寄りたい店だ。

ヒロ P.101-A1
🏠 50 East Puainako St. 📞 808-959-9111 🕐 5:30 ～ 21:00
🔓 無休 💳 ADJMV 🅿 無料 🌐 www.ktasuperstores.com

1 ヒロの本店はベーカリーやデリコーナーも充実しているのが特徴
2 ずらりと並ぶ商品にテンションが上がるはず 3 日系スーパーならではの和食の弁当もある

＼ マストバイアイテムはコレ！ ／

（左）$7.99、（右）$8.40
ハワイで人気のカジキとマグロのジャーキー

各 $9.29
ハワイらしいパッケージがかわいいコナ・ゴールドのラムケーキ

$35.79
リコレフアのフルーツバター6個入。ミニボトルでばらまきにも◎

便利で何度も通ってしまいそう

アイランド・グルメ・マーケット
Island Gourmet Markets

ワイコロア・ビーチ・リゾートのクイーンズ・マーケットプレイス内に入るスーパー。滞在中に必要な食料品やおみやげにぴったりなハワイ産のアイテム、雑貨、Tシャツなどが揃う。ベーカリーや、デリを販売するカウンター、イートインでワインが楽しめるワインバーもある。

ワイコロア・ビーチ・リゾート P.61 Ⓓ
🏠 69-201 Waikoloa Beach Dr. クイーンズ・マーケットプレイス内 📞 808-886-3577 🕐 7:00 ～ 21:00（ワインバー 15:00 ～ 22:00） 🔓 無休 💳 ADJMV 🅿 クイーンズ・マーケットプレイスの駐車場を利用 🌐 www.islandgourmethawaii.com

1 ABCストアが運営する巨大スーパーだ 2 デリでオーダーできるウベ・パンケーキ $10.49 は本格的な味ながらコスパが高い 3 焼きたてで温かいペストリーは種類豊富

＼ マストバイアイテムはコレ！ ／

$7.99
プナルウ・ベイクショップのスイートブレッド

各 $4.39
オーガニックのジンジャーエードとレモネード

$7.99
ハワイの紫芋、タロフレーバーのパンケーキミックス

ハワイ島産みやげも見つかるロコスーパー

アイランド・ナチュラルズ・マーケット & デリ
Island Naturals Market & Deli

ハワイ島で展開する自然派スーパー。2022年にリニューアルされ、敷地面積が約2倍になり、デリなども併設するなど、広々と快適に買い物を楽しめるようになった。地元特産物コーナーには、ワインやビール、自然派コスメ、オーガニック紅茶など幅広い商品が並ぶ。

`カイルア・コナ` 📍P.63-A2
🏠コナ・コモンズ内 📞808-326-1122 🕐8:00〜18:00（土・日9:00〜17:00）🚫無休 💳ADJMV 🅿️コナ・コモンズの駐車場を利用 🌐islandnaturals.com

1 ハワイ島産フルーツが充実
2 コナ・コーヒーやカウ・コーヒー、ハワイ島産ハニーのセクションはおみやげに人気
3 ローカルの商品が揃う棚などがわかるようになっているのがうれしい

```
\ マストバイアイテムはコレ！/
```

$10.49
ペレが書かれたチョコレート＆ピーナッツバター

$24.99
オーガニック＆リーフセーフの日焼け止め

$15.99
ハワイアンフラワーの香りを閉じ込めたオイル

ハワイを代表するローカルスーパー

フードランド
Foodland

ハワイのローカルに根差したスーパーとして昔から親しまれている。ハワイ産の食材はもちろん、自社ブランドのアイテムも豊富に揃っている。広々とした店内は、どこかスローな雰囲気でほとんどがローカルのお客さんだ。

`ワイメア` 📍P60Ⓐ
🏠パーカー・ランチ・ショッピングセンター内 📞808-885-2022 🕐6:00〜21:00 🚫無休 💳ADJMV 🅿️パーカー・ランチ・ショッピングセンター内の駐車場を利用 🌐www.foodland.com

1 ピンクの外観がキュート。パーカー・ランチ・ショッピングセンター内にある　**2** 食材のフレッシュさはハワイのスーパーのなかでも屈指　**3** 豊富なパンが揃うベーカリー

ハワイ最大級を誇るスーパーチェーン

ウォルマート
Walmart

全米展開の大型ディスカウントスーパーマーケット。1962年アーカンソー州に1号店がオープン。地域最安値を目指しており、ハワイ島の店舗でもたびたびセールを開催することがある。

1 キッズ服は $10 以下のものが多い。現地調達もおすすめ **2** 滞在中調子が悪くなったらここで市販の薬を調達するのも手だ **3** 店内はかなりの広さ。時間をかけて見て回りたい

カイルア・コナ 📍P.63-B2
🏠 75-1015 Henry St. 📞 808-334-0466 🕐 6:00 ～ 23:00（薬局 9:00 ～ 19:00、日曜 10:00 ～ 18:00）🚫無休 💳 ADJMV 🅿無料 🌐 www.walmart.com

---

観光客も大満足の品揃え

ターゲット
Target

1962年ミネソタに登場した大型ショッピングストア。食品、衣類、医薬品、コスメ、インテリア、玩具、家電、文具、キッチン用品、雑貨と充実したラインアップで、欲しいものは何でも揃う。

1 プチプラコスメが特に充実している **2** ハワイ島ならではのギフトやグッズが販売されているのが人気の理由 **3** リーズナブルな価格設定も魅力的

カイルア・コナ 📍P.63-A1
🏠 074-5455 Makala Blvd. 📞 808- 334-4020
🕐 7:00 ～ 22:00 🚫おもな祝日 💳 AJMV 🅿無料
🌐 www.target.com

グルメなデリもバラエティ豊富

フードランド・ファームズ
Foodland Farms

ハワイ島生まれのローカルスーパー、フードランドの高級グルメライン。広々とした店内には、オリジナルブランドのアイテムが並ぶのはもちろん、ハイクオリティなデリも完備。

量り売りのポケはファンが多い人気メニュー

マウナ ラニ リゾート 📍P.61 ©
🏠 ショップス・アット・マウナ・ラニ内 📞 808-887-6101
🕐 9:00 ～ 20:00 🚫 12/25 💳 ADJMV 🅿無料
🌐 www.foodland.com

ノスタルジックタウンにあるコンビニ

ミズノ・スーパーレット
Mizuno Superette

パハラにあるジェネラルストア。決して大きくはないが、生鮮食品、冷凍食品、軽食類、ドリンク類、日用雑貨など、食品や滞在に必要なアイテムはひと通り揃っている。

日本の食材も充実している

パハラ 📍P.55-B3
🏠 96-3167 Pikake St. 📞 808-928-8101 🕐 6:00 ～ 19:00（土曜 7:00 ～ 17:00、日曜 8:00 ～ 12:00）🚫 12/25
💳 ADJMV 🅿無料

ハワイならではのアイテムをゲットするならこちら
オリビア・クレア・ブティック
Olivia Clare Boutique

メイド・イン・ハワイブランドを集めたセレクトショップ。リゾートウエアはもちろん、バッグなどの小物、キッズアイテム、調味料といった 100以上のブランドがずらりと揃う。

1 ハワイ島のロゴがキュートなキャップ $29 **2** アクセサリーやジュエリーは $69 ～ **3** リゾートテイストのかわいらしいアイテムがところ狭しと並ぶ

カイルア・コナ P.63-A1
🏠 74-5606 Pawai Place, BAY 5 ☎ 808-731-5022
🕐 10:00 ～ 20:00 🈺 無休 💳 ADJMV 🅿 無料
🌐 www.oliviaclareboutique.com

ハワイのデザイナーのアイテムが揃う
ピリカナ・ブティック
Pilikana Boutique

ハワイ生まれのキラさんが手がける小さなセレクトショップ。ローカルのデザイナーが手がけるブランドを中心に、アパレルから小物、キッズアイテムまでハワイらしい商品が揃う。

1 リサイクル可能な環境に優しい素材で作られたハワイアンデザインのパズル $45 **2** ハワイ島生まれのブランド、ヒサミカンパニーのハワイ島の形をしたピアス **3** レイの販売や、ワークショップなども行っている

カイルア・コナ P.63-A1
🏠 74-5606 Pawai Pl. ☎ 808- 333-3444 🕐 10:00 ～ 17:00 (土曜は 11:00 ～ 16:00) 🈺 日曜 💳 ADJMV
🅿 無料 🌐 www.pilikanaboutique.com

ローカルに人気のビーチウエア
ジンジャー & コイ
Ginger&Koi

静かなノスタルジックタウン、ホルアロアにたたずむ小さなお店。ハワイ発のブランドで着るだけで気分が上がるビーチウエアや、ハンドメイドのアクセサリーなどを販売する。

1 マウイ島発のブランド、アカシアの水着 $231 **2** さりげなくキュートなハンドメイドのアクセサリー $55 **3** 感度の高いローカルの若者が集まる

ホルアロア P.53-C1
🏠 76-5902 Mamalahoa Hwy. Holualoa ☎ 808-987-5812
🕐 9:00 ～ 15:00 (土・日曜は ～ 14:00) 🈺 無休
💳 ADJMV 🅿 路上パーキングを利用

ハワイ島に来たのなら、快適な気候にぴったりなファッションに着替えたい。現地アーティストが手がけたブランドのセレクトショップはおみやげにはもちろん、現地使いにもおすすめのアイテムを揃えている。

バカンスアイテムが満載
トミー・バハマ
Tommy Bahama

洗練された大人の高級リゾートウエアブランドとして人気のトミー・バハマ。広々としたフロアには、メンズとレディスのシャツ、ワンピース、スイムウエアをはじめ、バッグ、帽子などが並ぶ。

1 リゾート気分を上げてくれるアイテムが人気。バッグ $258　2 水着は同じデザインでも、ワンピタイプ、ビキニのトップとボトムなど、セレクトできるのもうれしい　3 ホームデコレーションやキッチン用品も充実

マウナ ラニ リゾート　♀ P.61 ©
🏠 ショップス・アット・マウナ・ラニ内　📞 808-881-8688
🕐 10:00 ~ 21:00　🔒 おもな祝日　💳 ADJMV　🅿 無料
🌐 www.tommybahama.com

老舗アロハシャツ専門店
レイン・スプーナー
Reyn Spooner

1956 年創業のアロハシャツブランド。裏地を使用するリバースプリントのシャツが有名だ。落ち着いた色合いが多く、ハワイではビジネスシーンで利用する人が多い。

1 ハワイを代表するアロハシャツのお店だ　2 大人顔負けのおしゃれなキッズシャツ　3 ハワイを象徴する風景、木や花などの植物、サーフボードやヨットなどをモチーフにしたデザインがメイン

ワイコロア・ビーチ・リゾート　♀ P.61 ⑩
🏠 クイーンズ・マーケットプレイス内　📞 808-886-1162
🕐 10:00 ~ 20:00　🔒 無休　💳 ADJMV　🅿 クイーンズ・マーケットプレイスの駐車場を利用　🌐 reynspooner.com

---

ファミリーで楽しめるブランド
ブルー・ジンジャー
Blue Ginger

マウイ島発のアイランドリゾートのファッションブランド。柔らかなコットンやレーヨンの生地に、ハワイの植物や海の生物などをモチーフにしたデザインをバティック方式でプリントしている。

1 親子でお揃いのデザインのウエアが人気。ワンピース $84 ~　2 メンズ $64 ~、ガールズワンピ $49 ~、ボーイズシャツ&パンツ $29 ~　3 トロピカルなカジュアルウエアとしてメンズアイテムもある

ワイコロア・ビーチ・リゾート　♀ P.61 ⑩
🏠 クイーンズ・マーケットプレイス内　📞 808-886-0022
🕐 9:30 ~ 20:00　🔒 無休　💳 ADJMV　🅿 クイーンズ・マーケットプレイスの駐車場を利用　🌐 www.blueginger.com

マウイ島発のセレクトショップ
マヒナ
Mahina

ビーチリゾートで着るのにぴったりなワンピースやドレスはもちろん、シティ使いもできるアイテムはどれもキュート。アクセサリーや小物が豊富で、$10前後とリーズナブルなものも揃っている。

1 ハワイの自然に調和したサラリと着こなせるドレス $71
2 貝殻やパイナップルなどハワイらしいデザインのピアスは $14　**3** ハワイ諸島全土で展開する人気ショップ

ワイコロア・ビーチ・リゾート 📍P.61 Ⓓ
🏠 クイーンズ・マーケットプレイス内　📞 808-886-4000
🕙 10:00 ～ 20:00　🈳無休　💳 ADJMV　🅿️ クイーンズ・マーケットプレイスのパーキングを利用　🌐 shopmahina.com

---

ビーチリゾートのスタイルを提案
ソーハ・リビング
SoHa Living

ハワイ諸島で展開するショップ。ビーチリゾートをイメージしたライフスタイルグッズを販売。洗練された海を感じるインテリアやキッチングッズが手に入る。各島のオリジナルアイテムもある。

1 ビーチハウス気分に浸れそうなウエルカムボードなどの雑貨が豊富　**2** クイーンズ・マーケットプレイス内には子供ラインのソーハ・リビング・ケイキもある　**3** アクセもインテリアもセンス抜群

ワイコロア・ビーチ・リゾート 📍P.61 Ⓓ
🏠 クイーンズ・マーケットプレイス内　📞 808-464-4268
🕙 9:30 ～ 21:30　🈳無休　💳 ADJMV　🅿️ クイーンズ・マーケットプレイスのパーキングを利用　🌐 sohaliving.com

---

ハワイアンのメッセージを伝えるTシャツ
ハワイアン・フォース
Hawaiian Force

ハワイの自然・文化をテーマにしたカジュアルウエア、雑貨の店。商品はすべて、地元出身のアーティストでありオーナーのクレイグ・ネフさんがデザインしたもの。

1 Tシャツのデザインのストックは100種類以上あり、折々に新しいプリントが入荷する　**2** カメハメハ通り沿いにある　**3** 高品質のコットンTシャツが人気。子供用、女性ドレスもある

ヒロ 📍P.101-A1
🏠 184 Kamehameha Ave.　📞 808-934-7171　🕙 10:00 ～ 16:00　🈳日曜、おもな祝日　💳 MV
🅿️ 路上パーキングを利用　🌐 www.hawaiianforce.com

ヒロオリジナルのアロハウエア

シグ・ゼーン・デザイン
Sig Zane Design

ハワイ好きなら知らない人はいないというほど有名な、ヒロ発アロハウエアのショップ。アロハシャツやドレスは、ハワイ固有の植物やハワイの伝統文化にまつわる物をモチーフにしたオリジナル。

1 日本の職人とコラボしたというガマグチ財布などもある **2** ローカルたちにも人気で、正装のときの定番アイテムになっているほど。アロハシャツは $165 ～ **3** シックな雰囲気の店内。メンズ、レディスから、子供服まで揃う

ヒロ ● P.101-A1
⌂ 122 Kamehameha Ave. ☎ 808-935-7077 ● 10:00 ～ 16:00 休 日曜、おもな祝日 ⊟ ADJMV Ⓟ 路上パーキングを利用 ⊕ www.sigzane.com

---

ハワイ発アイテム中心のおしゃれセレクトショップ

ハナホウ
Hanahou

ハワイの伝統工芸ラウハラをモダンにアレンジしたアイテムや、ハワイ発のスキンケア商品、服や雑貨などを扱うハイセンスなセレクトショップ。ハワイのトレンドがわかる店。

1 ヴィンテージのハワイアンプリントを使ったコースター $36（6枚セット）はオリジナル商品 **2** ラフィアを編み込んだお花の髪飾り $8 ～ **3** 環境を考え、廃棄物を出さない詰め替え商品を扱うゼロ・ウェイストショップでもある

ヒロ ● P.101-A1
⌂ 160 Kamehameha St. ☎ 808-935-4555 ● 10:00 ～ 16:00 休 日曜 Ⓟ 路上パーキングを利用 ⊕ www.hanahouhilo.com

---

センスのいいアイテムが揃う

サーフ・キャンプ
Surf Camp

ワイメアの人気カフェ、アーヴォ（→ P.126）の店内に併設されたサーフィンをコンセプトにしたアウトドア中心のセレクトショップ。メイド・イン・ハワイのブランドも揃う。

1 グルメな店が集まるオペロ・プラザ内に入る **2** スノーケルグッズやサーフィンググッズのほか、アロハシャツや T シャツなども揃う **3** ワイメアでのショッピングの際はぜひ立ち寄りたい

ワイメア ● P.60 Ⓐ
⌂ Opelo Plaza, 65-1227 Opelo Rd A-1, Kamuela ● 7:00 ～ 16:00（土・日曜 8:00 ～ 15:00） 休 無休 ⊟ ADJMV Ⓟ 無料 ⊕ surfcampshop.com

ハワイのアンティークを探すなら
ニックナッカリー
Knickknackery

ハワイアン・ヴィンテージ物が多く見つかるアンティークショップ。知識豊富なオーナーのケリーさんが各アイテムについてのストーリーを教えてくれるのがうれしい。

1 ウクレレひきの陶器の人形 $25　**2** サーモンピンクの外観が目をひくかわいいお店　**3** ハワイアナのアンティークはほとんどがケリーさんの個人コレクションだったもの

ヒロ 📍P.101-A1
🏠 84 Ponahawaii St.　📞 808-494-5887　🕐 10:00 ～ 17:00（土曜 ～ 16:00）　🔒 日曜　🅿 無料　💳 ADJMV
🌐 the-knickknackery-antiques-and-collectibles-hawaiiana.business.site

オーガニックコスメに目移りしそう
ビー・チー・オーガニック・アポセカリー
Bee Chi Organic Apothecary

カイルア・コナのコナ・マーケットプレイスの一角に店を構えるグリーンが印象的なお店。人工添加物不使用、ハワイ島産のオーガニックの原料を使用したオリジナルコスメが揃う。

1 ハワイの香りを閉じ込めたアロマオイル各 $20　**2** リラックス効果のあるアロマキャンドル各 $33　**3** ビンテージ風の店内レイアウトがおしゃれ

カイルア・コナ 📍P.63-B1
🏠 コナ・マーケットプレイス 75-124 Sarona Rd.
📞 808- 747-4577　🕐 12:00 ～ 17:00（土曜 11:00 ～）
🔒 日曜　💳 ADJMV　🅿 路上パーキングを使用
🌐 beechiorganics.com

ホノカアの名物雑貨ショップ
ホノカア・マーケット・プレイス
Honokaa Market Place

ハワイアンキルトやサロンのほか、ハワイの植物をモチーフにしたカップやお皿などの雑貨が人気。そのほかホノカアのロゴ入り T シャツやパーカーといったおみやげアイテムも充実。

1 豊かな色彩のハンドペイントサロンがずらり　**2** ホノカアを訪れる観光客に人気の店　**3** 店内にはところ狭しとアイテムが並ぶ

ホノカア 📍P.59-A3
🏠 45-3586 MamaneSt.　📞 808-775-8255　🕐 9:30 ～ 17:00　🔒 おもな祝日　💳 MV　🅿 路上パーキング利用

ヒーリング・アイテムが充実の雑貨ギャラリー
ワイルド・ハーティスト
Wild HeArtist

クリスタルを使ったアイテムやハワイ産のエッセンシャルオイルなど、ヒーリング系の商品が充実した雑貨＆アートショップ。オリジナルのキャンドルやバスソルトなども人気。

1 オリジナルのエッセンシャル・オイル各 $17 **2** フクロウの形のキャンドル $25 は色違いが 10 種以上 **3** ハワイメイドのアロマオイルが充実

ヒロ ♀ P.101-A1
🏠 216 Kamehameha Ave. 📞 808-933-4278 🕐 9:00 ～ 18:00 🈺 無休 💳 ADJMV 🅿 無料 🌐 wild-heartist.shoplightspeed.com

---

ハワイのレトロな雑貨店
アズ・ハヴィ・ターンズ
As Hawi Turns

メイド・イン・ハワイの品物をメインに扱うショップ。アンティーク風の看板や雑貨、アクセサリー、バッグ、キッチン雑貨など、幅広い商品が並ぶ。お気に入りを探してみよう。

1938 年建造のトヤマ・ビルディングの一角

ハヴィ ♀ P.58-A1
🏠 55-3412 Akoni Pule Hwy.,Kapaau 📞 808-889-5023 🕐 10:00 ～ 17:00 🈺 おもな祝日 💳 AMV 🅿 路上パーキングを利用 🌐 www.ashawiturns.com

---

足元のおしゃれ度 UP
アロハ・トウ・リングス
Aloha Toe Rings

サンダルや素足のおしゃれアイテムのトウ・リングを扱う専門店。足の指にはめるリングで、ハワイのおしゃれロコガールたちの必須アイテム。ラグジュアリーなリングやアンクレットも揃う。

ポップでかわいらしいお店

カイルア・コナ ♀ P.63-B1
🏠 コナ・イン・ショッピング・ビレッジ内 🕐 10:00 ～ 21:00 🈺 おもな祝日 💳 AMV 🅿 近隣のパブリックパーキングを利用 🌐 www.alohatoerings.com

---

ハワイ島産にこだわったナチュラルショップ
ロカボア・ストア
Locavore Store

ナチュラルフード＆雑貨のお店。扱う商品のほとんどはハワイ島産。地元素材だけで作るのが難しいボディケアグッズも、材料の 3 分の 2 以上がハワイ島産の商品のみを取り扱うという徹底ぶり。

おみやげに最適な、かわいいデザインのナチュラルコスメやフードもたくさん

ヒロ ♀ P.101-A1
🏠 60 Kamehameha Ave. 📞 808-965-2372 🕐 9:00 ～ 19:00（土曜～ 18:00） 🈺 おもな祝日 💳 ADJMV 🅿 路上パーキングを利用 🌐 www.bigislandlocavorestore.com

---

ユニークなアンティークをゲットしよう
ホノカア・トレーディング・カンパニー
Honokaa Trading Co.

大きな倉庫をリノベーションしたアンティークショップ。プランテーション時代の日用雑貨をはじめ、インテリアやキッチンウエアなど幅広い品揃え。一風変わったおみやげ探しにぴったり。

オーナーがハワイ島で収集したアンティーク品が並ぶ

ホノカア ♀ P.59-A3
🏠 45-3490 Mamane St. 📞 808-775-0808 🕐 11:30 ～ 16:30 🈺 月曜、おもな祝日 💳 ADJMV 🅿 路上パーキングを使用

ハワイらしいキッチン用品が揃う

ザ・スプーン・ショップ
The Spoon Shop

エリソン・オニヅカ・コナ国際空港からほど近い場所にあるキッチン用品の専門店。倉庫のような広々とした店内にはハワイサイズのフライパンや包丁、型抜きといったグッズが並ぶ。

1 ハワイアーティストによるハンドプリントのキッチンタオル各$20　**2** ユニークなデザインのカトラリーは眺めているだけでも楽しい　**3** ハワイメイドのジャムやソルトなども販売している

カイルア・コナ　📍P.53-C1
🏠 73-4976 Kamanu St #105,　📞 808-887-7666　🕐 10:00 ～ 16:00　📅 日・月曜　💳 ADJMV　🅿 無料

ストーリーが詰まったガラス瓶の専門店

グラス・フロム・ザ・パスト
Glass from the Past

オーナーが集めたというレトロジェニックな古いガラス瓶が並ぶ店内は圧巻。そのほか、ビンテージアロハシャツ、LPレコードといったアンティーク好きの心をくすぐる絶妙なラインアップが揃う。

1 ミスター・エドズ・ベーカリーと並び、ホノムの名物ショップ　**2** アンティークのガラス瓶がところ狭しと並んでいる　**3** ガラス瓶一つひとつにストーリーがあるのでスタッフに聞いてみよう

ホノム　📍P.56-A2
🏠 28-1672 Old Mamalahoa Hwy. A, Honomu　📞 808-963-6449　🕐 10:30 ～ 17:00（日曜 7:00 ～）　📅 おもな祝日　💳 ADJMV　🅿 路上パーキングを使用

本格ハワイアンキルトを手に入れる

キラウエア・クリエーションズ
Kilauea Kreations

ハワイアンキルトの専門ショップ。7人のキルターたちによるパターンをはじめ、道具やオリジナルのキット、ファブリックなどが揃う。ハワイで活躍するクリエイターたちによるポーチやバッグなどの手作りグッズも販売。

ジェネラルストアの裏側にたたずむウッドハウスの建物内

ボルケーノ　📍P.81-2
🏠 19-3972 Old Volcano Rd.　📞 808-967-8090　🕐 12:00 ～ 16:00（日曜 9:00 ～ 13:00）　📅 月曜、おもな祝日　💳 MV　🅿 無料　🌐 www.kilaueakreations.com

---

履き心地のよいサンダルが集結

コナ・サーフ＆サンダルス
Kona Surf N' Sandals

お店のこだわりは、「疲れ知らずで履き心地のよい靴」を提供すること。ビーチやタウンでも役立つサンダルやシューズを販売している。スヌークやオーフォス、ダカインなどのブランドを扱う。

ハワイ限定アイテムもあるので要チェックだ

ワイコロア・ビーチ・リゾート　📍P.61 Ⓓ
🏠 クイーンズ・マーケットプレイス内　📞 808-886-0898　🕐 9:30 ～ 21:30　📅 無休　💳 ADJMV　🅿 クイーンズ・マーケットプレイスのパーキングを使用

オーダーメイドのアロハも人気
ドラゴン・ママ
Dragon Mama

和テイストのテキスタイルや和雑貨、寝具などを
扱うショップ。ここでは、和風の生地を使って、
オリジナルのアロハシャツやムームー、ハッピ、
ブラウス、ショール、スカートなどを、オーダー
メイド可能。デザイン
にもよるが、日本への
郵送も可能だ。

1 和風生地でオリジナルの
服をオーダーメイド可能。
生地代にプラスして製作費
＄65〜（デザインにより異
なる）がかかる　**2** 布団や
座布団、生地、浴衣、下駄
などのアイテムが手に入る

ヒロ ♀ P.101-A1
🏠 266 Kamehameha Ave.　📞 808-934-9081　🕐 10:00 〜
17:00　🚫 日曜、おもな祝日　💳 ADJ
🅿 路上パーキングを利用　🌐 www.dragonmama.com

初心者も楽しめるウクレレショップ
ジャスト・ウークス
Just Ukes

簡単な演奏を楽しめるようになる楽譜や初心者向
けのウクレレが揃う専門店。ウクレレに精通して
いるスタッフがいるので、わからないことがあれ
ば、気軽に質問してみよう。

1 美しい音色に魅了されるウクレレの専門店　**2** ラニカイや
オハナ、マカなどのウクレレがラインアップ　**3** ウクレレ
がモチーフのマグカップやTシャツなどのグッズも販売

カイルア・コナ ♀ P53- C1
🏠 75-6129 Alii Dr.（アリイ・ガーデン・マーケットプレイス内）
📞 808-209-6576　🕐 9:00 〜 17:00　🚫 月曜　💳 ADJMV
🅿 アリイ・ガーデン・マーケットプレイスのパーキングを
利用　🌐 justukes.com

ハワイアンプリントの布地がズラリ
ディスカウント・ファブリック・ウェアハウス
Discount Fabric Warehouse

フラダンサーや、ハワイアン・キルト、手芸など
に興味がある人は見逃せないのがこのお店。1000
種類を超えるファブリックや手芸・裁縫用品を扱
う。なかでもアロハプリントの布地は充実。

1 ハワイアン・キルトのパターンなどもある　**2** 倉庫のよう
な店内に、ありとあらゆるファブリックが　**3** ハワイアンプ
リントは1ヤード＄9〜（デザインにより異なる）

ヒロ ♀ P.101-B2
🏠 933 Kanoelehua Ave.　📞 808-935-1234　🕐 9:00 〜
18:00（日曜 10:00 〜 16:00）　🚫 おもな祝日　💳 ADJMV
🅿 無料　🌐 www.discountfabricwarehouse.com

人気ブランド品も激安価格で登場

ロス・ドレス・フォー・レス
Ross Dress For Less

アメリカ本土を中心に展開するアウトレットプライスの大型デパート。レディスやメンズ、ベビー、キッズなどのファッションアイテム、インテリア、キッチングッズ、ステーショナリー、バスグッズ、ペット用品などが揃う。デパートで販売されている価格の20〜60％オフで手に入ることもある。その分、商品の入れ替えが激しく、ラインアップが変わるため、いつ訪れても楽しめる。

1 カイルア・コナの中心部に位置するコナ・コモンズ内にある **2** 日本から持ってくるのを忘れてしまったアイテムがあっても、ここで格安で調達できる **3** ペットのファッションアイテムコーナーもカラフル

🔖 **カイルア・コナ** 📍P.63-A1
🏠コナ・コモンズ内 📞808-327-2160 🕗8:00〜22:00
（金・土曜〜23:00）🚫無休 💳AJMV 🅿無料 🌐www.
rossstores.com

ヒロの人気ディスカウントストア

T.J.マックス
T.J. Maxx

ヒロのショッピングセンター、プリンス・クヒオ・プラザにオープンして以来、ローカルに人気のディスカウントストア。有名ブランドの服やバッグ、靴、キッチングッズやインテリア、バスグッズ、家具、スーツケースなど、ありとあらゆるものがデパートや専門店の半額程度の値段で手に入る。サイズは店に並んでいるもののみということが多いため、自分に合うものがあれば即買いがおすすめ。

1 広々とした店内なので、買い物にはじっくり時間をかけたい **2** 特にキッチングッズが充実している。イチゴのカッター $5 〜 **3** ハワイらしいデザインのルームフレグランスは時期によって色々なブランドが入荷

🔖 **ヒロ** 📍P.56-B2
🏠111 E. Puainako St. プリンス・クヒオ・プラザ内 📞808-981-
5078 🕗9:30〜21:30（日曜 10:00〜20:00）🚫無休
💳ADJMV 🅿無料

Activities

 アクティビティ

Activity & Optional Tour Orientation

アクティビティ&オプショナルツアー オリエンテーション

ハワイ島の魅力を体感できるアクティビティ。オプショナルツアーを楽しむためのポイントや注意点など、知っておくと便利な情報をご紹介。

Aloha!

太公望ハワイ（→ P.22・159）が運営するマウナ・ケア・ツアーは日本語がわかるスタッフが同行してくれる

TIPS 1 アクティビティ & オプショナルツアーを 賢く利用するチェック項目

☑参加条件

ツアーによって、参加条件が異なる。例えば、8歳以下は参加不可というような年齢制限、心臓疾患や高血圧などの病気、妊娠中など、参加できない条件が定められていることが多い。

☑催行時期

四季を感じさせないハワイ島。しかし、生き物の自然な状態に出合うことを目的にしているドルフィンウオッチングなどは、開催時期が限られている。また、毎日開催しているツアーと曜日ごとに開催というツアーがあるため、プランニングの際には、必ず、目当てのツアーの情報は確認したい。

☑最少催行人数

ツアーごとに催行するための最低人数というものが決まっており、申込みがその人数に達しなければ、原則催行されない。最少催行人数が少ないものを選ぶと、催行される可能性が高い。

☑ **キャンセル料**

旅のプランを立てるときに、ツアーに参加する日程を、しっかりと計画しておこう。そして、自分が参加したいツアー催行予定日より、何日前からキャンセル料が発生するかを確認しよう。ツアー会社により異なるが、2〜4日前のキャンセルで100%かかるという場合が多い。

☑ **予備日を考えておく**

急な悪天候により当日になって催行できないということもざらにある。自然相手なのだから、これは仕方ないことだ。ツアーによっては、追加料金なしで別日への変更が可能な場合もあるから、できればスケジュールを詰め過ぎず、1日空けておく日を設定しておくのも手。

☑ **予約確認**

ツアーによっては、現地に到着した時点で、ツアー会社に予約確認の連絡を入れなければならないものがあるので注意。また、日本語対応のツアーは少ないため、日本語必須の場合は予約前に催行会社に確認しよう。

TIPS 2 オアフ島に滞在してハワイ島を訪れる場合

オアフ島に滞在し、ハワイ島へのフライト込みのツアーに参加する際は、集合時間や場所などを、事前に確認しておきたい。航空券が別途（自己手配）必要な場合は、万一フライト遅延などのトラブルがあった場合にツアーに間に合わないということのないように、スケジュールに余裕をもって予約しておこう。

TIPS 3 現地で日本語OKな追加オプションは便利

アクティビティ以外にも、空港からホテルへの送迎、少人数でのチャーター利用など、日本語OKなツアー会社が提供しているさまざまなオプションがある。これらは団体旅行やレンタカーを使わない個人旅行の人におすすめだ。また、病院での通訳や、英語ツアーへの日本語スタッフ同行を手配してくれるところもある（有料）。

TIPS 4 ツアーの送迎バスに関する注意ポイント

ツアーの大半は、宿泊先のホテルや空港などへの送迎付きとなっている。ピックアップする時間と場所を必ず確認して、遅刻しないようにしよう。送迎バス内での飲食は、原則禁止となっていることが多いが、ペットボトル飲料やスナック程度などは問題ない。座席は多くの場合自由席だが、同じバスで複数のスポットを回る際には、各ゲストが荷物を置いて乗り降りするため、理由なく席を移動しないようにしたい。なお、エアコンが効き過ぎているバスが多いので、ストールや上着などを用意しておくとよい。

TIPS 5 ツアーに合わせた服装を

トレッキングやスノーケリング、バス観光など、ツアー内容に合わせた服装を準備しておこう。なお、水着に着替える場所がない場合は、事前に服の下に着用しておくこと。トレッキングでは、動きやすい服装や上着、靴、レインコートなどが必要になる。また、帽子はクルージングやトレッキングの際には、風に飛ばされないように、ひっかけひもが付いているタイプがよい。基本的にはツアー会社から事前に最適な服装の案内があるので、不安な場合は問い合わせておくと安心だ。

予約する際にインターネットを利用すると、ウェブ割引や早期予約割引などお得な料金で利用できることが多い

Land Activity

●陸のアクティビティ

パニオロ・アドベンチャー
Paniolo Adventure

ハワイ島北西部のコハラにある約44km² の広大な敷地を誇る牧場。ここでは乗馬体験ツアーを開催している。基本となる乗り方、手綱さばきのレクチャーを受けると、自分の体形に合った馬に乗り出発。慣れてくれば、トロット(早足)やキャンター(駆け足)にも挑戦させてもらえる。起伏に富んだ牧場を疾走したり、馬とのんびり対話しながら楽しもう。

1 馬の扱いに長けたスタッフからレクチャーを受けるので安心 **2** サンセット乗馬では、標高約3000フィートの高台から、夕日に染まった海と山腹を眺めることができる

コハラ ♀ P.58-B2
🏠ワイメアから250号線を13.2マイル(約21km)北上
📞808-889-5354/ 日本語予約 808-731-9951(アイランド・パラダイス) 🚫日曜、おもな祝日 🐴パニオロ・ライド $119(9:30〜、13:00 〜約2時間30分)、サンセット・ライド $109(冬季16:15 〜、夏季17:15 〜、約1時間30分)、シティースリッカー $89(13:30 〜、約1時間)、ラングラー(上級者向き)$185(8:30〜、約4時間)それぞれ英語でのツアー 💳AJMV 🅿無料
※参加条件は8歳以上、身長120cm以上、体重104kg以下。8〜9歳で乗馬経験がない場合は貸切での参加のみ
🌐 www.panioloadventures.com

乗　馬

4D クォーター・ホーシーズ
4D quarter horses

ローカルのパニオロ(ハワイ語でカウボーイの意味)である、ハリー氏の家族が経営する牧場。マウナ・ケア山の裾野に位置し、天気のよい日は山の頂上の天文台まではっきりと見える雄大な風景が広がる。ここの牧場のトレイルは、かなりアップ&ダウンがあるので、馬に乗って歩くだけでも十分に楽しめるはずだ。

1 馬が動かなくて、困っても大丈夫。すぐにガイドさんが駆け寄ってきてくれるので安心だ **2** のどかな放牧風景を堪能して、夕日をバックに写真を撮ろう

ワイメア ♀ P.58-A2
🏠 Dahana Ranch Rd., Waimea 📞808-987-4872 🚫無休(要事前予約) 🐴オハナライド1時間30分(3歳以上136kg以下)$110、2時間の上級者向け(6歳以上124kg以下)$150、2時間の牛追い体験(8歳以上113kg以下、スナックと飲み物付き)$200 それぞれ英語でのツアー 💳ADMV 🅿無料
※参加はズボン、スニーカー着用のうえ、上着を持参。24時間前までの予約必須。

ジップライン

コハラ・ジップライン
Kohala Zipline

　ハワイ島内には何ヵ所かジップラインを体験できるスポットがあるが、ここなら初心者向けで距離が短く、さほど高さもないコースからスタートする。到着地点にスタッフが待ってくれているので安心だ。初めは少し怖いかもしれないが、2本目からはすぐに慣れて、景色を楽しめる余裕が出るはず。腰を乗せるベルトは安定した座り心地だ。

1 木々の隙間をぬって、さっそうと風を切りながらポイントを移動するのは爽快だ　**2** 高所に架かるつり橋を歩くコースなどもある

ハワイ島 ● P.58-A1
🏠 55-515 Hawi Road, Haw　📞 808-331-3620　🕐 8:00 〜 14:00 の間、約1時間ごとにスタート。所要約3時間（季節により異なる）　🗓 無休（要事前予約）　💲215 〜、8 〜 12 歳 $190 〜。私有地にある滝までハイク＆スイム＆ランチ＋ジップライン6時間のツアー $299 もある。それぞれ英語でのツアー　🔲 MV　🅿 無料　⊕ www.kohalazipline.com
※最低4名以上で催行。8歳以上（8 〜 12 歳は保護者同伴）で体重 31.7kg 〜 122.3kg が参加条件。長袖シャツ、長ズボン、運動靴の着用が好ましい

貸切チャーターツアー

太公望ハワイ 貸切チャーターツアー
Taikobo Hawaii Big Island Round-Trip

　太公望ハワイが運営する。完全日本語ガイドによるプライベートなツアー。定番の「マウナケア山頂＆星空ツアー」（→ P.22）に加えて、ハワイ火山国立公園、サウス・ポイントなど、ハワイ島の名所に連れて行ってくれる。予算や人数など、事前にツアー内容を相談して、好みにアレンジすることも可能。友人同士や家族だけで参加できるのがうれしい。

1 ハワイ火山国立公園には火口の見学だけでなくトレッキング・コースもある。好みのコースを自由に選ぶ。写真はキラウエア・イキ火口の中を歩くコースで所要2〜3時間

2 レンタカーではなかなかアクセスしづらいアメリカ合衆国の最南端のサウス・ポイントは、一度は訪れてみたいハワイ島の秘境のひとつ

カイルア・コナ ● P.53-C1
🏠 73-5576 Kauhola St. #2,Kailua-Kona（オフィス）　📞 808-329-0599　🔲 ADJMV　⊕ www.taikobo.com
※料金、所要時間などは公式サイトのお問い合わせフォームから相談を（日本語 OK）。送迎付き

Land Activity
●陸のアクティビティ

フランシス・エッチ・イイ・ブラウン・ゴルフコースのサウス海越え 15 番

ゴルフ

① マウナケアゴルフコース
Mauna Kea Golf Course

アメリカの専門誌から何度も栄誉ある賞を贈られている名門コース。1960 年代にロバート・トレント・ジョーンズ・シニアによって溶岩に造り上げられた。ビッグトーナメントも開催される。伝説と謳われるチャレンジングなコースだ。

1 センスのよいロゴが入ったウエアも充実 **2** ゴルファー憧れの名物ホール、海越えの 3 番

マウナ・ケア・リゾート 📍P.60Ⓑ
- ◉ 18 ホール／パー 72／7370 ヤード（チャンピオンシップティー）
- 🏌 グリーンフィー（18 ホール、カート代込み）：ビジター $295、マウナケアビーチホテル、ウェスティン ハプナ ビーチ リゾートのゲスト $265（料金は予告なく変更される場合がある）
- 🏌 レンタルはクラブ $75、シューズ $15 　☎予約 808-882-5400 　☎日本での予約：ホームページでの問い合わせ
- 🌐 jp.maunakeabeachhotel.com/golf

② ハプナゴルフコース
Hapuna Golf Course

マウナ・ケア・リゾートの山側に広がるアーノルド・パーマー設計のインランドコース。原生の樹木が巧みに生かされており、真っ青なコハラ・コーストを望むことができる。

1 代表的ホールの 12 番。眺望は最高 **2** クラブハウスの品揃えはさすがプリンスホテル系列

マウナ・ケア・リゾート 📍P.60Ⓑ
- ◉ 18 ホール／パー 72／6875 ヤード（トーナメントティー）
- 🏌 グリーンフィー（18 ホール、カート代込み）：ビジター $195、マウナケアリゾートのゲスト $185（料金は予告なしに変更される場合がある）
- 🏌 レンタルはクラブ $75
- ☎予約 808-880-3000

③ フランシス・H・イイ・ブラウン・ゴルフコース
Francis H. Ii Brown Golf Course

マウナ ラニ リゾート（→ P.74）が誇る高級リゾートコース。漆黒の溶岩にトリミングされたベルベットのようなグリーンが美しい。各18 ホールのノース・コース、サウス・コースで構成されている。

フランシス・H・イイ・ブラウン・ゴルフコースのノース 17番は箱庭のように美しい

🏷 マウナ ラニ リゾート 📍P.61 ⓒ
ノース・コース
◉ 18 ホール／パー 72 ／ 6913 ヤード（リゾートティー）
サウス・コース
◉ 18 ホール／パー 72 ／ 6924 ヤード（リゾートティー）
🏌 グリーンフィー（18 ホール、カート代込み）：ノース、サウスとも $245、シーズンや時間帯により金額は変動）
🏌 レンタルはクラブ $79
📞 予約 808-885-6655
🌐 www.maunalani.com

④ ワイコロア・ゴルフ
Waikoloa Golf

ワイコロア・ビーチ・リゾートには、海沿いのビーチナイン、フェアウェイに古代ハワイの史跡が残るレイクナイン、マウナ・ケアを一望にするスコットランド風のキングスナインの 3 つのハーフ・コースがあり、それぞれを組み合わせて自分好みの 18 ホールのプレイが楽しめる。

フェアウエイの途中に溶岩の固まりが鎮座するキングス・コースの 14 番

🏷 ワイコロア・ビーチ・リゾート 📍P.61 ⓓ
ビーチナイン
◉ 9 ホール／パー 35 ／ 3281 ヤード（ブルーティー）
レイクナイン
◉ 9 ホール／パー 35 ／ 3285 ヤード（ブルーティー）
キングスナイン
◉ 9 ホール／パー 36 ／ 3522 ヤード（ブルーティー）
🏌 グリーンフィー 18 ホール：ビジター $194、リゾートゲスト $157、9 ホール：ビジター、リゾートゲストともに $85（カート込み）、🏌レンタルクラブ 18 ホール $55、9 ホール $40
📞 予約 808-886-7888　🌐 www.waikoloabeachgolf.com

⑤ ワイコロア・ビレッジ・ゴルフクラブ
Waikoloa Village Golf Club

ワイコロア・ビーチ・リゾートから 6 マイルほど山側に上ったワイコロア・ビレッジ地区にあるインランドコース。標高があるので涼しく、気持ちいい高原ゴルフが満喫できる。設計はロバート・トレント・ジョーンズ・ジュニア。

雄大な高原でゴルフが楽しめる。背後に見える山はマウナ・ケア

🏷 ワイコロア・ビーチ・リゾート 📍P.52-A2
◉ 18 ホール／パー 72 ／ 6681 ヤード（ブルーティー）
🏌 グリーンフィー（18 ホール、カート代込み）：ビジター $130、ビレッジゲスト $110、9 ホールサンセット（15:00 ～）$60
🏌 レンタルはクラブ $50、13:00 ～ $35
📞 予約 808-883-9621　🌐 www.waikoloavillagegolf.com

⑥ コナ・カントリークラブ
Kona Country Club

カイルア・コナにほど近いケアウホウにある老舗ゴルフコース。2015 年にコースを全面改装して再オープン。チャンピオンシップコースでありながら、起伏が少なく比較的難易度が低いので、ハワイの景色を楽しみながらプレイしたい人に人気。ケアウホウ湾に面した美しい眺望も自慢。

溶岩流に縁取られたオーシャンコースの 3 番グリーン

🏷 ケアウホウ 📍P.53-D1
◉ 18 ホール／パー 72 ／ 6657 ヤード（ブラックティー）
🏌 グリーンフィー（カート代込み）：18 ホールビジター $189、13:00 ～ $125、9 ホールビジター（15:00 ～）$105
🏌 レンタルクラブ $55
📞 予約 808-322-2595　🌐 www.konagolf.com

Marine Activity

● 海のアクティビティ

ドルフィン・ディスカバリーズ
Dolphin Discoveries

16 人乗りのゴムボートに乗り、時速約30km のスピードでスノーケリングポイントのケアラケクア湾へ。ここのリーフは一見底が浅く見えるが、実はすぐドロップオフになっていて迫力がある。カラフルなリーフフィッシュが多いほか、イルカが集まる湾として有名だ。スピナーズドルフィン、ボトルノーズドルフィンなどが、1 年を通してやってくる。

ケアウホウ ♥ P.53-D1

🏠 ケアウホウ・ハーバー内　📞 808-322-8000　⏰ 3 時間 $109 〜（7:30 〜、11:15 〜、12:15 〜）、4.5 時間 $129 〜（7:30 〜）、4.5 時間イルカウォッチング＋スノーケル $149 〜（7:30 〜） それぞれ英語でのツアー　💳 ADJMV　🅿 無料
※ツアーにはスノーケルギア、フルーツなどのスナック、ドリンク含む。その他、ドルフィンスイム・コース $149.98 あり（6 歳以上から参加可能。英語の簡単な指示がわかることが参加条件）

1 イルカやトロピカルフィッシュに出会えるツアー！ 特に満月のあとはイルカに遭遇するチャンスが大きいという　**2** 冬場の 12 〜 4 月の時期は、クジラに出会えることもある

スノーケル・イルカウオッチング

オーシャン・スポーツ
Ocean Sport

49 人乗りのカタマラン（双胴船）に乗り、コハラ・コーストに点在するスノーケリングスポットへクルージングするツアー。手つかずの珊瑚礁や黒砂のビーチなど、その日の海の状態でキャプテンがおすすめの場所へ連れていってくれる。全長約 18m のカタマランは、デッキも広々とし、中央部分では寝転んだりゆったりとくつろぐことができるのがうれしいところだ。

ワイコロア・ビーチ・リゾート ♥ P.61 Ⓓ

🏠 出発：ワイコロア・ビーチ・マリオット・リゾート＆スパ前　📞 808-886-6666　⏰ 夏季（4/16 〜 12/14）8:45 〜 12:00、冬季（12/15 〜 4/15）10:15 〜 13:30　💲 175、6 〜 12 歳 $87.50、5 歳以下無料（スノーケルギア、スナック、ピクニックランチ、ドリンク、税込み）英語でのツアー　💳 ADJMV　🅿 無料
🌐 hawaiioceansports.com
※マウナ・ケア、マウナ・ラニ、ワイコロアなど各リゾートエリアのホテルから無料送迎あり

1 透明度の高い浅瀬でのスノーケリングに、時がたつのを忘れて熱中　**2** デッキのスペースが広いので、セーリング中はかなりリラックスできる

ブリーズ・ハワイ
Breeze Hawaii

　日本人向けダイビングサービスの老舗である「ブリーズ・ハワイ」。カイルア・コナにもベースがあり、体験ライセンス取得者が参加できるダイビングツアーをはじめ、さまざまなツアーやレッスンを行っている。ダイビング歴の長い優秀なスタッフがリードしてくれるので、泳ぎが得意でなくても安心。ハワイ島の観光ツアーも催行。夜には巨大マンタが泳いでいるところに遭遇することができる。

1 頭のすぐ上をマンタが泳ぐ、大迫力のダイブ　**2** ダイブ中にイルカに遭遇することも

カイルア・コナ ♀ P.63-A1
🏠 74-5583 Pawai Pl.　📞 808-326-4085
⚓体験ダイブ＄200 〜、ファンダイブ＄215 〜。日本語でのツアー
💳 MV　🅿無料　🌐 www.breezekona.com

ドルフィン・クエスト
Dolphin Quest

　海の中でイルカと泳ぐというスタイルが主流のなか、こちらは、ホテルリゾート、ヒルトン・ワイコロア・ビレッジの一角にある専用ラグーンを使用。砂浜も珊瑚礁もある本格的な場所で、海洋哺乳動物の専門家の案内のもと、イルカと触れ合ったり、一緒に泳いだりすることができる。イルカたちの優れた潜在能力を目の当たりにすれば、感動間違いなし。

1 子供たちにとっても、楽しい思い出になるはず　**2** イルカと触れ合える貴重な体験を堪能しよう

ワイコロア・ビーチ・リゾート ♀ P.61 Ⓓ
🏠ヒルトン・ワイコロア・ビレッジ内　📞808-886-2875　🕐8:30
〜 17:00　⚓エンカウンターデラックス：＄289 〜 （5 歳以上が対象）、キッズ・クエスト：＄230 〜 （5 〜 9 歳が対象）、ウィー・トッツ：（2 〜 4 歳＋ 18 歳以上の大人の同伴が必要）＄210 〜。英語でのツアー　💳 ADJMV　🅿ヒルトン・ワイコロア・ビレッジの駐車場を利用
🌐 dolphinquest.com/big-island-hawaii/

Marine Activity
●海のアクティビティ

フェアウインド・クルーズ
Fair Wind Cruises

　癒やしの効果もあるといわれるケアラケクア湾の海を満喫できる気分爽快なツアー。全長18m、140人乗りのフェアウインド号は、滑り台や飛び込み台、真水のシャワーを完備するカタマラン（双胴船）。揺れも少なく、船酔いしやすいという人でも安心だ。約1時間のクルージングも至極快適。ときにはイルカが船に伴走してくれることもある。

1 波の静かな内海はスノーケリングに最適。カラフルなトロピカルフィッシュが出迎えてくれる　2 フェアウインド号は長さ5m弱の滑り台を装備。大海原にジャンプ！

ケアウホウ ♀P.53-D1
🏠ケアウホウ桟橋　📞808-322-2788/日本語 808-731-9951（アイランド・パラダイス）　🚢ケアラケクア午前クルーズ：8:30集合、9:00～13:30 $159、4～12歳$99、0～3歳$39（軽朝食とランチ、スノーケルギア付き）ケアラケクア午後クルーズ：13:30集合、14:00～17:30 $115、4～12歳$70、0～3歳$25（スナックとスノーケルギア付き）それぞれ英語でのツアー　💳ADJMV　🅿無料　🌐www.fair-wind.com
※上記のほか、マンタ・ツアー、デラックス・モーニング・クルーズとその豪華版、フラ・カイなどがある

クルージング

ボディ・グローブ
Body Glove

　「ボディ・グローブ」は、ヒストリカル・ディナー・クルーズを主催。神話や歴史を学べて、生演奏や食事、サンセットも楽しめるツアーだ。カイルア・コナを出港して、コナ・コースト沿いをクルーズしながら、女神ペレや、キング・カメハメハなどの話に耳を傾け、カクテルやディナーをいただく。もちろん、ローカルミュージシャンによるライブミュージック付きなのがうれしい。

1 海の上からサンセットを見られるのは、クルーズならでは　2 生演奏に盛り上がり、ハワイアン料理に舌鼓を打とう

カイルア・コナ ♀P.63-B1
🏠75-5629 Kuakini Hwy., Kailua-Kona（オフィス）　📞808-326-7122　🕐7:00～17:00（オフィス）、ヒストリカル・ディナー・クルーズの催行は月曜以外16:00～　🚢ヒストリカル・ディナー・クルーズ（3時間）$158、6～17歳$94、5歳以下無料。それぞれ英語でのツアー　※集合はカイルア桟橋（Kailua Pier）　💳ADMV　🅿無料　🌐www.bodyglovehawaii.com

Sky Activity ●空のアクティビティ

ヘリコプターライド

ハレマウマウ火口のすぐそばを通過。迫力満点だ

ブルー・ハワイアン・ヘリコプターズ
Blue Hawaiian Helicopters

ハワイ島には数々のヘリコプター会社があるが、安全性と機材のクオリティに定評があるのが「ブルー・ハワイアン・ヘリコプターズ」だ。ヘリコプターは A-STAR と ECO-STAR で、どちらも機内は広くワイドな眺めを確保。キラウエア火山の火口の様子や黒い溶岩台地の上を貫く白いハイウエイ、ゴルフコースを擁した高級リゾートなど、ハワイ島ならではの大迫力な景観が十分に楽しめる。

ワイコロア・ビレッジ ♥ P.52-A2

🏠 68-690 Waikoloa Rd.,Waikoloa Village　📞 808-886-1768（ワイコロア）／ 808-961-5600（ヒロ）／ 808-640-0299（日本語・アロハブリーズ）　🏔 コハラ・コースト・アドベンチャー $379 ～（約 50 分）、ペレズ・クリエイション $429 ～（約 55 分、ヒロより）、ビッグ・アイランド・スペクタキュラー $689 ～（約 2 時間）。日本人パイロットあり　🅰 ADJMV　🅿 無料
🌐 www.bluehawaiian.com

1 ヘリコプターで空の旅をするからこそ出合える光景が広がっている　**2** 空から眺めるハワイ島はまた違った印象に。座席の位置によって金額が変わる

Hawaiian Culture Activity

●ハワイ文化アクティビティ

ウクレレ・レッスン ＆ レイ・メイキング
Ukulele Lesson & Lei Making

リゾートホテルには宿泊客を対象とした
ワークショップやカルチャープログラムが用
意されているところが多い。ヒルトン・ワイコ
ロア・ビレッジでは、宿泊客対象のハワイア
ンカルチャークラスが充実。ウクレレ・レッス
ン、レイ・メイキングをはじめとしたカルチャー
レッスンが週5日開催されている。室内で開
催されているため、雨の日にもおすすめ。

1 完成したレイはプレゼントしたい　**2** ウクレレ・レッ
スンは初心者でも気軽に参加OK

ワイコロア・ビーチ・リゾート ♥ P.61 Ⓓ
🏠 ヒルトン・ワイコロア・ビレッジ内　☎ 808-886-2929
🕐 月～金曜ウクレレ・レッスン 9:00 ～、レイ・メイキング
10:00 ～
🔒 土・日曜　💳 ADJMV　💲$9
🅿 ヒルトン・ワイコロア・ビレッジの駐車場を利用
※宿泊客のみ。先着順。ほかクワイナッツブレスレット作り 8:00
　～も実施

ハワイアンカルチャー

レジェンド・オブ・ハワイ・ルアウ
Legend of Hawaii Luau

ハワイ島のルアウは本格的で、エンターテ
インメントとしても高い評価を得ていると
ころが多い。なかでも、ヒルトン・ワイコロア・
ビレッジのルアウが人気だ。ハワイはもち
ろん、ポリネシアをテーマにしたダンスと音
楽を楽しみながら、ハワイのトラディショナ
ルな料理、アイランドスタイルのデザートを
ビュッフェスタイルでいただける。

1 大迫力のファイヤーダンスに盛り上がること間違い
なし！　**2** 夕暮れから開催されるハワイアンディナー
ショー。ハワイ島旅行のハイライトになるだろう

ワイコロア・ビーチ・リゾート ♥ P.61 Ⓓ
🏠 ヒルトン・ワイコロア・ビレッジ内　☎ 808-886-2929
🕐 火・金・日曜 17:00 ～ 20:00　🔒 月・水・木・土曜
👤 大人（13歳以上）$190、子供（5～12歳）$112
※ 4歳以下は席不要、料金にはトロピカルカクテル、ビー
ル、ワイン、ソフトドリンク飲み放題が付く　💳 ADJMV
🅿 ヒルトン・ワイコロア・ビレッジの駐車場を利用　🌐 www.
hiltonwaikoloavillage.jp

Beauty Orientation

ビューティ オリエンテーション

ちょっと緊張する海外でのスパ体験。でも、これだけ知っていればリラックスしてもっときれいになれるはず！

TIPS 1 予約は日本でウェブからが正解

人気のスパは連日混雑している。できれば日本からウェブ予約をしておこう。予約が早いと割引になるケースもあり、広くてきれいな施術室を用意される可能性も高い。ハワイの有名なホテルスパなどは、たいてい日本語のウェブサイトがあるので安心だ。ただし、予約にはクレジットカード番号が必要な場合もある。また持病やアレルギーがある場合は、予約時に伝えておくこと。

TIPS 2 こんなときは施術NG！

着いて早々に現地でひどい日焼けをしてしまったなどという場合は、スパは受けないほうがよい。旅の疲れが出て、体調が悪いときも無理して受けるのはやめよう。またあまり満腹過ぎてもおなかがすき過ぎてもよくないので、スパの前は軽食くらいにしておきたい。施術前後の飲酒もNGなので気をつけること。

TIPS 3 ハワイ伝統のロミロミを体験しよう

ハワイで初めてのスパなら、まずロミロミを体験するべし。「ロミ」とはハワイ語で「もむ」という意味。古代のハワイでは、カフナと呼ばれる特別な人々が医療に携わり、祈りをささげたりヒーリングを行ったりしていた。そのなかの施術のひとつが、ロミロミと呼ばれるマッサージだ。マッサージの仕方はサロンによって少し異なるが、腕やひじを使って背中や肩を柔らかくもみほぐす方法が一般的。

TIPS 4 割引情報はこまめにチェック

サロンのウェブ予約には、割引の特典が付くことが多いのでぜひ利用したい。高級なホテルスパでもたびたび10～20%くらいの割引が付くし、期間限定のキャンペーン価格などもあるので見逃せない。また現地に着いてからも、ツアー会社のカウンターで割引券がもらえたりと、いろいろな特典が見つかるもの。まずは参加ツアー会社や滞在先のホテルに、そういったサービスがないかを確認してみよう。

TIPS 5 チェックインは15分前に

入店は、「ちょっと早過ぎる？」と思うくらいでちょうどいい。施術の15分くらい前には、お店に着いておこう。遅刻すると施術時間が短くなってしまうことがあるから注意が必要だ。また、脱ぎ着しやすい楽な洋服を着て行くほうがベター。髪の毛などをまとめるものも持っていくと便利だ。

TIPS 6 ハワイの自然の恵みで女子力アップ？

ハワイのスパでは、ハワイの植物由来のコスメや自然のマテリアルが使われることが多い。例えばククイナッツ。実から取れるオイルには、保湿作用や肌の修復作用が期待できるという。ハワイ語で石を意味するポハクは、ハワイ式のホットストーンマッサージに使われる。ココナッツは健康作用に注目が集まっていて、オイルは保湿や紫外線の防止に役立つといわれる。

TIPS 7 チップを忘れずに

海外スパでは料金の支払いとは別に、施術者に現金でチップを渡すのが一般的。目安は料金の18～25%だ。施術ルームに行く際に事前にポーチやポケットに用意して、終わったときに渡そう。終わって頭がボーッとしていると、つい渡すのを忘れがちなので要注意！　クレジットカードでチップを払う場合は、合計金額にチップを加えた金額を記入し、その額で決済すればOK。

コハラ・スパ
Kohala Spa

ヒルトン・ワイコロア・ビレッジ（→ P.180）内にあるスパ。ボディやフェイシャルのトリートメントの施術を受けられるスパをはじめ、ヘアやネイルなどの美を磨くサロン、フィットネス施設などがトータルに揃う総合施設。スパでは、リラックスやデトックスの効果をもたらしてくれるトリートメントが受けられる。特に、オーキッドオイルを使ったマッサージやハワイの伝統的なロミロミ・ハワイアン・マッサージが人気だ。また、ナチュラルな素材を使ったラップやスクラブなどのボディセラピーもおすすめ。

ネイルやエステなど豊富なメニューが人気

おすすめ Menu

* **コハラ・マッサージ**（全身マッサージ）$165/50 分
* **ロミロミ・マッサージ**（ハワイの伝統的な全身マッサージ）$190/50 分
* **シーサイド・ユーフォリア・フォー・トゥー**（シーサイドカバナでのカップルマッサージ）$650/75 分

3

ワイコロア・ビーチ・リゾート ♥ P.61 ⓓ
🏠 ヒルトン・ワイコロア・ビレッジ内 📞 808-886-2828
🕐 フィットネスセンターは 24 時間営業、マッサージは 9:00 〜 18:00（スパは要予約）😊 無休 💳 ADJMV 🌐 www.kohalaspa.com

1 ネイルサロンやヘアサロンもゆとりの空間 **2** ふたりで利用できる 2 ベッドの施術室も完備 **3** 開放的なオーシャンサイドのガゼボ。海を近くに感じながら施術が受けられる

ホオラ・スパ
Ho'ola Spa

ハワイならではの癒やしのマッサージ

ハワイの王族が古代より癒やしの場として過ごしたケアウホウの地にあるスパ。穏やかでどこかゆったりとしたケアウホウ湾を眺めながら受ける施術は、日常の疲れから解放してくれる。古代ハワイから伝わる手法を取り入れたロミロミ・ハワイアン・マッサージ、ホットストーンやココナッツ・オイルスカルプ追加など、アップグレードもできる。カップルルームもあるのでペアでの施術もおすすめ。

1 ケアウホウ湾の波の音をじっくり聞いて癒やされるオーシャンビューのウェイティングルーム
2 広々とした施術室は開放的でリラックスできる
3 マナ宿るケアウホウの地で身も心もリフレッシュ

3

おすすめ Menu

* **ロミロミ・ハワイアン・マッサージ** $95/30 分、$160/60 分、$180/90 分、コーヒースクラブ 30 分 $95 など
* **リフレクソロジー・トリートメント** $160/60 分

ケアウホウ ♥ P.53-D1
🏠 アウトリガー・コナリゾート＆スパ内
📞 808-207-9098 🕐 9:00 〜 17:00
😊 火・水曜 💳 AJMV 🌐 hoolaspa.com

マウナケア・スパ by マンダラ
Maunakea Spa by Mandara

バリ島やハワイ、スウェーデンなどの伝統的なセラピーを受けられる。バリ島で受け継がれてきたバリニーズ・マッサージは、手のひらと親指を使って、体の血流を促し、緊張を解きほぐしてくれる。ロミロミはもちろんスウェーデン式マッサージなどもおすすめだ。

バリ島発祥のリゾートスパ

マウナ・ケア・リゾート ♥ P.60 Ⓑ
🏠 マウナケアビーチホテル内 ☎ 808-882-5630 🕐 10:00 ～ 17:30 🚫 無休
💳 ADJMV ⊕ www.mandaraspa.com

おすすめ Menu
＊ハワイアン・ロミロミ・マッサージ $180/60 分
＊バリニーズ・マッサージ $180/60 分
＊ロミロミカップルマッサージ $350/60 分

バス＆シャワーを完備しているトリートメントルーム

スパ・ウィズアウト・ウォールズ
Spa Without Walls

「壁のないスパ」という名のとおり、海辺のカバナや滝の流れるガーデンカバナで極楽マッサージを受けたいならこちら。大自然に触れながらの施術は心身ともにリラックスでき、リゾートの開放感を味わえるだろう。

心も体も解き放たれる幸福を堪能して

マウナ ラニ リゾート ♥ P.61 Ⓒ
🏠 ザ・フェアモント・オーキッド、ハワイ内 ☎ 808-887-7540 🕐 8:00 ～ 18:00（要予約）🚫 無休 💳 ADJMV ⊕ www.fairmont.com/orchid-hawaii/spa

スパの施術前後にゆったりとくつろげるスペースも確保

おすすめ Menu
＊ロミロミ $235/50 分
＊アリイ・ロイヤルエクスペリエンス $409/110 分（ピーリングデトックス＆スカルプネックマッサージ）

ザ・ロータス・センター
The Lotus Center

ハワイ産のシーソルトやアロエ、コナ・コーヒー、ココナッツ・オイルなどを使用するメニューが人気。メニューの種類の多さと有資格者による技術の高さが評判で、ハワイ式ロミロミやスウェーデン式マッサージ、タイ式やカイロプラクティック、鍼、指圧など豊富な施術を受けられる。

自分に合った施術が見つかる多彩なメニュー

カイルア・コナ ♥ P.63-C1
🏠 ロイヤル・コナ・リゾート ☎ 808-334-0445 🕐 8:00 ～ 20:00（要予約）
🚫 無休 💳 AJMV ⊕ www.konaspa.com

おすすめ Menu
＊ロミロミ・マッサージ $149 ～ /60 分～
＊アリイ $425/3 時間（シーソルトかシュガーケーンのピーリング、ボディラップ、1 時間の全身マッサージ、ミニフェイシャルマッサージなど）

潮風が心地よい空間を予約したい

ハプナ・スパ by マンダラ
Hapuna Spa by MANDARA

神秘的な東洋の伝統療法と西洋の技術を融合。人気の施術はもちろん、ハワイアン・ロミロミで、体の老廃物を取り除き、腕やひじを使った伝統の技で筋肉のコリをほぐしてくれる。リクエストすれば海を望むカバナで施術を受けることも可能。

マウナ・ケア・リゾート  P.60 Ⓑ
ウェスティン ハプナ ビーチリゾート内 5 号館 6 階　808- 882-5630
10:00 ～ 17:30　無休　ADJMV

*ハワイアン・ロミロミ $190/60 分、$260/90 分
*ファイヤー＆アイスマッサージ $210/60 分、$245/75 分

おすすめ Menu

海を望むカバナで至福の時間を過ごす

受付には事前予約した時間より余裕をもって訪れよう

ハレ ロミロミ オ ケカイマリノ スパ
Hale Lomilomi O Kekaimalino

日本人の佐藤ケカイ麻里子さんによる施術が受けられる。おすすめはハワイの伝統療法であるロミロミ 30 分 $45 ～。彼女がブレンドしたオリジナルオイルを使って、絶妙な力加減で体をマッサージし、体だけでなく心の疲れも解きほぐしてくれる。

ヒロ  P.101-A1
116 Kamehameha Ave. Hilo
11:00 ～ 17:00（完全予約制）　不定休　JMV　www.kekaimalino.com
※予約は E メールにて。info@kekaimalino.com

アロマが漂う癒しの空間

ヒロ湾を望む隠れ家的スパ

*ロミロミ・バイ・ライセンスドセラピスト $45/30分、$70/60分、$100/90分、$130/120分

おすすめ Menu

マンダラ・スパ
Mandara Spa

バリの伝統的なマッサージの技法とヨーロッパやハワイの技術や知識を融合させて生み出された一流のスパ・トリートメントを受けられる。ハワイ王族に愛されていた伝統的なマッサージであるハワイアン・ロミロミ（60 分、$180）が一番人気。ヘアサロンやネイルサロンも併設。

ワイコロア・ビーチ・リゾート　P.61 Ⓓ
ワイコロア・ビーチ・マリオット・リゾート＆スパ内　808- 886-8191　10:00 ～ 17:30　無休　ADJMV　www.mandaraspa.com

*マンダラ・シグネチャー・フェイシャル $225/60 分～
*ハワイアン・ロミロミマッサージ $180/60 分～
*バイオテック・アンチエイジング・フェイシャル $215/60 分～

おすすめ Menu

心と体の癒やしを追求するマッサージ

至福の時を過ごさせてくれる贅沢スパ

Hotel

🏨 ホテル

Hotel Orientation
ホテル オリエンテーション

観光やグルメが目的だとしても、ホテル選びや滞在で失敗してしまったら、せっかくの旅が台無しになってしまう。そうならないために、旅を快適にしてくれるホテル選び＆滞在方法のアイデアをご紹介！

\どこに泊まる？/

TIPS + Memo

1 ☑ 宿泊施設の種類

● シティホテル

空港や町の中心部周辺にある、いわゆる洋室タイプの一般的なホテル。高層ビルの大型ホテル、こぢんまりとした格安ホテルなど、宿泊料金の幅も広い。また、キッチン付きの部屋や豪華なスイートルーム、ビジネスホテルのようなコンパクトな部屋など、客室タイプもさまざま。

● リゾートホテル

リゾート一体型の高級ホテル。ホテルの敷地内、もしくはごく近い所にゴルフ場を中心としたアクティビティ施設を併せもつものが多い。すばらしいビーチはもちろん、ショッピング施設、レストランなどもあり、広大な敷地内から一歩も外に出なくてもすべて事足りるようになっている。リピーターやゴルファー、ハネムーナー、年配の旅行者にもおすすめ。

● コンドミニアム

日本式にいえば、家具付きマンションのこと。それぞれのユニットにオーナーがいて、そのオーナーが使わないとき、マネジメント会社が委託を受けて旅行者に貸し出すというシステム。部屋はシティホテルより広く、キッチン、家具調度品などを完備しているので、家族連れや小グループに最適。ベッドメイクやフロント業務など、ホテル同様のサービスも兼ね備えている"コンドミニアム・ホテル"も多い。

● そのほかのアコモデーション

ホテルともコンドミニアムとも違う宿泊施設。YMCA、ユースホステル、B＆B（ベッド＆ブレックファスト）など。料金は安く、地元の人や他国の旅行者と友達になれるチャンスがあり、ひとり旅やバジェットトラベラー向き。

2 ☑ 宿泊施設の部屋のタイプと料金

一般的にホテルの客室は、シングル、ツイン、ダブル、スイートなどに分かれている。コンドミニアムの場合は、ステューディオ（ワンルームタイプ）、1ベッドルーム、2ベッドルームといったタイプ。ホテルの場合、ツインやダブルのひと部屋に宿泊できる人数は2人。エキストラベッドを入れれば3人までOK。コンドミニアムにはソファベッドがあるため、1ベッドルームなら4人、2ベッドルームなら6人まで宿泊できる。宿泊料金はホテルもコンドミニアムも、ひとりいくらではなく、部屋単位（1部屋1泊いくら）が基本。

³ ☑ 客室のグレードのカテゴリー

客室のグレードは基本的に、「スタンダード」「スーペリア」「デラックス」「スイート」が一般的。このグレード分けは、部屋からの眺めで決められていて、一般的に同じホテルで、同じタイプの部屋なら、下の階より上の階のほうが宿泊料金は高くなる。その部屋からの眺めは、たいてい次のようにカテゴリー分けされている。

● オーシャンフロント

文字どおり目の前が海、障害物なしで大海原が見渡せる。このカテゴリーの部屋はビーチに立つホテルに限られる。

● オーシャンビュー

通りやビルを隔てていても、海の眺めが確保されている部屋。内陸部のホテルではいちばんいい部屋とされる。

● パーシャルオーシャンビュー

チラッとでも海が見えるとこういう呼び方をする。海の眺めそのものはあまり期待できない。

● マウンテンビュー

ホテルの山側に位置する部屋。海が見えないといって失望する必要はない。自然豊かなハワイ島なら、美しい緑が広がる山側の景色を楽しむことができる。

⁴ ☑ オンシーズンとオフシーズン

ハワイにおけるオンシーズンは、米国本土からの避寒客の多いクリスマス時期から3月上旬にかけて。この時期、満室となるホテルも珍しくない。需要と供給の関係で、当然この時期、宿泊料金は軒並みアップする。値上げ率はだいたい10～30%程度。ツアー料金にも影響し、パッケージツアーも割高になる。ほかに、日本人客の多いゴールデンウイークや夏休みの7～8月もオンシーズンといえる。上記をふまえると、オフシーズンは6月、9～11月などとなる。オンシーズン、特に年末から年始にかけての宿泊は、遅くとも3ヵ月前、人気のあるホテルだと1年前から予約をしないと部屋を確保できないことがあるほど。また、上記の日本人客が集中する時期は、航空券の入手も困難となる。いずれにしても、早め早めの手配が必要だ。

デポジットとは？

ホテルの予約が取れたらデポジットという保証金が必要になる（ホテルによって1泊分～）。国際クレジットカードを持っていれば、カードの番号と有効期限を知らせるだけでOK。その際、間違いを避けるために、ホテルから予約OKの返事が来てから、カード番号などの情報を通知するほうがいい。また予約をキャンセルするときには、ホテル担当者のサインがあるキャンセル確認書類をもらっておくべきだろう。

島の西側に泊まるか
東側に泊まるか

とにかく広いハワイ島。宿泊エリアは大きく分けて島の西と東に分けられる。西側なら、カイルア・コナなどがあるコナ・コーストやワイコロアなどのリゾートがあるサウス・コハラ・コースト。東側ならヒロがおもな宿泊エリアだ。レンタカーがあればどのエリアからもお目当ての観光スポットへ訪れることはできるが、移動に時間がかかる場合も。ハワイ島のどこを中心に巡るのか、プランを立ててから宿泊エリアを決めるといいだろう。

TIPS 5 バレットパーキング

これはホテル正面に車を横付けすると、係員が車を専用の駐車場へ運んでくれるというシステム。キーは付けたままでいい（貴重品は車の中に置いておかないこと）。駐車券を渡してくれるので、帰るときにそのチケットを見せれば車を運んできてくれる。わざわざ車を移動してくれるのだから、当然チップを渡すのが常識。ホテルに到着したときではなく、帰りに車を運んできてくれたときに渡す。相場は＄5〜10。

TIPS 6 ☑ 駐車場

各ホテルにはゲスト用の駐車場があり、しかも宿泊客はたいてい無料で停めることができる（有料のホテルもある）。ただし気をつけておきたいのは、車があることをチェックインのときに必ずフロントに伝えておくこと。たいていのホテルでは、ホテルゲストであることを示す駐車券を発行し、それをフロントガラスなど外から見えるところに置いておかなければならない。

TIPS 8 ☑ コンシェルジュ

コンシェルジュサービスは、専用のデスクをもつ「お客さま係」とでも言おうか、何でも相談に乗ってくれる役割を担っている。ホテル内のすべての施設についてはもちろん、観光に関するあらゆる知識が頭の中に入った、いわばホテルの生き字引的存在だ。的確なアドバイスをしてくれるので、上手に利用すると得をする。

TIPS 7 ☑ インルームダイニング

ホテルによっては、できたての朝食を宿泊している部屋まで運んでくれるサービスがある。朝の柔らかな日差しを浴びながら、ラナイで取る朝食。きらめく海を眺めて、入れたてのコーヒーを飲めば目もバッチリ覚めるし、まだ湯気を上げているベーコンと卵に朝から食欲がモリモリわいてくる。メニューは、たいていホテルの案内書の入ったファイルの中にあるから、電話で前日に注文すればいい。もちろんこんな優雅なサービスにはチップを忘れずに。

TIPS 10 ☑ ファミリープラン

これは17歳以下（18歳以下の場合もある）の子供は、備え付けのベッドのみを利用するという条件で、宿泊料金が無料になるというプラン。ベッディングは、キングサイズが1台、もしくはダブルベッド（セミダブルの場合もある）が2台というのが主流だから、親子3人川の字に寝るとか、子供が2人で父母とそれぞれのベッドに寝るのなら、子供の宿泊料金はかからないというわけ。

TIPS 9 ☑ 日本語を話せるスタッフ

オアフ島のワイキキほどではないが、一部のホテルには日本語を話せるスタッフも。言葉がわからないと不安なものだが、そんなときの強い味方。コンシェルジュ同様に、ホテルのシステムでわからないことや、ツアーの申し込みなど、何かと相談に乗ってくれる。

11 ☑ ラナイ

ハワイのホテルの特徴は、ほとんどの部屋にラナイ（ベランダ）が付いていること。スタンダードルームならテーブルと椅子が2脚置ける程度の広さだが、ラナイがあるとないとでは休日の過ごし方がまるで変わってくる。心地よい潮風に吹かれたり、夜景を眺めながらお酒を飲んだり、ラナイでのお楽しみはたくさん。

アウトリガー・コナ・リゾート＆スパのラナイ

12 ☑ 冷蔵庫

室内に小型冷蔵庫を備え付けたホテルも多い。何も入っていない場合と、ジュースやビールなどのドリンク、お菓子などが入っている場合がある。後者はミニバーと呼ばれ、当然ながら有料。利用した場合は、毎日所定の用紙に飲んだ本数を記入し、チェックアウトのときに精算する。

MEMO
おみやげに◎なバスアメニティ

一流リゾートならでは、というのがバスルームにあるしゃれた小物。かわいい石鹸をはじめ、バラの香りのシャンプーやコンディショナー、ボディローションやバスオイルなどを置いているところも。各ホテル趣向を凝らしたものが多いので、これらのアメニティはおみやげにしてもいいかも。安上がりで、ほかでは買えないちょっと変わったギフトになる。

13 ☑ ビーチサービス

ほとんどの一流ホテルではビーチへの入口の所にビーチサービスがあり、ビーチチェアやタオルを無料で貸し出してくれる（宿泊者のみ。くれぐれも室内のタオルを持ち出さないこと）。また有料だが、スノーケルの機材やウインドサーフィンのレンタル、レッスンを行っているホテルもある。

MEMO
リゾート・フィーって？

ハワイのホテルでは宿泊料金に加えて「リゾート・フィー」を取ることがほとんど。これは、客室内Wi-Fi、毎日のコーヒー、市内通話、エクササイズルームなど、ホテルの施設や設備の利用料と言えばよいだろうか。ホテルによってその内容も料金もさまざまで、1日＄30～65と幅広い。事前にリゾート・フィーの内容をチェックしておくのもホテル選びの大事なポイントといえるだろう。

14 ☑ プール

プールでのんびりすることはリゾートライフのベーシック。ホテルのプールは基本的に宿泊者しか利用できないようになっているから、誰もが入ってこられるビーチと比べるとプライバシーが保たれるし、より安全にリラックスタイムを送ることができる。日本の海水浴場と違い、ハワイのパブリックビーチでは飲酒厳禁。その点プールなら、プールサイドのバーから好きなドリンクを注文すればいい。現金は持ち歩かず、支払いはサインで済ますというのがスマートなやり方。あとは体に砂が付くことを気にすることなく、本を読んだり、午睡をしたり、自分だけの時間を楽しめばいいだけだ。

Condominium Orientation
コンドミニアム オリエンテーション

暮らすように滞在できる

TIPS 15 ☑ ユニットのタイプと料金システム

コンドミニアムの部屋のタイプは大きく分けて、ワンルームタイプのステューディオ、1ベッドルーム（以下1BR）、そして2ベッドルーム（同じく2BR）の3種類。ハワイ島の場合、3ベッドルーム（3BR）以上のユニットも多数。宿泊料金はステューディオが2人まで、1BRが4人まで、2BRが6人まで

で、3BRが8人まで同じ料金となっているのが通例（ただし1BR・2人、2BR・4人、3BR・6人までというところも）。だから、人数が多ければ多いほど、ひとり当たりの支出は少なくなるというわけ。ファミリー旅行や小グループにはぜひおすすめしたいゆえんだ。

TIPS 16 ☑ リビングルーム

カップルならステューディオでも十分な広さだが、どうせなら2人でも1BRに泊まっていただきたい。おすすめする理由は、やはりゆとりの生活空間、特にリビングルームの有無。1BR以上のユニットはリビングルームが独立していて、ダイニングテーブルやソファ、TVなどがゆったりとした間隔でレイアウトされている。ベッドルームとは別に部屋がある造りは、ホテルでいえばジュニアスイート以上に当たり、しかもホテルのスタンダードと同等の料金で泊まれるのだから、これはもう利用しない手はない。ハワイ島に暮らしているかのような感覚で宿泊できるのはこれ以上ない体験だ。

TIPS 17 ☑ ベッディングプラン

寝室のベッドのタイプは、1BRならキングサイズ1台、もしくはダブルベッド（セミダブルの場合もある）2台が備え付けられている。2BR以上になると、主寝室（マスターベッドルーム）がキングベッド1台、その他の寝室はシングル2台（もしくはセミダブル1台）というタイプが多い。したがって、ファミリー旅行なら問題はないだろうが、友達同士2カップルで利用するときは注意が必要。つまり主寝室とサブベッドルームでは格差があるので、どちらのカップルが主寝室を利用するかでもめてしまうかも。2BRはたいていそれぞれの寝室にバスルームが付いているが、主寝室に隣接するマスターバスルームは浴槽付き、サブベッドルームのバスルームはシャワーのみというケースも多い。

TIPS 18 ☑ ソファベッド

昼間はくつろぎのスペースとして活躍するが、夜はベッドに変身。広げるとクイーンサイズ、もしくはキングサイズのベッドになるので、大人なら2人は楽々横になれる。つまり寝室2人＋ソファベッド2人で1BRでも4人が定員となるわけだ。

TIPS 19 ☑ キッチン

キッチンには大きく分けて2種類のタイプがある。ひとつはキチネットと呼ばれるもので、電気コンロや流し、小型冷蔵庫がコンパクトにまとめられた簡易キッチンのこと。ステューディオルームのキッチンがこのタイプ。ちょっと狭いけれど、簡単な調理なら問題ない。1BR以上になると、当然キッチンも広くなる。調理台、オーブン、電子レンジ、大型冷蔵庫、食器洗い機まで備えていて、こういうタイプをフルキッチンという。ミキサー、トースター、コーヒーメーカーのほか、スターターキット（到着時の無料コーヒーや食器洗い機用の洗剤）のサービスがあるコンドミニアムも。なお、フライパンなどの調理器具・食器類一式は、キチネット、フルキッチンともにユニットの定員分揃っている（ちなみに箸はないので念のため）。また、日本ではあまり見られないキッチン設備について下記を参照していただきたい。

● ディスポーザー

これは流しに付いていて、軟らかいゴミを入れ、水を流しながらスイッチをオンにすると、ゴミを粉々に砕いてくれる「生ゴミ粉砕機」。非常に便利だが、ビニール袋やプラスチックはもちろん、生ゴミでも硬いもの（パパイヤやアボカドの種、鶏肉の骨など）は入れてはいけない。このディスポーザーのスイッチは、流し付近の壁にある。照明のスイッチと隣り合わせということも多いので、最初はとまどうかも。

● 電気コンロ

スイッチは手前か奥に1列に並んでいる。スイッチの表示は"Front（手前）""Rear（奥）""Right（右）""Left（左）"の組み合わせで、例えば"Front Left"なら手前左側のコンロに連動しているという具合。また、スイッチを回すことによって温度調節ができるようになっていて、"Low（低温）""Medium（中温）""High（高温）"など、好みの目盛りに合わせるだけでいい。ただコンロはジワーッと熱くなってくるから、最初のうちは適当な温度を選ぶのに時間がかかるかもしれない。

コンドミニアムのキッチンのイメージ

● 食器洗い機

食器洗い機の使い方はまずドアの裏に専用の洗剤を入れ、ざっと流水で汚れを落とした食器を置く。ドアを閉めたら洗い方のチョイスをする。通常は"Normal Soil"、油でギトギトであれば"Heavy Soil"に目盛りを合わせる。運転スタートの方法は機種によってさまざま。スタートボタンがあるもの、スイッチを引っ張る（もしくは押し込む）ものなど。またそれらしいスイッチがない場合は、ドア上部にあるレバーをロックすると洗浄がスタートする。

● 洗濯機＆乾燥機

洗濯機はまず、洗濯物と洗剤を入れ、フタを閉め、水量の選択。洗濯物が多ければ"Large"、少なければ"Small"を選ぶ。次に洗いとすすぎの水温を選ぶ。"Hot（湯）""Warm（ぬるま湯）""Cold（水）"の組み合わせで選べるようになっている。色落ちしそうな洗濯物は水で洗うこと。生地の種類に合わせて"Normal（普通の生地）""Perm Press（ジーンズなど厚い生地）""Delicate（下着などデリケートな生地）"を選び、さらに洗濯時間を選んだら、そのスイッチを引っ張ると運転が始まる（押し込むと運転が止まる）という具合。乾燥機については生地によって乾燥工程を選ぶようになっているので、好みの目盛りに合わせてスタートスイッチを押せばよい。乾燥機のフタを開けると自動的に運転が止まるようになっている。

リゾートホテル **カイルア・コナ**
ケアウホウ・リゾートの中心的ホテル

アウトリガー・コナ・リゾート & スパ
Outrigger Kona Resort & Spa

ケアウホウ湾に立つリゾートホテルが、2021年にアウトリガー系列にリブランディング。歴史ある穏やかなケアウホウ湾を眺めながら、心落ち着くのんびりとしたハワイ島ステイが楽しめる。509の客室も改装予定で、島をモチーフにした内装とリゾートらしいインテリアが特徴。巨大マンタレイ鑑賞や、カルチャーツアーなど、アクティビティも評判だ。

1 ハワイ島屈指の高さを誇るプールのスライダーはぜひトライしたい 2 2023年中には全客室を改装予定。ラナイにはテーブルがあり、のんびりできる 3 穏やかで心地のいい風が吹き抜けるロビー

P.53-D1
78-128 Ehukai St. 808-930-4900
リゾート・ビュー＄535〜、マウンテン・ビュー＄559〜、パーシャルオーシャンビュー＄335〜、オーシャンビュー＄752〜、クラブ・オーシャン・フロント＄935〜 全509室 ADJMV
jp.outrigger.com

リゾートホテル **カイルア・コナ**
海に突き出たコナ随一のリゾートホテル

ロイヤル・コナ・リゾート
Royal Kona Resort

海に突き出た地形を生かしてデザインされたリゾートホテルで、カイルア・コナのシンボリックな存在。海側の部屋なら広々としたラナイで、コナの町並みを眺めながら日光浴が楽しめる。メインダイニングのレストランのディナーでは、ハワイの新鮮食材を使った料理が味わえる。

大海原を望むプールエリア

P.63-C1 75-5852 Alii Dr. 808-329-3111 スタンダード＄249〜、パーシャルオーシャンビュー＄269〜、オーシャンビュー＄299〜、オーシャンフロント＄359〜、オーシャンフロントコーナーキング＄399〜 全436室 ADJMV www.royalkona.com

---

リゾートホテル **カイルア・コナ**
ハワイの心を守る名門ホテル

コナ・ビーチ・ホテル
Courtyard by Marriott king Kamehameha Kona beach Hotel

古来、宗教的な儀式が行われ、カメハメハ大王が晩年を過ごした地に立つホテル。コナの繁華街には歩いて行けるし、ホテルのすぐ横には白砂のビーチがある最高の立地だ。ホテルの1階にはハワイ王朝にちなんだ物が展示され、ちょっとしたミュージアムのようになっている。

2020年11月に全面リニューアルされ美しく生まれ変わった

P.63-B1 75-5660 Palani Rd. 808-329-2911 スタンダード＄510〜、オーシャンビュー＄550〜、オーシャンフロント＄590〜 全447室 ADJMV www.marriott.com

※日と時間帯による ※

✓ カイルア・コナの宿泊施設

🏢 コンドミニアム　`カイルア・コナ`

広いサンデッキでリゾート気分を満喫

アストン・コナ・バイ・ザ・シー
Aston Kona by the Sea

水色の瓦屋根が印象的な瀟洒なコンドミニアム。ユニットのほとんどがオーシャンフロントで、打ち寄せる波音が心地よい。海に面してプールと広いサンデッキがあり、リゾート気分が満喫できる。プールサイドはサンセットを眺めるベストスポットになっている。

📍P.53-C1　🏠75-6106 Alii Dr.　📞808-327-2300　🛏1BR $499 ～ 549、
2BR $599 ～ 649　🛏全86室　💳ADJMV　🌐www.aquaaston.jp

ユニットは1BRと2BR。どちらもバスルームが2ヵ所ある

🏢 コンドミニアム　`カイルア・コナ`

ローカル気分でくつろげる

コナ・リーフ
Kona Reef

1980年に造られた分譲コンドミニアム。ユニットの半分以上に住人がいて、廊下で買い物袋を抱えた人から声をかけられたりと、自分も住人になった気分を味わえる。ユニットのほとんどは、オーシャンビューあるいはオーシャンフロント。広いラナイで海を見ながらくつろげる。

📍P.63-C1　🏠75-5888 Alii Dr.　📞808-329-2959　🛏1BR $189 ～
🛏全57室　💳AJMV　🌐www.castleresorts.com

プールサイドにはジャクージやバーベキューエリアもある

🏢 コンドミニアム　`ケアウホウ`

隠れ家的なコンドミニアム

カナロア・アット・コナ by アウトリガー
Kanaloa at Kona by Outrigger

ケアウホウ湾を望む隠れ家的なロケーションがハワイ通に好まれている。フルキッチンや広々としたラナイを完備した客室は優雅なリゾートを満喫できる。吹き抜けのリビングが開放的なメゾネットタイプのロフト付きユニットも人気。ゴルフコースやショッピングセンターもすぐそば。

📍P.53-D1　🏠78-261 Manukai St.　📞808-322-9625　🛏1BR $349 ～、
2BR $369 ～　🛏全166室　💳ADJMV　🌐jp-hawaiivacationcondos.
outrigger.com

広々としたラナイを完備したリゾート・コンドミニアム

🏢 コンドミニアム　`カイルア・コナ`

海が開ける贅沢な眺め

コナ・バリ・カイ
Kona Bali Kai

カイルア・コナとケアウホウの中間に位置する。海側と山側に部屋があるが、景色のよい海側の部屋を選びたい。部屋はキッチンやラナイが広く、使い勝手がよい。1階のショップでは、ちょっとした食料品を購入したり、スノーケルセットが借りられる。

📍P.53-C1　🏠76-6246 Alii Dr.　📞808-329-9381　🛏STU $269 ～、
1BR $289 ～　🛏全154室　💳ADJMV　🌐www.castleresorts.com

目の前の海は遊泳には向かないので、プールを賢く利用したい

コンドミニアム 〔カイルア・コナ〕
大人のリゾートが楽しめる

ロイヤル・シー・クリフ・コナ by アウトリガー
Royal Sea Cliff Kona by Outrigger

カイルア・コナの海沿い、閑静な別荘地帯に立ち、地中海沿岸を彷彿させる白亜の建物が印象的。リビングダイニングやラナイは広々、トロピカルなファブリックと天然素材の家具で統一されたユニットは心地いい。周辺ではゴルフ、フィッシングなども楽しむことができる。

美しい海が一望できるオーシャンフロントの客室

📍 P.53-C1　🏠 75-6040 Alii Dr.　📞 808-329-8021　🛏 STU$539 〜、1BR $565 〜、2BR $765 〜※すべて 2 泊〜　🛏 全 154 室
💳 ADJMV　🌐 jp-hawaiivacationcondos.outrigger.com

コンドミニアム 〔サウス・コハラ・コースト〕
ゴルフコースの中に立つ高級コンドミニアム

アストン・ショアーズ・アット・ワイコロア
Aston Shores at Waikoloa

ワイコロア・ビーチ・リゾート内にあるコンドミニアム。セキュリティゲートがあり、敷地内には、タワービル 4 棟とヴィラ 7 棟が立ち、池をバックにプールが配され静かな時間が流れる。ユニットは天井が高く広々とした空間を確保。高級感ある家具や調度品がしつらえてあるのがうれしい。

大ぶりの家具や調度品がゴージャス

📍 P.61 Ⓓ　🏠 69-1035 Keana Pl., Waikoloa　📞 808-886-5001　🛏 1BR $350 〜、2BR $385 〜※ 4 泊〜　🛏 全 120 室　💳 AJMV
🌐 www.aquaaston.jp

リゾートホテル 〔ワイコロア・ビーチ・リゾート〕
大規模な夢のリゾート世界

ヒルトン・ワイコロア・ビレッジ
Hilton Waikoloa Village

25 万 m² 以上の巨大リゾートホテル。敷地内にはトラム（モノレール）やボートが走り、長い回廊には美術工芸品が並ぶ。熱帯植物が生い茂るビレッジ内には、イルカと触れ合えるドルフィンクエストをはじめ、複数のプールや巨大ラグーン、レストラン、スパ、ショップなど、充実した施設が満載。敷地内だけで過ごしても、十分に南国バカンスを満喫できるリゾート・ワールドだ。

1 超大型のリゾートホテルで夢の滞在を　2 落ち着きあるインテリアでリラックスできる　3 宿泊棟への移動に無料で利用できるトラム（モノレール）やボートに乗るだけで楽しい

📍 P.61 Ⓓ
🏠 69-425 Waikoloa Beach Dr., Waikoloa
📞 808-886-1234　🛏 ツイン $365 〜、スイート $730　🛏 全 647 室　💳 ADJMV
🌐 www.hiltonwaikoloavillage.jp

アイコン凡例: プール ジャクージ フィットネスルーム ゴルフコース割引 スパ テニスコート バーベキュー施設 コインランドリー トラベルデスク 日本語スタッフ キッチン付きルーム ハンディキャップルーム

🦎 コンドミニアム **サウス・コハラ・コースト**

贅沢な南国リゾートを満喫

アストン・ワイコロア・コロニー・ヴィラ
Aston Waikoloa Colony Villas

ヴィラは全室が2階建てのタウンハウス・スタイル。ゴルフコースに沿って立ち並び、さわやかなグリーンが望める。南国スタイルの洗練されたインテリアも魅力的で、ラグジュアリーな雰囲気。まるで住んでいるかのような空間で、ハワイのリゾートを楽しみたい。

広いリビングダイニング。家族やグループでの利用にもおすすめ

📍P.61Ⓓ 🏠69-555 Waikoloa Beach Dr.,Waikoloa 📞808-886-8899
💰2BR $312〜、3BR $358〜(最低3泊〜)
🛏全168室 💳AJMV 🌐www.aquaaston.com

🦎 コンドミニアム **サウス・コハラ・コースト**

ラグジュアリーなステイを満喫

フェアウェイ・ヴィラズ・ワイコロア by アウトリガー
Fairway Villas Waikoloa by Outrigger

ふたつのショッピングモール、白砂のビーチへは徒歩圏というロケーションのよさが魅力的。部屋のインテリアは南国テイストで、統一感のある家具やファブリックを配置。調理タイムが優雅な気分になれるフルキッチンも魅力的。

充実したアメニティが揃うフルキッチン付きの客室

📍P.61Ⓓ 🏠69-200 Pohakulana Pl.,Waikoloa 📞808-886-0036
💰2BR $439〜、3BR $539〜※4泊〜 🛏全165室 💳ADJMV
🌐jp-hawaiivacationcondos.outrigger.com

🦎 リゾートホテル **サウス・コハラ・コースト**

ハワイ王朝時代から続くリゾート地

ワイコロア・ビーチ・マリオット・リゾート&スパ
Waikoloa Beach Marriott Resort & Spa

キングス・ショップス(→ P.140)はホテル正面玄関の目の前、クイーンズ・マーケット・プレイス(→ P.140)までも徒歩数分の好立地。コンテンポラリーな装いのロビーや客室は居心地よく、敷地内で行われるルアウショーが好評だ。ホテルの目の前のビーチから望むサンセットは格別。

マリオットが世界展開するリバイブベッドを導入している

📍P.61Ⓓ 🏠69-275 Waikoloa Beach Dr.,Waikoloa 📞808-886-6789
💰リゾートビュー $559〜、プールビュー $584〜、オーシャンビュー $659〜、オーシャンフロント $699、スイートルーム $999〜 🛏全297室 💳ADJMV 🌐www.marriott.co.jp/KOAMC

🦎 リゾートホテル **サウス・コハラ・コースト**

癒やしの地で過ごすバカンス

ウェスティン ハプナ ビーチ リゾート
The Westin Hapuna Beach Resort

ハワイの人々から「癒やしの聖域」といわれる地に立つリゾートホテル。ハプナとはハワイの言葉で「生命の泉」という意味。ハプナの美しい海を望む客室のラナイで過ごすだけでも、何とも贅沢な気分にさせられるだろう。山側にはゴルフコースが併設されている。

美しいビーチ沿いにプールやジャクージが配されている

📍P.60Ⓑ 🏠62-100 Kauna'oa Dr., Kohala Coast 📞808-880-1111
💰パーシャルオーシャンビュー $829、オーシャンビュー $929、プレミアムオーシャンビュー $999、スイート $1199〜1299 🛏全249室
💳ADJMV 🌐www.westinhapunabeach.jp

🏨リゾートホテル　サウス・コハラ・コースト

贅沢な時間が過ごせる癒やしのリゾート

マウナケアビーチホテル
Mauna Kea Beach Hotel

ローレンス・ロックフェラー氏が建てたホテルで、ハワイ島では珍しい天然の白砂のビーチが広がり、ゴルフコースも併設。レストランやバーからは美しい夕日が楽しめ、ラグジュアリーな時を満喫することができる。プリンスホテルの運営だけに、日本人にとって過ごしやすいリゾートだ。

眺めのよいオーシャンビューデラックスの客室

📍P.60 Ⓑ　🏠62-100 Mauna Kea Beach Dr., Kohala Coast
📞808-882-7222　🛏オーシャンビュー $1600 ～　🛏全 252 室
💳ADJMV　🌐jp.maunakeabeachhotel.com

🏨リゾートホテル　サウス・コハラ・コースト

ビーチ沿いに建つ高級リゾートホテル

ザ・フェアモント・オーキッド、ハワイ
The Fairmont Orchid, Hawaii

世界に名だたるフェアモントホテルならではの、贅沢なステイを約束してくれる。スパやジム、テニスコート、ビーチアクティビティなども完備され、カヌーやスノーケルも楽しめる。またリゾート内にはゴルフコースやショッピングモールもあり、無料シャトルサービスも。

ハワイらしいのんびりとしたステイが楽しめる

📍P.61 Ⓒ　🏠1 N. Kaniku Dr., Kohala Coast　📞808-885-2000
🛏ガーデンビュー $649 ～、オーシャンビュー $759 ～、オーシャンフロントスイート $2039 ～　🛏全 4539 室　💳ADJMV
🌐www.fairmont.jp/orchid-hawaii

🏨コンドミニアム　サウス・コハラ・コースト

オーシャンフロントの贅沢なコンドミニアム

マウナ・ラニ・ポイント
Mauna Lani Point

ゴルフコースの中に建てられた、オーシャンフロントのコンドミニアム。フェアウエイの先には海が見渡せる。ユニットはいずれも豪華で、贅沢な気分にさせてくれる。ルームチャージできるクラブハウスのレストランやラウンジも利用してみたい。敷地内には宿泊者専用のビーチがある。

2BR でどちらの部屋もキングサイズベッドが設置された C202 号室

📍P.61 Ⓒ　🏠68-1050 Mauna Lani Dr., Kohala Coast　📞855-282-6870
🛏1BR 3 泊以上～ $625 ～（変動が多いため下記電話かメールにて問い合わせ）※ジェイバ（03）5695-1643　✉drh@jeiba.co.jp　🛏全
116 室　💳ADJMV　🌐www.destinationhotels.com/mauna-lani-point

🏨コンドミニアム　サウス・コハラ・コースト

高級別荘暮らしを体験する

ジ・アイランズ・アット・マウナ・ラニ
The Islands at Mauna Lani

ハワイでも最高ランクのコンドミニアム。建物は 2 階建てのタウンハウス・スタイルで、ユニットは 2BR と3BR。フル装備のキッチン、ゆとりある寝室など、すべての間取りが余裕をもって設計されている。

入口やガレージが 1 軒ごとに独立、プライバシー重視の造り

📍P.61 Ⓒ　🏠68-1375 Pauoa Rd. Kohala Coast　📞877-686-4315
🛏2BR3 泊以上～ $595 ～（変動が多いため下記電話か e メールにて問い合わせ）※ジェイバ（03）5695-1643　✉drh@jeiba.co.jp
🛏全 46 室　💳ADJMV　🌐www.destinationhotels.com/destination-residences-kona-kohala/our-resorts/the-islands-at-mauna-lani

🏊プール 🛁ジャクージ 🏋フィットネスルーム ⛳ゴルフコース割引 💆スパ 🎾テニスコート 🍖バーベキュー施設
🧺コインランドリー 🧳トラベルデスク 👤日本語スタッフ 🍳キッチン付きルーム ♿ハンディキャップルーム

🏨 **リゾートホテル** 〔サウス・コハラ・コースト〕

ハワイアンテイストあふれるラグジュアリーホテル

フォーシーズンズリゾート フアラライ
Four Seasons Resort Hualalai

古代ハワイアンたちが住んでいたカウプレフに立つラグジュアリーリゾート。オープンエアのロビーは古き時代の面影を損なうことなく、自然と同調する落ち着いたたたずまい。2階建てのバンガローも室内はアースカラーでまとめられ、上品な大人のリゾートを演出している。

落ち着けるプールエリア。早朝の水面はまるで鏡のよう　©Kennedy, Alan／Four Seasons Hualalai

📍P.52-B1 🏠72-100 Ka'upulehu Dr. 📞808-325-8000 ▲ゲストルーム$1630〜、スイート$3490〜 🛏全243室 💳ADJMV
🌐 www.fourseasons.com/jp/hualalai

🏨 **リゾートホテル** 〔ボルケーノ〕

火口淵に立つ歴史あるホテル

ボルケーノ・ハウス
Volcano House

1846年創業の、ハワイ火山国立公園内に立つ有名ホテル。歴史ある建物やインテリアを生かしつつ、ギフトショップやレストランも併設しており、ゲストが快適に過ごせる。クレータービューの客室からは、壮大な火口が一望できるという、まさにハワイ島ならではの体験が楽しめる。

エントランスの暖炉回りも明るい雰囲気
※

📍P.81-2 🏠1 Crater Rim Drive, Hawaii Volcanoes National Park 📞808-756-9625 ▲スタンダード$285、ボルケーノクレータービュー$335、デラックスボルケーノクレータービュー$385 🛏全33室 💳AJMV
🌐 hawaiivolcanohouse.com

※一部あり

🏨 **シティホテル** 〔ヒロ〕

山々と海の眺望を楽しむ

グランド・ナニロア・ホテル・ヒロ・ダブルツリー・バイ・ヒルトン
Grand Naniloa Hotel Hilo- a Double Tree by Hilton

ヒロ東部の半島に立つホテル。フラをテーマにしたロビーや客室は、モダンなデザインのなかにもハワイらしいモチーフが取り入れられ、個性が光る。ビジター利用可能なレストラン「フラ・フラズ」も人気（→ P.115）。

客室にはフラのアートもある
※

📍P.101-A2 🏠93 Banyan Dr., Hilo 📞808-969-3333 ▲スタンダード$182〜、ジュニアオーシャンフロントスイート$331〜 🛏全407室 💳ADJMV 🌐grandnaniloahilo.com

※一部あり

🏨 **シティホテル** 〔ヒロ〕

ヒロらしい、のんびりムードが漂うホテル

ヒロ・ハワイアン・ホテル
Hilo Hawaiian Hotel

風光明媚なバニヤン・ドライブ沿いにあるホテル。長年勤めているスタッフが多く、ヒロらしいアットホームなサービスとゆったりとした雰囲気が信条。頻繁にリノベーションを重ね、部屋はシンプルで清潔にまとめられている。利便性のよさからビジネスマンの利用も多い。

リリウオカラニ庭園やヒロ湾を望むオーシャンビューの客室

📍P.101-A2 🏠71 Banyan Dr., Hilo 📞808-935-9361 ▲ホテルルーム$169〜、スイート$279〜 🛏全286室 💳AJMV
🌐 www.castleresorts.com

あなたの**旅の体験談**をお送りください

「地球の歩き方」は、たくさんの旅行者からご協力をいただいて、
改訂版や新刊を制作しています。
あなたの旅の体験や貴重な情報を、これから旅に出る人たちへ分けてあげてください。
なお、お送りいただいたご投稿がガイドブックに掲載された場合は、
初回掲載本を1冊プレゼントします！

ご投稿はインターネットから！

URL www.arukikata.co.jp/guidebook/toukou.html
画像も送れるカンタン「投稿フォーム」
※左記のQRコードをスマートフォンなどで読み取ってアクセス！

または「地球の歩き方　投稿」で検索してもすぐに見つかります

地球の歩き方　投稿　　　🔍　　検索

▶**投稿にあたってのお願い**

★ご投稿は、次のような《テーマ》に分けてお書きください。

《新発見》───ガイドブック未掲載のレストラン、ホテル、ショップなどの情報
《旅の提案》───未掲載の町や見どころ、新しいルートや楽しみ方などの情報
《アドバイス》──旅先で工夫したこと、注意したこと、トラブル体験など
《訂正・反論》──掲載されている記事・データの追加修正や更新、異論、反論など

> ※記入例「○○編20XX年度版△△ページ掲載の□□ホテルが移転していました……」

★**データはできるだけ正確に。**
　ホテルやレストランなどの情報は、名称、住所、電話番号、アクセスなどを正確にお書きください。
　ウェブサイトのURLや地図などは画像でご投稿いただくのもおすすめです。

★**ご自身の体験をお寄せください。**
　雑誌やインターネット上の情報などの丸写しはせず、実際の体験に基づいた具体的な情報をお
　待ちしています。

▶**ご確認ください**

※採用されたご投稿は、必ずしも該当タイトルに掲載されるわけではありません。関連他タイトルへの掲載もありえます。
※例えば「新しい市内交通パスが発売されている」など、すでに編集部で取材・調査を終えているものと同内容のご投稿をい
　ただいた場合は、ご投稿を採用したとはみなされず掲載本をプレゼントできないケースがあります。
※当社は個人情報を第三者へ提供いたしません。また、ご記入いただきましたご自身の情報については、ご投稿内容の確認
　や掲載本の送付などの用途以外には使用いたしません。
※ご投稿の採用の可否についてのお問い合わせはご遠慮ください。
※原稿は原文を尊重しますが、スペースなどの関係で編集部でリライトする場合があります。

Travel Tips

✈ 旅の準備と技術

トラベルカレンダー ＆イベント情報

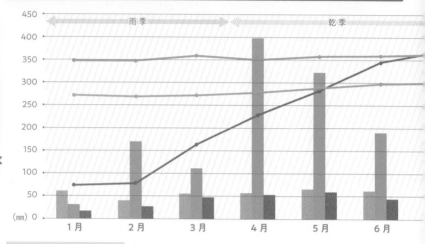

気温・降水量

雨季　　　乾季

450 / 400 / 350 / 300 / 250 / 200 / 150 / 100 / 50 / 0 (mm)

1月　2月　3月　4月　5月　6月

おもなイベント

2月 Feburary

●上旬
ワイメア・チェリー・ブロッサム・ヘリテイジ・フェスティバル

ワイメアにあるカムエラ・リカーからパーカー・ランチ・ヒストリック・ホーム周辺で行われるサクラ祭り。盆栽や折り紙、墨絵、茶道などのデモンストレーションも。

●中旬
ヒロ・チャイニーズ・ニュー・イヤー・フェスティバル

中国の旧正月を祝うお祭り。ヒロのダウンタウン、カラカウア・パークで開催。

3月 March

●中旬
コナ・ブリュワーズ・フェスティバル

約30の醸造所から70種類以上のビールが集まる祭典。25のレストランからの料理も楽しめる。ハワイアン・ミュージックやロック、フラなどのステージも。
🌐 www.konabrewersfestival.com

ビッグ・アイランド・インターナショナル・マラソン

海岸線に沿って南国の植物が茂り、滝や川などがあるコースを走る、世界でも最も景観の美しいマラソンコースのひとつといわれている。ゴールはヒロのベイ・フロント。

●下旬
ラヴァマン・ワイコロア・トライアスロン

ワイコロアで開催。アナエホオマル湾での1.5kmの水泳と、クイーン・カアフマヌ・ハイウエイでは自転車を40km走行。最後は溶岩のオフロードを10km走るレースに、世界中から集まったアスリートたちが挑戦する。参加費は無料。
🌐 www.lavamantriathlon.com/

4月 April

●上旬
メリー・モナーク・フェスティバル

ヒロで行われる、ハワイで最も権威あるフラのコンペティション。パレードや展示、演奏会、フラコンテストなども開催される。コンペティション以外は参加費は無料。
🌐 www.merriemonarch.com

●中旬
アース&オーシャン・フェスティバル

アクティビティや展示などを通じ、楽しみながらハワイの海の環境保全やハワイアンカルチャーについて学ぶイベント。フラやハワイアンミュージックのパフォーマンスなども楽しめる。ケアウホウ・ビーチ・リゾートで開催。

5月 May

●上旬
カウ・コーヒー・フェスティバル

ハワイ島南部のカウ地区で栽培されているコーヒーを広めるイベント。テイスティングや農場見学ツアーなどが行われる。フラのパフォーマンスやライブミュージックショーなども開催。
🌐 kaucoffeefestival.com

6月 June

●中旬
キング・カメハメハ・デイ・セレブレーション

カメハメハ・デイ恒例のパレード。花々で色とりどりに飾り付けされた山車が楽しい。ヒロ・ベイにて。また、生誕地のノース・コハラでも、大王像にレイをかけ、パレードが行われる。

アロハ・ケイキ・ラン

コナ・マラソンの一環として開催

アドバイス

旅行代金は1月第1週はかなりの金額になるので、狙うなら第2週以降から2月いっぱい。天候は連日雨が降ることもあるので雨具があると安心。

春休み終了からゴールデンウイークが始まる1週間ほど前までは、比較的穴場の時期。4月になると安定して晴れが多くなってくる。

ゴールデンウイーク後から旅行代金はぐっと下がり安値安定。そのためか、意外と旅行客が多いのでホテルは埋まりがち。

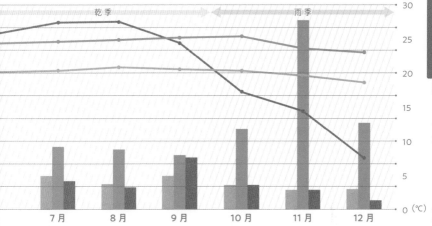

ハワイ島の主な年間イベントをご紹介。なおイベントは2023年4月現在のもの。変更の可能性があるのでご注意を。

凡例:
- カイルア・コナの月降水量（mm）
- ヒロの月降水量（mm）
- 東京の月降水量（mm）
- カイルア・コナの月平均気温（℃）
- ヒロの月平均気温（℃）
- 東京の月平均気温（℃）

乾季 / 雨季

7月　8月　9月　10月　11月　12月

される、子供のためのレース。参加年齢は1～15歳で参加費用は$15。レース以外に家族で楽しめるイベントを開催している。

●下旬
コナ・マラソン
1994年から続くマラソン大会。フルマラソンのほかにハーフ、10km、5kmのコースもあり、自分のレベルに合ったチャレンジができる。ウオーキングや車椅子での参加も可能。
🌐 konamarathon.com

7月　July

●上旬
独立記念日フェスティバル
アメリカ独立記念日には、各所でさまざまなイベントを開催。有名なのはヒロのダウンタウンで行われるエンターテインメントショー。

8月　August

●上旬～中旬
ハワイアン・インターナショナル・ビルフィッシュ・トーナメント
コナで開催される、世界最大のカジキマグロのトローリング大会。超大物のカジキマグロを目指して

多くのボートが競い合う。
🌐 www.hibtfishing.com

●下旬～10月中旬
アロハ・フェスティバル（ワイキキ）
コンサート、パレード、エンターテインメントなどが各地で繰り広げられるハワイ最大のお祭り。

9月　September

●上旬
クイーン・リリウオカラニ・カヌー・レース
コナで開催される世界最大の長距離カヌーレース。主催はカイ・オプア・カヌー・クラブ。1929年にスタートした歴史あるレースで、世界各国から参加者たちが集まる。期間中にはトーチ・ライト・パレードなども行われる。
🌐 www.qlcanoerace.com

10月　October

●中旬～下旬
ハワイ・フード・アンド・ワイン・フェスティバル
ハワイ最高の食材を使った料理が楽しめる食のイベント。80名を超えるシェフのほか、ソムリエやワイン醸造家たちが集まる。期間中は

さまざまなイベントが開催される。
🌐 hawaiifoodandwinefestival.com

11月　November

●上旬
コナ・コーヒー・カルチュラル・フェスティバル
1970年より毎年開催されているコーヒーのお祭り。コーヒー豆のピッキング・コンテスト、即売、ミス・コナ・コーヒー選考会など各種エンターテインメントも。

12月　December

●上旬
ワイメア・クリスマス・トワイライト・パレード
毎年恒例のパレード。ワイメアのチャーチ・ロウからパーカー・ランチ・ショッピングセンターまでを歩く。

クリスマス・アット・ケアウホウ・ショッピングセンター
12月上旬からクリスマス直前まで、ケアウホウ・ショッピングセンターでライブ演奏やサンタクロースとの撮影会など、さまざまなイベントが行われる。
🌐 www.keauhoushoppingcenter.com

夏休みに向けて徐々に代金は上昇し、8月中旬はピークとなる。観光客で混雑する時期。天気は安定している。

9・10月は6月同様、旅行代金は手頃になり、気候も安定していて過ごしやすいですが、急なハリケーンが発生し影響を受けることも。夏休みを避けた旅行者が多い。

11月は年間で旅行代金が最も安くなる時期だが、天候が不安定。12月の第2週の終わりから金額は上がり続ける。

旅の情報収集

🌺 出発前の情報収集

● インターネット

　今や事前の情報収集はインターネット利用が当たり前。ただ、ハワイ関連のサイトは、それこそ星の数ほどあり、グーグルやヤフーなどの検索エンジンを利用しても、自分が本当に欲しい情報にたどり着くまでにひと苦労してしまう。そのようなときは、手始めにハワイ州観光局のホームページにアクセスしてみよう。

● ハワイ州観光局公式サイト

　ハワイ州観光局が運営する「ハワイ州観光局総合ポータルサイト allhawaii」ではハワイの基本情報から旅の文化、現地の動画や最新情報までありとあらゆる情報

ハワイ州観光局のハワイ島ページ

を網羅している。最新の旅の渡航状況なども日々アップデートしているので、チェックしてみるといいだろう。

🌺 現地での情報収集

● タウン誌

　オアフ島の場合、ワイキキを歩いていると専用ボックスに入った無料の情報誌をよく見かける。

　ハワイ島では、さすがに町なかで専用ボックスを見かけることはないし、日本語の情報誌もほとんど見かけることはない。しかしながら、空港の到着出口に専用の棚が設けられ、情報誌やツアーのパンフレット（英語）が並んでいる。特にビジターズガイドや、エリアごとに分かれたレストラン情報誌が多い。空港に到着したら、まずはこれらを集める。これがハワイ島での情報収集の始まりだ。また、ホテルなどにも置かれていることが多い。

● とにかく町を歩く

　お店があまりないエリアでは別だが、カイルア・コナやヒロといった繁華街のにぎわう場所では、まず歩いてその土地の空気と匂い、そこに暮らす人々の表情などを見てみるといい。それだけで、なんとなくその町の特徴が見えてくるはずだ。もちろん、事前情報を調べていくのも重要だが、あてもなく自分の足で歩いて気になる店を探してみるというのは、言わずもがな旅の醍醐味。あとは店の店主やホテルのコンシェルジュといった現地で働いている人に、おすすめのレストランやショップを聞いてみるというのも手だ。

ハワイ州観光局
🏠 東京都千代田区一番町29-2 新興ビル 1F
📞 03-6261-3418
🕐 電話受付 10:00 ～ 13:00
🚫 土・日曜、祝日、ゴールデンウイーク、年末年始

渡航先で最新の安全情報を確認できる「たびレジ」に登録しよう
■外務省の提供する「たびレジ」に登録すれば、渡航先の安全情報メールや緊急連絡を無料で受け取ることができる。出発前にぜひ登録しよう。
🌐 www.ezairyu.mofa.go.jp/index.html

公益財団法人日本交通公社「旅の図書館」
■観光の研究や実務に役立つ専門図書館。地図やパンフレット等の配布はなく、旅行の相談や問い合わせも不可だが、資料の閲覧やコピー（有料）は可能。
🏠 東京都港区南青山 2-7-29 日本交通公社ビル
📞 (03) 5770 -8380
🕐 10:30 ～ 17:00
🚫 土・日曜、毎月第 4 水曜、年末年始、その他
🌐 www.jtb.or.jp/library
※蔵書検索可能

チェックしたいおもなウェブサイト
・ハワイ州観光局
🌐 www.gohawaii.jp/ja
・ハワイ州観光局総合ポータルサイト allhawaii
🌐 www.allhawaii.jp

・地球の歩き方 web
🌐 www.arukikata.co.jp
「地球の歩き方」公式サイト。ガイドブックの更新情報や、海外在住特派員の現地最新ネタ、ホテル予約など旅の準備に役立つコンテンツ満載。

CHECK カイルア・コナ（100.3）やワイメア（99.1）のエリアで流れるカバ・ハワイアン FM はハワイアンミュージックを中心としたラジオ。途中でハワイ島の最新ニュースなども流れるので、レンタカーを利用する際はぜひ聞いてみて。

🌼 旅行シーズンの設定

　滞在期間に関係なく、ハワイ島旅行プランの第一歩は旅行時期の設定だ。ハワイ島を常夏の島、と誤解している人がいるかもしれないが、日本ほど寒暖の差はないもののハワイ島にも季節がある。11〜3月は比較的雨が多く、朝晩は少々冷え込んで上着が必要なほど。逆に夏場は、日本でいうところの真夏日が続くこともある。また同じ島内でも場所によって天候が異なり、ひと言でハワイ島のシーズンといっても非常にバリエーション豊かだ。特に標高の高い山の多いハワイ島では、場所によって寒暖差があることも。キラウエア火山のあるハワイ火山国立公園へ出発する前は、半袖短パンだったのに、公園内に到着すると上着が必要なほど気温が下がっている。

　ただハワイは1年を通し、過ごしやすい気候であることは間違いない。どの島でも、日中はほぼ毎日、海で泳いで気持ちいいと感じる水温だし、各島とも南西部に立地するリゾートエリアであれば、北東から吹く**トレードウインド（貿易風）**のおかげで真夏でもカラッとしている。夜はエアコンなしで熟睡できるさわやかさだ。この快適な気候が、ハワイが世界中からの旅行者を魅了してやまない理由のひとつなのだろう。

🌼 旅行業界のシーズナリティ

　さてシーズン的には上記のとおりだが、ハワイは観光業が第一産業であるだけに、旅行業界の思惑が反映された「シーズナリティ」というもうひとつの季節が存在する。つまり、人が集まる時期は何事も高くつくという、需給バランスがあるのだ。

　ハワイ島における**ピークシーズン（最も混み合う時期）は、12月（特にクリスマス前）から3月まで**。この時期は、アメリカ本土やカナダからの避寒客や、農閑期のため農家からの旅行者がハワイに押し寄せる。それも比較的長期の滞在なので、ホテルやコンドミニアム料金は1〜2割ほど高くなる。

　また7〜8月は、日本から夏休みを利用して訪れる旅行者が増えるため、ホテルによってはピーク（ハイ）シーズン同様の料金設定をしている場合がある。

マウナ・ケアの星空ツアーは天候が安定している夏季がおすすめ

ピークシーズンにハワイに行くなら
■年末年始、夏休みに確実に予約を取るなら、ペックス運賃（PEX）（→ P.198）を検討してみよう。半年前から予約が可能。しかも座席が指定できるので、好みの席をおさえられる。もし予約していた日に行けなくなっても、日程の変更が可能だ。また、この時期はパッケージツアーの予約が困難で、格安航空券も割高になる。ペックス料金とホテル代で結局は安上がりになることもある。

どこの旅行会社が安い？
■一概にどことはいえないのが現状。なかにはキャンペーン中で通常よりかなり安かったということもある。2〜3の会社に連絡をして金額を聞いてから検討してみよう。手配旅行なら格安航空券とペックス運賃を比較してみよう。

旅行プランを立てる前に
■以下のことは最低決めておきたい。
①全体の日数は何日か
現地でのスタート日と日本への帰国日を決めておく。
②誰と行くのか
友人や恋人、家族など誰と行くかによって、行動範囲も決まってくる。
③行きたい場所を検討する
それにより、交通手段など旅のスタイルも変わる。

コーヒーは8〜1月の約6ヵ月間が収穫期となる

初めての海外旅行なら、パッケージツアーが安心

パッケージツアーの長所
■短期間の滞在でホテルのグレードにこだわらないなら、パッケージツアーのほうが安いことが多い。
■最近のパッケージツアーは、往復航空券とホテルだけをセットしたものが主流で、自由に行動できる時間が多い。
■人気の高いホテルの利用階や客室を選べたり、子供半額などはパッケージツアーならでは。

パッケージツアーの短所
■ツアーに付き物の市内観光も初めてならいいが、リピーターにとっては苦痛そのもの。時差ボケで疲れているのにあちこち連れ回される（市内観光がついていないP.T.もある）。
■市内観光とセットになっているウエルカムランチは、はっきりいっておいしくないことが多い。
■オプショナルツアーを積極的に売り込まれ、申し込んだら実は割高だったということもある。

個人手配旅行の長所
■自分で航空チケットを購入し、ホテルを予約する手配旅行のほうが、希望を満たしやすく、より満足度の高い旅となる。
■特定の希望がある場合、10日間以上の中長期滞在ではパッケージツアーより割安になることもある。
■希望する部分を思いどおりにグレードアップしたり、費用を節約することができる。

個人手配旅行の短所
■あれこれ予約をして、すべての費用を合計すると意外に金額がかさんでいたりする（特に短期間旅行や子供が一緒の場合）。

✿ 旅行スタイルはどうする？

さて、旅のプランニングのうえでまず決めたいのが、パッケージツアーで行くか、あるいは個人旅行（自分で航空券などを予約・購入する旅行、詳細はP.198）で行くのかを決めることだ。

◉ やっぱり安いパッケージ旅行

予算がふんだんにある人はファーストクラスを使い、一流のホテルに泊まればよいが、ほとんどの人はそんなことは言っていられないだろう。限られた予算のなかで、なるべく安く、しかも自由な旅をしたいのなら、やはりパッケージツアー（以下P.T.）がおすすめだ。

P.T.を推薦する第一の理由は旅行費用。1週間から10日間くらいの旅行期間でホテルを問わないなら、どんな格安航空券（後述）が手に入ったとしても、ホテル代を考えたらP.T.で行ったほうが安いことが多い。第二の理由は、P.T.内容の多様化。ハワイのP.T.企画に関しては往復航空券とホテル代がセットされたものが主流。観光や食事などはすべてオプショナル化し、残りのスケジュールは自由行動。しかもさまざまなバリエーションがあって、自分の好きなように旅をアレンジできる「オーダーメイドのP.T.」の人気が高い。

さらにバッジに荷物用タグ、日程表、ガイドブックまでもらえ、海外旅行傷害保険への加入、帰国便のリコンファメーション（予約確認）などの手続きも旅行会社で代行してもらえるという利点もある。

◉ ハワイ島へのツアー

ハワイ島へのP.T.は大きく分けて

１ハワイ島+ホノルル滞在
２ハワイ島のみ滞在（ホノルルは乗り継ぎのみ）

の2種類。日程は１の場合、6日間ならハワイ島2泊+ホノルル2泊、7日間ならハワイ島3泊+ホノルル2泊（あるいはその逆）のパターンが人気のようだ。２で6日間なら、ハワイ島にゆっくり4泊できる。ただ、上記はごく一般的なパターンで、最近のP.T.は自由自在。28泊30日の長期滞在などなど、気分的には手配旅行と変わらない個性的なツアーを組めるようになっている。

◉ パッケージツアーの選び方

まずどこの航空会社を利用しているか。成田空港からならほとんどの航空会社の便が出ているが、地方空港から、となるとおのずと利用航空会社や出発便の時刻が限られてくる。

特に希望の航空会社がなく、飛行機は単なる移動手段だと割り切れば、P.T.選びはホテルによって判断するというのもアイデアだ。ホテルのよい悪いによって旅の印象は大きく違ってくるから、宿泊施設選びは慎重に。ホテルの立地、部屋のタイプ、グレード、キッチンの有無など、親切に教えてくれる旅行会社を選びたい。また、ハワイ旅行者の経験談を聞くのも効果的。個人の旅行記のSNSも参考になるだろう。

190 ✿ CHECK 2023年4月現在、日本からハワイ島への直行便は運休中のため、必ずホノルルで乗り換えることになる。せっかくなら、ホノルルで数泊滞在するということも考えたい。その場合はやはり個人手配旅行のほうが使い勝手がいい。

旅の予算とお金

❀ 旅行中のおもな支出

旅行中にいくらぐらいお金を使うのかは大きな問題。ここでは、大まかな旅行費用を算出してみよう。どれだけ現金を用意すればいいかも見えてくる。ハワイ旅行では「買い物だけ」などと、ひとつのスタイルにとらわれず、いろいろなことを体験するほうが楽しい。ケチケチでもなく、かといって浪費するのでもなく、バランスの取れたお金の使い方を心がけたいもの。

◆宿泊費

パッケージツアーならすでに旅行代金に含まれているが、個人旅行の場合は宿泊料金がかかる。ユースホステルからデラックスなホテルまでさまざま（→P.172）だが、中級クラスだと1泊1部屋$250～300くらい。

◆食事

中・上級クラスのレストランなら朝食$20～、昼食$30～、夕食$50～はかかるだろう。ファストフードやフードコートで食べれば、ボリュームたっぷりで$15前後。しかし、安いからといってファストフードばかりではせっかくの旅行なのにもったいない。メリハリをつけてバランスよく楽しみたい。コンドミニアムに宿泊しているなら、スーパーで食材を買って自炊するのも安上がりで楽しい。

◆観光

現地でツアーに参加したり、観光名所の入場料を支払うためのお金。また、エステ、ゴルフなどを考えている人もいるだろう。こちらの費用は人によってかなり異なるところ。

◆交通費

オアフ島であれば、ザ・バスを利用すれば島中を安く移動できる。しかし、ハワイ島では、公共の交通機関はザ・バスほど便利ではないため、タクシーやレンタカーを利用することが多くなる。ホテルで過ごす日、レンタカーで観光する日など、スケジュールにメリハリをつけると効率的だろう。個人旅行なら、オアフ島からの飛行機の航空運賃がかかる。

◆その他

おみやげ、雑誌、お菓子などは、旅行中、意外に出費がかさむもの。おみやげリストやショッピングリストを作って、無駄遣いしないようにしたい。

❀ 通貨の種類

アメリカの通貨の基本単位はドル（US$）とセント（¢）。1ドル＝100セント。硬貨の金種は、1セント（ペニー）、5セント（ニッケル）、10セント（ダイム）、25セント（クオーター）が一般に流通している。50セント（ハーフダラー）、1ドル（シルバーダラー）

日本円も用意しよう
■日本の空港までの交通費（車なら高速代、駐車料金）。
■空港での食事代。
■免税店での買い物代（ただしクレジットカードも使用できる）。
■帰国後の交通費、食費など。

ハワイの州税
■モノを買えば、Tax（税金）がかかるのはハワイも同じ。ハワイ州の場合、約4.166%（オアフ島は約4.712%）の州税が加算される。なお、ハワイ州では「TAXリファンド」のような観光客への税金還付制度はない。

COLUMN

貴重品の持ち歩き方

いちばん安全なのは必要最低限しか「持たない」こと。パスポート、現金、航空券、ホテル、レンタカーのバウチャーなどをホテルの金庫にしまっておく。携帯するのは、多少のお金とクレジットカード、そして身分証明のためにパスポートのコピーを財布に入れておこう。これならかさばらず、本人の年齢証明にもなる（お酒を買うときなどに使えることがある）。

CHECK ハワイに到着してすぐに必要になる現金は、シャトルバスやタクシー料金、ホテルにチェックインして荷物を運んでもらったときのチップなど。$1や$5、$10紙幣を用意しておくとスムーズ。

安心感なら国際キャッシュカード
■国際キャッシュカード利用の場合、利用ごとにかかる手数料（各銀行によって異なる）や両替手数料のほか、ネットワーク接続手数料が必要な場合があり、実際は現金に両替していったほうが得な計算になるケースが多い。だが、手数料のわずかな差に比べれば、安心感が大きなメリットだと思われる。

成田国際空港で両替
■成田国際空港の第1、第2、第3ターミナルそれぞれに銀行がある（日曜も営業）。時間がない人はここで現金の両替をしよう。ただし時間帯によってはかなり混み合う。そんなときは「到着ロビー」の銀行へ。出発ロビーと比べると比較的すいている。

ID の提示と暗証番号
■クレジットカードの使用時、パスポートなどのID（身分証明書）の提示を求められることがあるので注意。また、ICチップの入ったクレジットカードの場合、サインだけでなく PIN（暗証番号）の入力を求められるので、日本出発前にカード発行金融機関に確認を。

おもなクレジットカードの日本の窓口一覧
■エポスカード（VISA）
☎（03）3383-0101（東京）
☎（06）6630-0101（大阪）
🌐 www.eposcard.co.jp
■JCB カード
FREE 0120-015-870（入会案内専用）
☎ 0570-015-870（携帯電話から）
☎ 0120-794-082（紛失盗難受付）
🌐 www.jcb.co.jp

もあるが、米国本土でもカジノ以外ではめったに目にしない。紙幣は1ドル、5ドル、10ドル、20ドル、50ドル、100ドルが一般に使用されているが、日常的なのは20ドルまでで、小さな店などでは100ドル紙幣の扱いを拒否されることもある。

🌸 現金

　ハワイでは、空港の両替所、ホテルのフロント、銀行、「Exchange」と書いてある両替所で日本円をドルに替えることができる。ただし、一般的に日本で両替する場合よりレートが悪い場合が多い。といっても、安全性や利便性を考えて手持ちの現金は最低限にしたい。到着してすぐ必要になる分を用意しておけばよいだろう。空港でのカート代、公衆電話に使う小銭、ホテルまでの交通費、ホテルに着いてポーターに荷物を運んでもらったときのチップなど。＄30 ～ 50あれば十分。

　日本では、外国為替公認銀行や郵便局で手に入れることができる。出発までに両替できなかった場合は、日本国内の空港内や到着後ホノルル空港内の銀行で両替するといい。外貨両替の際には、使いやすい1、5、10、20ドル紙幣を中心に組み合わせを工夫したい。

◆国際キャッシュカード

　海外でも自分の口座からお金（現地通貨）を引き出せる。利用金額はリアルタイムで引き落とされ、残金はそのまま日本円で残る。残高がなくなっても、日本にいる家族に入金してもらうことが可能だ。カードには、旅行前に入金して海外だけで利用できるタイプと、海外と日本の両方で利用できるものがある。また、発行手数料、利用手数料、1日の引き出し限度額など、銀行によって条件やサービスは異なる。詳細はカード発行金融機関まで。

🌸 旅の必需品クレジットカード

　クレジットカード（以下カード）先進国であるアメリカでは、日本以上にカードを持っていることで重宝することが多い。逆にカードを携帯していないと不利益を被ることさえあるのだ。もしカードを持っていないのなら、ハワイ旅行を機会に取得するといい。

◆カードのメリット

　まず、多額の現金を持ち歩かなくてもいいという安全性がある。仮に盗難に遭っても、すぐにカード発行金融機関に届け出れば実害はほとんどないし、日本帰国後に再発行してもらえる（現地で仮カードを発行してくれるカード会社も）。そして旅行中、万一所持金が底をついたら……という心配から解放されることも大きなメリット。

　次に両替のロスが少ないこと。そして、カードがID（身分証明）として利用できること。レンタカーを借りるときは必ずカードの提示を要求されるが、これはカードによる支払いを求められているのではなくて、カードを持っていることが社会的な信用を表しているということなのだ。カードがないと高額のデポジット（保証金）を要求されるし、25歳未満は借りられない車種がある場合も。また、

CHECK ハワイ島ではほとんどのホテルで、クレジットカードの提示を求められる。ホテルによってはデポジットの支払いがカードのみというところもある。必ず1枚は所持しておきたい。

ホテルの予約もカードがあれば手続きが簡単だし、個人旅行の場合でも、日本でホテル代を全額払っていたとしても、チェックインの際、カードの提示をデポジット代わりに要求される。

ほかにも特定のレストランや店での割引があったり、海外旅行傷害保険がカードそのものに付帯していたり、緊急時に日本語救援サービスが受けられたり、付加価値の充実もカードの魅力のひとつ。また、利用のたびに控えが手元に残るので、支出額のチェックがしやすい。レストランで支払いの際、伝票にチップのぶんも書き込めば、いちいち小銭の用意をしなくても済むなど、カードはうまく利用すれば、かなりの便利物だ。

◆どのカードを選ぶか

財布の中に1枚か2枚のカードが入っているという人が多いと思うが、ハワイで普及率が高いのはVISA、マスターカード、アメリカン・エキスプレス、JCBなど。特にVISAとマスターカード、JCBは加盟店も多く、利用価値は高い。

近年では、カード発行金融機関とさまざまな企業、団体などとの提携が多く、提携カードの発行によるカード会員の獲得競争が激しくなっている。それだけ付帯サービスが充実しているということだから、カードを選ぶときは資料を取り寄せて検討したい。カードの申し込みから発行までには通常3週間から1ヵ月程度かかるので、早めに手配しよう。

✿ 海外用トラベルプリペイドカード

日本円を事前にチャージしておき、海外のATMで引き出したり、クレジットカード同様にショッピングが可能なカード。ウェブで利用明細をチェックできるほか、紛失時はカードの使用をオンラインで停止することができる。家族など指定された第三者からの入金も可能なので、語学留学をする人にもおすすめだ。通常、郵送で1週間、発行会社によってはカウンターで即時発行が可能なところもあるので、急な旅行にも対応しやすい。

◆デビットカード

使用方法はクレジットカードと同じだが支払いは後払いではなく、発行金融機関の預金口座から即時引き落としが原則となる。海外のATMで現地通貨を引き出すことも可能。クレジットカードと違い審査がなく、一般的には16歳以上ならば申し込みができる。また、銀行口座残高内であれば利用上限がないので、長期滞在や大きな買い物の予定がある人にもおすすめ。発行金融機関によっては、利用明細が即時にメールで届くサービスを行っているところもあるので、予算管理がしやすいというメリットも。ただし発行には1～2週間程度かかるので、早めに申請したい。

◆海外専用プリペイドカード

海外専用プリペイドカードは、多くの通貨で日本国内での外貨両替よりレートがよく、カード作成時に審査がない。出発前にコンビニATMなどで円をチャージ（入金）し、入金した残高の範囲内で渡航先のATMで現地通貨の引き出しやショッピングができる。各種手数料が別途かかるが、使い過ぎや多額の現金を持ち歩く不安もない。

カード利用の注意事項
■いちばんありがちなのが、サインひとつで済む気軽さからカードを使い過ぎ、あとから請求書を見て真っ青、という救済パターン。ホテル代やまとまった買い物はカードで、それ以外は現金で、というようにうまく組み合わせて使い分けよう。また、そのお店で自分の持っているカードが使えるかどうかはあらかじめ確かめておくと安心。オプショナルツアーはカードが使えないことも多い。せっかくカードを持っていったのに、期限が切れていて使えなかったということも。出発前に必ずチェックをして、ついでに会員番号をメモしておこう。

デビットカード発行会社
■JCB
🌐 www.jcb.jp/products/jcbdebit

■VISA
🌐 www.visa.co.jp/pay-with-visa/find-a-card/debit-cards.html

おもな海外専用プリペイドカード発行会社
■アプラス発行
「GAICA ガイカ」
🌐 www.gaica.jp

「MoneyT Global マネーティーグローバル」
🌐 www.aplus.co.jp/prepaidcard/moneytg

■トラベレックスジャパン発行
「Multi Currency Cash Passport マルチカレンシーキャッシュパスポート」
🌐 www.travelex.co.jp/product-services/multi-currency-cash-passport

カードの為替レートは?
■為替市場の仲値を参考に国際カードブランドが定めるレートで、ここにカード手数料が加わる。

オアフ島アラモアナセンターにある ATM

出発までの手続き

● 旅券（パスポート）とは

5年用（左）と10年用（右）

パスポート（一般旅券）とは、外国へ旅行する日本国民に対して、日本政府がその旅行者の国籍、身分などを証明するために発行するもので、これを持たないで海外旅行をすることはできない。同時に旅行者が安全に旅行するために、また必要があれば保護してもらうために、外国の官憲に要請する公文書でもある。だから、旅行者は外国にいる間は常にパスポートを携行し、要請があれば提示しなければならない。

パスポートには発行日から「5年間有効」と「10年間有効」の2種類があり、いずれかを選ぶことができる。ただし、20歳未満は容姿の変化が激しいため、取得できるのは5年旅券のみ。なお、申請は住民登録をしている都道府県のパスポート申請窓口で行う。

● 代理人申請

旅券申請は本人以外の代理人でも手続きすることができる。ただし、紛失や盗難、刑罰関係に該当する場合は本人のみ。旅券申請の代理を認められるのは配偶者、2親等の親族、旅行業者のほか、申請者が指定した人でもOK。また、代理人が申請する場合でも、申請書にある「所持人自署欄」と「申請者出頭免除申出書」には本人の署名が必要。代理人についても運転免許証、健康保険証などの身元確認書類1通が必要になるので忘れずに持参を。

● 未成年者の申請

親のパスポートに併記する制度は廃止されたため、年齢に関係なくひとり1冊パスポートが必要。申請書の「法定代理人署名欄」には父母、または後見人が署名する。

● 有効期間内の切り替え

(1) パスポートの残存有効期間が1年未満、(2) 記載事項の変更、(3) 査証欄の余白が少なくなった場合は、有効期間内であっても所持しているパスポートを返納して、新規に発給申請できる。

❀ 旅券申請に必要な書類

■ 一般旅券発給申請書1通

ダウンロードした申請書、または各都道府県のパスポート申請窓口にある申請用紙に必要事項を記入し、写真を貼って提出する。

CHECK 2023年3月27日に改正旅券法が施行され、旅券申請は戸籍抄本では受理されなくなった。必ず戸籍謄本を提出するようにしよう。

5年用と10年用では用紙が違うので注意。

❷戸籍謄本1通

6ヵ月以内に発行されたもの。本籍地の市町村の役所で発行してくれる。有効期間内の切り替え申請の場合、氏名、本籍などに変更がなければ提出の必要はない。

❸住民票1通

6ヵ月以内に発行されたもので、本籍が入っているもの。住民登録をしてある市町村の役所で発行してくれる。

ただし住基ネット（住民基本台帳ネットワーク）を運用している地域では、原則として住民票は不要。

❹写真1枚

6ヵ月以内に撮影したもの。サイズは縦45mm×横35mm。背景無地、無帽正面向き、上半身。白黒でもカラーでもよい。

❺申請者の身元を確認するための書類（1通）

運転免許証、マイナンバーカード（個人番号カード）、または以前に取得した旅券、船員手帳、海技免状、宅地建物取引士証、無線従事者免許証、官公庁職員身分証明など本人の写真が貼付された身分確認の書類。写真の付いていない身分証明書については欄外（a）と（b）から各1通、または（a）から2通（（b）から2通は不可）。

切り替え申請の場合は必要ない。

❻前回取得したパスポート

過去にパスポートを取得している人は持参する。切り替え申請の場合も同様。

🌸 受け取りには必ず本人が出向く

申請時に渡された引換書に記載された引き取り日から6ヵ月以内に、必ず本人が旅券課に出向く。申請から受領までの期間は、休日・祝日を除いて1週間から10日間。

受け取りに必要な書類は申請時に渡された受理票（受領書）。手数料は旅券課で収入印紙と都道府県で定めた証紙を購入のうえ、受理票（受領書）の貼付欄に貼ってから窓口に提出する。

①新規・切り替えの場合	5年間用旅券	1万1000円
	10年間用旅券	1万6000円
②申請日現在12歳未満の場合	新規	6000円

🌸 ESTAの取得

2009年1月12日から、米国へ渡航する場合、ビザ免除プログラム（90日以内の観光または商用ならビザを取得しなくても渡航できる制度）を利用するすべての渡航者は、事前に「電子渡航認証システム／ESTA（Electronic System for Travel Authorization）」により、渡航認証の取得が義務化された。これにより、I-94W（査証免除）カードの提出は廃止されている（米国本土での陸路入国を除く）。

この申請はオンラインで行われ、日本語でも利用することができる。遅くとも出発の72時間前までには申請を完了させ渡航認証

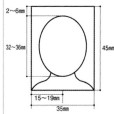

パスポート用顔写真のサイズ

2～6mm
32～36mm
45mm
15～19mm
35mm

写真の付いていない身分証明書
（a）健康保険証、国民健康保険証、国民年金手帳（証書）、厚生年金手帳（証書）、共済年金・恩給等の証書、共済組合員証、申請書に押印した印鑑と印鑑登録証明書（b）会社の身分証明書、学生証、公の機関の発行した資格証明書（いずれも写真の貼付されたもの）

パスポートに関する注意
■国際民間航空機関（ICAO）の決定により、2015年11月25日以降は機械読取式でない旅券（パスポート）は原則使用不可となっている。日本ではすでにすべての旅券が機械読取式に置き換えられたが、機械読取式でも2014年3月19日以前に旅券の身分事項に変更のあった人は、ICチップに反映されていない。渡航先によっては国際標準外と判断される可能性もあるので注意が必要。
🌐 www.mofa.go.jp/mofaj/ca/pss/page3_001066.html

忙しい人に朗報
■パスポートの申請の際、窓口で申請書を記入する時間がないなど、忙しい人に朗報。2018年10月1日より、インターネット上からPDF形式の申請書をダウンロードできるサービスが登場した。プリントアウトして、時間があるときに記入できる。また、2023年3月27日に改正旅券法が施行された。これにより、旅券の残りの有効期間が1年未満で、旅券の記載事項を変更しない場合に新たな旅券の発給を申請する、いわゆる切り替え申請の場合には、電子申請が可能となる。さらに、大規模な災害に際して旅券手数料の減免が可能となるほか、電子申請の場合のクレジットカードによる手数料のオンラインでの支払いも順次可能となる。詳細は
🌐 https://www.mofa.go.jp を確認。

ESTA 関連のウェブサイト
■ ESTA トップページ
🌐 https://esta.cbp.dhs.gov/
■「地球の歩き方」編集室 ESTA（日本語版）記入の手引き
🌐 www.arukikata.co.jp/web/article/item/3000834/
■米国大使館 ESTA 申請公式ウェブサイト
🌐 https://jp.usembassy.gov/ja/visas-ja/

偽 ESTA に注意
■サイト検索などを通じ、間違って偽 ESTA サイトより登録をしてしまう事例が報告されている。後日、$70 ～ 100 の手数料が請求されるようだ。くれぐれも正しい URL（🌐 https://esta.cbp.dhs.gov/）から、オンライン申請しよう。

の取得を受けることが推奨されている。インターネット環境がない場合は、旅行会社などが行っている代理申請サービス（有料）を利用するといい。

申請内容は氏名、生年月日、性別、国籍、住居国、旅券番号、航空機便名、搭乗地、米国滞在中の住所など。一度登録し認証されると2年間有効で、有効期限内であれば複数回の入国も可能だ。ただし、パスポートを更新した場合は再登録が必要となる。また、事前認証されても、米国への入国を保証するものではない。申請には＄21の手数料がかかり、クレジットカードでの支払いとなる。

なお『地球の歩き方』Webでは実際のESTA申請画面をもとに認証完了までのプロセスをわかりやすく解説しているので、ぜひ活用してほしい。

❀ ESTAの申し込みトップ画面（日本語版）

これが ESTA 申し込みのトップ画面。必ずここから申し込みを

申請する人のパスポート情報を入力する

個人情報では住所や電話番号、両親の名前や勤務先の住所を入力

渡航先や滞在先の住所、適格性に関する質問に答えて、支払い入力へ

━━ COLUMN ━━

顔認証ゲートでスマートに出入国審査

顔認証ゲートとは、専用端末に IC パスポート内の画像を読み込ませ、実際にその場で撮影した顔の画像と照合させるだけで出入国ができるシステムのこと。従来の有人カウンターでの審査はなくなっており、ディスプレイの表示に従って、簡単な操作をするだけなので、ストレスのないスムーズな出入国が可能になった。パスポートを所持していて、身長135cm 以上、ひとりで機械操作を行えれば誰でも利用できる。スタンプは省略されるが、ゲートを通過したあとに係員のいるカウンターに行けば押印してくれる。

自動化ゲートは、成田国際空港、羽田空港ほか各空港に設置されていて、事前登録は不要。

🦋 海外旅行傷害保険

海外旅行中に起きたけがや病気の医療費、盗難に遭ったときの補償、自分のミスで他人の物を破損したときの補償、その他旅行中に発生するアクシデントなどを補償する保険。旅行中は何があるかわからないものだから、ぜひ加入しておきたい。

● 保険の種類

「基本契約」と「特約」に大別される。基本契約には、「傷害死亡・後遺障害保険」と「傷害治療費保険」があり、旅行中の傷害による死亡や治療費に対して保険金を支払うもの。特約は以下のとおり。①疾病治療費保険、②疾病死亡保険、③賠償責任保険、④携帯品保険、⑤救護者費用保険、⑥旅行変更費用保険、⑦寄託手荷物保険。

● 加入タイプ

「セット型」と「オーダーメイド型」に大別される。

セット型は「基本契約」と「特約」がセットになっている。保険料の掛け金は高めながら、細かい選択をすることもなく簡単に加入ができ、補償も完璧。ただ、小グループでの旅行で、参加者全員分の掛け金を計算した場合、高額出費となってしまう。

オーダーメイド型は、任意プラン保険ともいう。旅行者のニーズに合わせ、各種保険のなかから補償内容を選択できる。ただし、①傷害死亡・後遺障害には必ず加入しなければならない。②最低保険料は1契約1000円以上などの条件（保険会社により異なる）をクリアすること。個人のライフスタイルや補償額の希望に合わせ個々の任意保険を上乗せできるので、不要な出費や過剰補償をセーブできる。ただセーブし過ぎて、特約を付けなかったばかりに「保険が利かなかった」と後悔する例も少なくない。

● クレジットカード付帯の傷害保険

クレジットカードには、自動的に海外旅行保険が付帯していることが多い。補償内容や保険が支払われる前提条件などはカード会社によって、また一般カードか特別会員カードか（いわゆるゴールドカードなど）によっても異なる。

このクレジットカード付帯の保険では、「疾病死亡補償がなかった」「補償金額が不足していて多額の負担金がかかった」などということもある。一般の海外旅行傷害保険に加入していれば、ハワイ現地ではキャッシュレスで診療してもらえるケースが多いが、カード付帯保険の場合は、とりあえず医療費を払い、帰国後に保険会社に請求するというシステムが大多数。高額な治療費が必要な事故、病気の場合は十分な支払能力が要求されるので、カード付帯保険だけでは心もとない。

そこで、まずは自分のカードの補償内容と連絡先を確かめて、必要ならばオーダーメイド型の保険に加入し、足りない部分をカバーしたい。このパターンは保険料を節約したいという人には、いちばん効率のよい方法だろう。

疾病保険が適用されないケース
■けんか、妊娠・出産・流産・歯科疾病などの原因により生じた病気、および慢性疾患。

携帯品保険が適用されないケース
■現金、小切手、クレジットカード、航空券、パスポート、コンタクトレンズなどは適用されない。これらは後生大事に保管することだ。また、携行品の置き忘れ、または紛失の場合にも保険金は支払われない。

海外旅行傷害保険にいつ加入すべきか
■旅行保険は、ハワイへ行くために自宅を一歩出たときから有効であり、ハワイから帰宅するまでが対象となる。もし家を出てすぐつまずいて転倒し、骨折というケースでも、治療費は旅行保険の対象となり、保険金は支払われない。だから保険加入は遅くとも1週間前には済ませておきたい。さらに早期加入することで、保険会社へ事前の問い合わせなどもできる。

医療費の目安
■例えば虫垂炎で入院した場合。手術代だけで約$1000以上、入院費用は病院にもよるが部屋代と食事代で1日$200～500、エックス線、検査費、手術雑費、備品使用料、投薬など、トータルでは100万円以上は覚悟したい。ちなみに救急車も有料だ。

家族旅行なら
■セット型保険に家族全員がまとまって加入できるファミリープラン型保険がおすすめ。保険料はトータルで5～10%程度割り引かれる。子供には不要と思われる「賠償責任保険・携帯品保険」も、家族で加入すれば割安だ。
また、乳幼児には「オーダーメイド型」がおすすめ。賠償責任保険、携帯品保険、救護者費用保険などの特約は、現実的には意味がないからだ。

「地球の歩き方」ホームページで海外旅行保険について知ろう
■「地球の歩き方」ホームページでは海外旅行保険情報を紹介している。保険のタイプや加入方法の参考に。
🌐 www.arukikata.co.jp/web/article/item/3000681/

🐾 **CHECK** 海外旅行保険の証書番号や緊急連絡先は、いざというときに取り出せるようにしておこう。貴重品やパスポートと一緒にせず、すぐわかる場所にメモしておくと安心。

航空券の手配

※本文中の航空会社名の後の英文字は、各社のレターコード

航空会社の連絡先
■日本航空／
☎ 0570-025-031
■全日空／☎ 0570-029-333
■ハワイアン航空／
☎ (03) 6435-1179
■エアアジアX／
☎ 050-6864-8181
■ZIPAIR
✉ contact.jp@zipair.net

リピーターにはうれしいFFP
■リピーターの皆さんはすでにご存じのことと思うが、各航空会社では搭乗距離に応じて利用者に航空券や旅行券を無料提供するフリークエント・フライヤーズ・プログラム（FFP）＝マイレージサービスを行っている。入会するのに特に資格はいらない。何マイル飛べば、無料券がもらえるかといった規定や、諸サービスについては各航空会社によって内容が異なるが、何度も海外旅行へ行く人にとってはメリットのあるシステムといえる。最近では大手クレジットカード会社と提携して、カードを利用すると自動的にFFPのマイル数が加算されるなどの新サービスも登場している。詳細については各航空会社まで。

国際観光旅客税
■日本からの出国には、1回につき1000円の国際観光旅客税がかかります。原則として支払いは航空券代に上乗せされます。

✿ 就航航空会社

　2023年4月現在、日本からオアフ島ホノルルへの直行便を運航しているのは4社。日本航空 JL（成田・羽田・関西発）、全日空 NH（成田・羽田発）、ハワイアン航空 HA（成田・羽田・関西・新千歳発）、ZIPAIR ZG（成田発）。エアアジアX D7（関西発）は運休中だが、2023年9月に再開予定。また、ハワイ島エリソン・オニヅカ・コナ国際空港へ直行便を運航しているのは日本航空（成田）のみだが、2023年4月現在運休中。

✿ 個人旅行・オーダーメイドの旅

　パッケージツアーは手軽で便利ではあるが、「個性的な旅」を望む場合には、やはり自分で航空チケットを購入し、ホテルを予約する個人旅行のほうが、希望を満たしやすく、満足度の高い旅となる。

　費用的にも、特定の旅行スタイルの希望がある場合や、10日間以上の中長期滞在ではむしろパッケージツアーより割安になることもある。それは、各人が希望する部分を思いどおりにグレードアップしたり、費用を節約することができるからだ。

◉ 航空券を手に入れる

　個人旅行でいちばん大切なのは、航空券の手配と宿泊施設の予約。宿泊施設についてはP.172 ～を参照していただくとして、ここではハワイ—日本間の航空券について説明しておこう。

　国際線の旅客運賃には、大きく分けて普通運賃と特別運賃がある。東京からホノルルまでの普通運賃（大人往復）は、エコノミークラス（制限なし）で往復40 ～ 60万円。だが、この運賃でハワイに行く人はあまりいないだろう。

　一般に市場に出回っている（つまり旅行者が多く利用している）のは、特別運賃の一種であるペックス運賃（特別回遊運賃）チケットと、旅行業界の複雑な仕組みが生み出した格安航空券である。

◉ ペックス運賃とは？

　ペックス運賃とは、正確にはキャリアペックス（専門用語ではゾーンペックス）と呼ばれ、各航空会社が設定している正規割引運賃のこと。旅行者は航空会社（または旅行会社）から直接購入することができる。利点としては、

❶ 2歳以上～ 12歳未満は大人運賃の75%、2歳未満の幼児運賃は同じく10%など、子供割引が設定されている
❷ 各航空会社の判断によって基準運賃からの割引が認められていて、特に早割り（前売り）の正規割引運賃では、出発日によっては格安航空券（後述）よりも安くなる場合がある

🐸 **CHECK** 日本航空は、2023年7月15日～8月29日の期間に週3で成田—コナ便を運航予定。最新情報はサイトをチェック。● www.jal.co.jp/jp/ja/

**❸予約時に航空便名指定、座席の選択、チャイルドミールなどの
リクエストができる**

❹クレジットカードで運賃の支払いができる

❺一般の格安航空券と違い、確実に事前のチケット入手ができる

**❻混雑しているツアー会社カウンターとは違い、チェックイン手
続きもスムーズ**

などが挙げられる。

　各航空会社ともそれぞれペックス商品を販売しているが、ここ
ではハワイアン航空のペックス運賃を紹介しておこう（ページ下
段のコラム参照）。

　注意したいのは、発券後の取り消し料が2万～3万円と高額とな
っていること。出発日が確定していない場合は気をつけたい。発
券期限や取り消し条件等は航空会社によってそれぞれ異なるので、
各航空会社、または最寄りの旅行会社に確認を。

◉ 格安航空券とは？

　いわゆるパッケージツアーとは、各旅行会社が航空会社から購
入した航空券に、ホテル、トランスポーテーションなどを組み合
わせて販売している商品だ。

　この航空券をバラ売りしたものが、すっかり市民権を得たとい
っていい格安航空券である。シーズンによっては6万～8万円台で
出回っているので、予算を抑えたい場合にはぜひ利用したい。

　ただし、航空会社の変更ができない、一度購入したら払い戻し
ができないなどのデメリットは覚悟したい（欄外参照）。

ペックス航空券の購入条件
■ペックス航空券はいつ購
入するかという条件が付けら
れている。目につくのは「出
発の○日前までに」という条
件。商品名末尾の数字がそ
の期限を表しており、「～3」
とあれば3日前、「～14」と
あれば14日前までに購入し
なければならないというわけ
だ。当然、その数字が大きい
ほうが安い料金設定になって
いる。

格安航空券のリスク
■格安航空券にはそれなりの
制約がある。まず、航空会
社の変更はできないというこ
と。例えば、A社の格安航
空券なら、その会社の飛行
機しか利用できない。自分の
予定していた飛行機が何らか
の理由で欠航した場合、ノー
マルチケットならほかの航空
会社の飛行機に変更できる
が、この格安航空券だとそれ
ができない。航空券に "NOT
ENDORSABLE" と書いてある
のがこのことだ。

　次に、一度購入したら払
い戻しができないということ。
これは "NOT REFUN-DABLE"
と書かれてある。

　さらに "NOT REROUTABLE"
（ルート変更不可）であるこ
と。目的都市や帰路便の搭乗
都市の変更が現地では難し
いのだ。途中降機地にも制約
を受けることが多いが、ハワ
イと日本の間には海しかない
から、あまり気にする必要は
ないだろう。これらのことに
ついては、格安航空券購入の
際、十分確認する必要がある。

COLUMN

ハワイアン航空の運賃例

　各航空会社ともさまざまなペックス運賃を設
定しているが、いつ行けば安く航空券が購入で
きるのだろうか。例えば、ハワイアン航空のホー
ムページで運賃を調べてみよう。出発地と到着
地の空港を選び、往復か片道など条件指定す
ると、運賃が一覧になって表示される。希望の
日程でも時間帯や乗り継ぎなどによって、安い

ものから高いものまで、たくさん出てくるので、
そのなかから希望に沿うものを選べばいい仕組
みだ。下の表は2023年5月のハワイアン航空、
羽田 - ホノルルの片道料金最安値を並べたカレ
ンダー。出発が1日違うだけで数万円の差があっ
たり、ゴールデンウイークには料金が高くなって
いることがわかる。

ハワイアン航空の運賃例 (2023年5月)						
日	月	火	水	木	金	土
	1 20万2800円	2 19万9800円	3 12万2300円	4 12万2300円	5 10万9800円	6 10万9100円
7 10万3100円	8 10万3100円	9 10万3100円	10 10万3100円	11 10万3100円	12 10万9100円	13 10万9100円
14 10万3100円	15 10万3100円	16 10万3100円	17 10万3100円	18 10万3100円	19 10万9100円	20 10万9100円
21 10万3100円	22 10万3100円	23 10万3100円	24 10万3100円	25 10万3100円	26 10万9100円	27 10万9100円
28 10万3100円	29 10万3100円	30 10万3100円	31 10万3100円			

旅の持ち物

服装についてのアドバイス

　衣類はTシャツ、短パン、サンダルが日中のリラックススタイル。高級レストランや、ホテル内のディスコでは、男性は襟付きのシャツ、ズボン、靴というスタイルが必要になる。わざわざスーツケースに入れるのが面倒だという人は、日本から着ていけばよい。シャツは襟と袖が付いていれば何でもいいが、現地でアロハシャツを買うという手がある。ズボンはコットンか麻の夏用のスラックスがベスト。靴は、スリップ・オン・タイプのデッキシューズでOK。夜は冷房の効き過ぎる場所もあるし、冬場は朝晩涼しいので、長袖の上着が欲しい。サマージャケットなら、ちょっと気取ったレストランにも着ていける。ヨットパーカーならセーリングやトローリングにも使える。女性は薄手のカーディガンが1枚あると何かと便利。

日用雑貨について

　ホテルのバスルームに備え付けられているのは石鹸のほか、シャンプー、コンディショナーなどのスターターキット。日本の旅館のように歯ブラシ、歯磨き粉を置いているホテルは少ない。シャンプーなどはミニチュアボトルなので、洗面用具は旅行用のセットを持参するといいだろう。現地のスーパーで買ってもいいが、シャンプーや化粧水はレギュラーサイズがほとんどで、結局は無駄になってしまう。

　持っていったほうがいいのは、黒のボールペン、ビーチタオル、ビニール袋。また、持病のある人は常備薬、日差しに弱い人は帽子とサングラスなどは必需品になるだろう。

荷物のサイズ
※以下は日本航空のもの。航空会社により、荷物の個数やサイズなどの規定は異なる。
■機内預け荷物
飛行機の貨物室に預ける荷物のサイズ・重量の規定は、縦・横・高さの合計が203cm以内、重量は23kg以内であること。旅客ひとりにつき、同サイズ・重量の荷物2個まで無料で預けられる。超過料金については、サイズが203cmを超える場合は2万円（＄200）、個数超過は1個当たり2万円（＄200）、重量超過は23kg超～32kg以下の場合1万円（＄100）、32kg超～45kg以下の場合6万円（＄600）となっている。以上の料金は税抜きで、なお、45kgを超える荷物は預けられない。1個の荷物が複数の超過料金の基準に当てはまる場合、すべての超過料金を支払うことになる。
■機内持ち手荷物
機内に持ち込める荷物は、縦・横・高さの合計が115cm以内、10kg以内のもの1個まで。その他、コート、傘、ステッキ、小型カメラ、書籍雑誌、折りたたみ車椅子など。

愛煙家に朗報
■これまで、空港の荷物検査場から先へのライター持ち込みが全面禁止になっていたが、ひとり1個に限りOKに。ただし、内燃式のトーチライター（ターボライター）は持ち込み禁止。

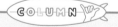

液体類の機内持ち込み制限

　日本の国際空港を出発する国際線全便および米国内線便において、機内への液体類の持ち込みは下記の通り。
❶100mℓを超える飲料水、シャンプー、日焼け止め、化粧品など液体および歯磨きペーストなどのジェル類、エアゾール類などは機内に持ち込めない、❷ただし100mℓ以下の液体およびジェル類、エアゾール類は、容量1ℓ以下の透明なジッパー付きビニール袋（縦横各20cm程度）に入れたうえ、機内持ち込み手荷物とは別に検査を受ければ、ひとり1袋だけ機内に持ち込める、❸出国手続き後、免税店で購入したウイスキーや香水などの液体類は、機内に持ち込めるが、ホノルルで乗り換えて他島へ行く場合、ハワイ諸島間航空の機内には持ち込めないので、乗り換え時に預け荷物に入れること。
※なお、乳幼児用ミルク、航空券に記載された搭乗者名が明記された医薬品、インシュリンなど処方された医薬品の持ち込みは可能。

🦋 バッグは大小ふたつに分ける

　こうして考えてみると、ハワイへ行くときの荷物はかなり少なくていいということになる。ただしここで大切なのは、**荷物はふたつのバッグに分けてパッキング**すること。ショルダーバッグひとつになってしまう人はともかく、衣類や雑貨は大きめのバッグかスーツケースに入れ、機内預け荷物にしてしまう（**詳しくは→P.202**）。これらは日本の空港で預けてしまうと、ハワイ到着後まで手元に戻らないので気をつけて荷造りすること。パスポートや現金、クレジットカード、保険証などの貴重品、デジタルカメラなどの壊れ物は小さめのバッグやポーチに入れて機内持ち込み手荷物にする。

　このとき忘れがちなのが目薬、歯ブラシ、化粧道具など、飛行機の中で使いそうなもの。ハワイへの往路は約7時間。旅慣れた人は食べて、寝ていけばいいが、眠れそうにない人、退屈しそうな人は軽い文庫本や電子タブレットでもしのばせていこう。また、機内には毛布が用意されているが、冷え性の人は上着を持っていくといい。わが『地球の歩き方』も忘れずに。

🦋 持ち込み禁止のもの

　アメリカに持ち込めない物品としては、**植物（根の付いた野菜も含む）、果物、肉類などの生鮮食品**。

　よく耳にする体験談としては、機内で食べようとして持参したミカンを没収されたという話。

　またBSE事件以来、肉製品に対する取り締まりも厳しくなっているようだ。加工肉はもちろん、肉エキスが入っている粉末スープ（インスタントラーメンなど）、スナック菓子なども没収の対象になることがある。もし何らかの食品を持参している場合は、税関申告書の指定欄（→P.206、税関申告書の⑪項）に記入すること。これを怠り、持ち込み禁止の食品が見つかると罰金の対象となる。

日中はリラックススタイルでOK。日本から衣類をたくさん持っていく必要はない

リチウム電池の持ち込み注意
■2008年1月、米国運輸省は特定条件下で発火の恐れがあるためリチウム電池に関して新規制を設定。機内預け荷物の場合は購入時のパッケージのままか、端子部分をテープなどで絶縁状態にすること。機内持ち込みは2個まででOK で、託送荷物同様の条件付き。ただし、機器類内蔵のものに関しての規制はない。

日本の電気製品は使えるか
■ハワイの電圧は110ボルト・60ヘルツ。充電式の電気カミソリ、ドライヤーなど短時間の利用なら問題はない。ただし長時間の使用や、アイロンなど高熱をともなう電気製品は破損の恐れがある。

帰国時のパッキングのヒント
■機内に預ける荷物の中には食べ物を入れない。特にチョコレート、チーズ、パイナップルなどは、探知機が爆発物として誤って警報を発する可能性がある。機内預け荷物には鍵をかけない（→P.202欄外）。本や書類などはあまり積み重ねず、ばらして入れる。

携帯品チェックリスト

貴重品		衣類		雑貨・その他	
パスポート		下着		充電器	
パスポートのコピー		帽子		Wi-Fiルーター	
航空券		靴下		エコバッグ	
現金（USドル）		パジャマ		メモ帳	
日本円		水着		虫よけスプレー	
クレジットカード		ビーチタオル		薄手のカーディガン	
スマートフォン		サンダル		サンダル	
運転免許証（国際免許証）		常備薬（薬）		ラップトップPC	
海外旅行損害保険証		日焼け止め		マスク	
ホテルの予約確認書		生理用品		レンタカーの確認書類	
タオル（洗面具）		ボールペン（雑貨・その他）		地球の歩き方ハワイ島	
歯ブラシ＆歯磨き粉		小分け袋			
化粧品		サングラス			
ヘアドライヤー		カメラ			
ひげ剃り		雨具			

CHECK パスポートとクレジットカード、現金、航空券さえ忘れなければハワイへは行ける。そのほかのものは現地調達でいい、というスタンスをとっておくと荷物が比較的少なく済む。

出入国手続き

🦋 日本出国

◉ 搭乗手続きは2時間前から

搭乗手続きは、フライト時刻の2時間前から受付となる。そこから逆算して空港へ向かおう。

◆ チェックイン（搭乗手続き）

搭乗手続きは利用航空会社のチェックインカウンター、ツアーの場合は指定のブースで行う。航空券（e チケット控えもしくはバウチャー）とパスポートを提示し、搭乗券（ボーディングパス）と帰りの航空券を受け取る。搭乗券には搭乗ゲートと座席ナンバーが記載されている。

◆ 機内預け荷物（託送荷物）

スーツケースなどの荷物はこのときに預けることになる。航空会社により異なるが、旅客ひとりにつき1～2個まで無料（→P.200 欄外）。パスポートやお金などの貴重品のほか、カメラやラップトップPCなどの壊れ物は必ず手荷物にする。鍵のかかるバッグでも施錠せず（→欄外）、リュックは途中でひもが緩まないように厳重に縛っておく。

◆ 荷物引換証

航空券の入った封筒などに、機内預け荷物の引換証（バゲージ・クレーム・タグ）が添付されているはず。荷物引換証は目的地の空港で預けた荷物が見つからない場合に必要になるので、現地に着くまで紛失しないように注意。

◉ 出国手続きはお早めに

搭乗手続きが終わったら軽く食事をしてもいいが、あまりのんびりしている時間はない。2001年のアメリカ同時多発テロ事件以来、セキュリティチェックに時間がかかり、特に旅行シーズンには出国審査に長蛇の列ができることもあるので、早めに出国手続きを終えておこう。

◆ 手荷物検査

出国の際は、ハイジャック防止のため手荷物検査が行われる。機内に持ち込める手荷物は縦、横、高さの合計が115cm 以内のもの1個まで。ナイフ、ハサミは認められないので機内預けにしておくこと。液体物やライターの持ち込み制限（→P.200）もある。

◆ ボディチェック

手荷物をエックス線検査機に通過させ、本人はゲートへ。このときピーッという音が鳴ってしまったら係員のボディチェックを受けることになる。時計やアクセサリーの金属に反応して音が鳴ることもあるので、やましいことがなければ心配無用。

◆ 出国審査

出国審査では、「顔認証ゲート」を利用して手続きをする（→P.196）。ICパスポートを機械でスキャンし、カメラで撮影した顔の画像と照合。問題なければそのまま通過できる。従来のよう

チェックイン前の荷物検査
■搭乗手続きの前に、機内に預ける荷物の検査を受ける。この際、スーツケースなど機内預け荷物と持ち込み手荷物は開けて検査を受けることがある（成田空港の例）。また、ダニエル・K・イノウエ国際空港での無作為の荷物検査があるため（→P.205）、日本出発時にもスーツケースなどはカギをかけないほうがいい。スーツケースベルトなどで対策を。　なお、TSA ロック付きのバッグは施錠をしてもよいことになっているが、「TSA ロック付きでも錠を壊された」という報告もある。心配なら鍵をかけないようにするしかない。

日本の空港でも免税品が買える

■サテライトのラウンジには途中、免税店がある。ブランドものやおみやげにぴったりなお菓子、たばこなどが揃っている。

ダニエル・K・イノウエ国際空港の動く歩道付き連絡通路

CHECK 空港に到着するのに、早過ぎることはない。早く着いてしまったのなら、空港で食事をしたりして過ごせばいい。なるべく余裕をもって行動することをおすすめする。

にスタンプは押されないが、希望すれば押してもらえる。

❀ セルフチェックイン

　航空会社のチェックイン・カウンター付近に設置された機械で、旅行者が各自でチェックインをするセルフチェックイン・サービス。日本からの国際線でも、一般的になってきた。スムーズに操作できれば、出発前の混雑緩和にひと役買ってくれそうだ。

　必要なものは、パスポートとチケット予約番号、利用航空会社のカード（会員番号）。操作方法は簡単。パスポートを機械に通して、あとはタッチスクリーンに表示される指示に従えばいい。手荷物の扱い、予約記録の確認、マイレージの登録、パスポート情報の確認、預け入れ荷物の個数の登録などの入力が終了すると、搭乗券が発行される。航空会社によっては、ウェブチェックインのサービスを利用することもできる。各航空会社のウェブサイトを確認してみよう。

❀ 機内で

　座席に着いたら、手荷物は自分の座席の下か頭上の棚へ入れる。シートベルトの着用を忘れずに。離陸したら、飲み物のサービス、食事（夕食）、免税品の販売、食事（朝食）などと続く。時差や到着後のことを考えてゆっくり休むことを心がけよう。

機内は乾燥しているので
マスクがあると安心

❀ 米国（ハワイ）入国 （空港マップ→P.212）

ダニエル・K・イノウエ国際空港に到着

　飛行機を降りたら、コンコース3階の動く歩道付き連絡通路を利用、もしくはシャトルバスを利用してメインターミナルの3階へ行く。これは、飛行機が到着するゲートによって異なる。いずれにしても、空港職員の誘導に従えば迷うことはない。
（日本からのコナ直航便の場合は、下記入国審査・税関申告はエリソン・オニヅカ・コナ国際空港で行うことになる）

Immigration（入国審査）

　エレベーターで2階に降り、ここで入国審査を行う。混んでいる時期は審査ブースまでかなりの列が続くこともあるでご覚悟のほど。落ち着いて深呼吸をひとつ。パスポート、帰りの航空券（eチケットの控え）、機内で記入した税関申告書を提示する。入国時の指紋採取と写真撮影についてはP.204欄外参照。

　入国審査で聞かれる内容は次ページのようなもの。

機内に持ち込みたいもの
耳せん
■個人差はあるが、気圧差で耳が痛くなる人が多い。ひどい人は、その後痛みが取れなくなってしまったりするので、用心するなら耳せんを用意。
スリッパ
■足がむくむので、革靴やスニーカーがつらくなる。折りたたみの旅行用スリッパを持参すると、機内で楽に過ごせる。
化粧水
■機内はとても乾燥している。特に女性は化粧水やクリームを（持ち込み制限→P.200に注意）。

電子機器類の使用について
■JALグループでは、2014年9月1日から航空法改正にともない、飛行機のドアが閉まり客室乗務員からの案内後から着陸後の滑走終了時まで、作動時に電波を発する機器（携帯電話、パソコン、携帯情報端末、電子ゲーム機、携帯型データ通信端末、無線式イヤホンなど）の電源を切る、もしくは機内モードなど電波を発しない状態にすることとした。違反した場合は、50万円以下の罰金が科せられるので要注意。なお、飛行中はJAL SKY Wi-Fiのみ利用できるので設定の切り替えを。

機内でのマナー
会話は常識の範囲内で
■狭い機内で大声で騒いだら、周囲の人は不快だ。特に大勢のグループ旅行ではつい周囲を忘れがち。
禁煙
■日本－ハワイ便も全面的に禁煙。我慢できずにトイレに隠れて一服というケースが報告されているが、これは国際航空法上、重大な違法行為。高額の罰金を科せられることがあるのでご注意を。
お酒は飲み過ぎない
■機内では、ソフトドリンク、ビール、ワインなどがサービスされる。無料だからといって、お酒を飲み過ぎたりしないように（一部の航空会社ではアルコール類は有料）。気圧の関係で、機内では地上よりもお酒に酔いやすくなっている。
客室乗務員への接し方
■客室乗務員に対しては、困ったことなどは遠慮せずお願いしよう。例えばのどが渇いた、寒い、雑誌や新聞が読みたいなど。ただし、あまりにも傍若無人に振る舞うのは当然NG。

機内誌、機内販売も
見逃せない
■機内誌は各国の最新情報
が載っていたりするので、見
逃せない。また、機内販売で
オリジナルグッズやおみやげ
が買える。商品は宅配便で
送ってもらえるので、機内で
購入というのもよい。

米国入国時の指紋採取と写
真撮影
■2004年9月30日より、
査証（ビザ）免除措置で入
国する一般の観光客につい
ても、入国時に両手の指紋採取
と顔写真の撮影が行われて
いる（13歳以下と80歳以上
は免除）。
　従来より入国審査に要す
る時間が長引くことがあるの
で、乗り継ぎがある人は余裕
あるスケジュールを。

時差ボケ対策
■日本とハワイの時差は19
時間マイナス。ほとんどのフ
ライトが日本を夕方から夜に
かけて出発し、早朝もしくは
午前中ハワイに到着する。ハ
ワイ到着は日本時間では深
夜。そのため昼頃になると確
実に睡魔に襲われる。
　しかし、ここで寝てしまう
とその後しばらくは時差ボケ
に悩まされてしまうだろう。
人により対処法は異なるかも
しれないが、以下の解消法を
紹介するので、ぜひ試してみ
よう。
①飛行機の中でしっかりと眠
る
　静かに体を休ませるだけで
もいい。日本時間を忘れ、朝
だから起きる、という体をつ
くる。
②ハワイ到着後、無理しない
程度に動く
　初日はつらいが、昼は遊ぶ、
夜は早めに寝る、という現地
の生活時間を守れば、次の日
から楽になる。
③日光を浴びる
　日光を浴びるのは時差ボケ
対策によいという説もある。
ハワイに到着したら、すぐ暖
かい太陽を浴びよう。
④仮眠を取る
　ハワイ到着後、一度すぐ寝
てしまう。そして、どんなに
つらくても夕方一度起き、夕
食を取る。食後は早々とベッ
ドに入り長めの睡眠を確保す
る。
　重要なのは、一度必ず起
きること。これをしないと夜
中の変な時間に目覚めてしま
い、旅行中時差ボケが解消し
なくなる。

●入国審査の会話例
問：How long do you stay in U.S.A（何日滞在しますか）？
答：10 days.（10日間です）
問：What is the purpose（入国の目的は）？
答：Sightseeing.（観光です）
●個人の旅行なら
問：Do you have a ticket to Japan（帰りの航空券は持っていますか）？
答：Yes, I do.（はい、持っています）と言ってeチケット控えなど
を出して見せる。

　簡単そうだが、緊張のあまりシドロモドロになりがち。ハワイ
には日本語のできる係員も多いから心配しなくてもいい。心配な
らメモ用紙に"10 days stay, for sightseeing"とでも書いて、帰りの航
空券（eチケット控え）と一緒に係員に見せるという方法もある。
　質問が終わると、係員がパスポートにスタンプを押して返して
くれる。これで手続きは終了。
　なお、ESTAを取得していて、2008年以降、米国入国が2回目以
降の人は自動入国審査端末（APC）を使用することができるが、
2023年4月現在廃止中。

Baggage Claim（荷物受け取り）とCustoms（税関）

　さらに階段で1階に降りる。税関があるが、その前に日本の空港
で預けた荷物をピックアップする。Baggage Claimという目印があ
り、自分のフライトナンバーが出ているターンテーブルの所で待
つ。荷物が見つかったら通関手続きへ。万一、荷物が見つからな
かったら、航空会社のスタッフにクレームタグを見せて荷物のな
いことを知らせる。タグは航空券などに留められている。
　税関で聞かれるのは、Anything to declare（申告するものは）？
何もなければ、No.と答える。
　機内で手渡された税関申告書（Customs Declaration）にスタンプ
を押して返してくれたら、荷物の検査なしで通関手続きは終了。

Customs Declaration（税関申告）

　無税で持ち込めるものは、身の回りの品、宝石、化粧品、カメ
ラ、本など販売を目的としないもの。現金は＄1万以上の持ち込み
は申告の必要がある。たとえ＄100万持っていようと、何の問題
もないのだが、この申告を怠り、＄1万以上の現金所持が発覚する
と、全額の2～3％程度の罰金を取られる。必ず申告しよう。
　また植物、果物などの生鮮食品類や肉類は持ち込み禁止だ
（→P.201）。もし課税対象になるものがあるときは、機内で渡され
た申告書に記入する。係員はそれを見たうえで税額を申告書に記
入し、スタンプを押して返してくれる。受け取った申告書を納税
カウンター（税関のすぐ後方）に持っていき、税金を払う。もし
ドルの持ち合わせがなければ、隣に銀行窓口があるので両替すれ
ばいい。税関で、ハワイの人へみやげ物はあるかと尋ねられるこ
とがある。その品物が＄100以下の額面のものであり、アメリカ
に72時間以上滞在する場合に限り免税。

CHECK オアフ島のダニエル・K・イノウエ国際空港では、各航空会社のチェックインカウンター近くに大きな秤が置いてあり、
機内預け荷物の重量を量ることができる。

✿ 米国（ハワイ）出国手続き

◉ ハワイ島の空港で

　ハワイ島からホノルル経由で同日帰国する場合は、搭乗手続きの際に島間航空の航空券（eチケットの控え）ならびに、国際線（日本へのフライト）の航空券（eチケットの控え）も提示しよう。そうすれば機内預け荷物がスルーで目的地（日本の空港）まで運ばれる。ダニエル・K・イノウエ国際空港で荷物をピックアップする必要がなく、乗り換えも簡単だ。

◉ ダニエル・K・イノウエ国際空港で出国手続き

　出国手続きは簡単。フライト時刻の約2時間前までに空港ターミナルの2階、利用航空会社のチェックインカウンターでパスポートと航空券を提示すればいい。ネイバーアイランドから乗り換えて帰国する人も、国際線搭乗手続きを行うこと。航空会社の係員から搭乗券を受け取り、手続き終了。

◉ 機内預け荷物について

　搭乗手続き時に連邦運輸保安局職員によって、機内に預ける荷物の検査が行われることがあるので、職員の指示に従うこと。

　また現地での搭乗手続き後、乗客の立ち会いができない場所で無作為に荷物検査が行われることがあるので、機内に預ける荷物に施錠をしないほうがよい。もしカギをかけてあったときには、場合によってはカギを壊して中身の検査をすることがある。スーツケース修理の補償はなく、すべて旅行者本人の負担となるので、スーツケースベルトを利用するなど対策を（→P.202欄外参照）。

✿ 日本入国の手続き

●入国審査

　ICパスポートを所持していて、身長が135cm以上、ひとりで機械操作を行える場合「顔認証ゲート」を利用して手続きをする。

●荷物の受け取り

　自分が搭乗した便名のターンテーブルで、預けた荷物をピックアップする。

●動物・植物検疫

　パイナップルやパパイヤなどのフルーツや切り花などをおみやげにしている場合は、空港の検疫所で検疫を受ける。現地でこれらを購入するときは、検疫済みのスタンプと証書が付いているものを選ぶこと。検疫・検査証明書のないものは輸入できない。また、梱包されているものは日本の検疫を通るまで絶対に開封しないこと。でないと検疫所で廃棄処分されてしまう。

●税関

　帰国するすべての人が「携帯品・別送品申告書」を提出する。機内で配布される書類のほか、電子申告も可能（欄外参照）。

ボディチェック

■テロ対策のため、ボディチェックは入念に行われる。搭乗手続き後には手荷物の検査とボディチェックがある。ノートパソコン、携帯電話などは荷物から取り出して別検査を。場合によってはベルトを外したり靴を脱ぐように指示されることも。また飛行機に搭乗する直前にも、手荷物検査とボディチェックが無作為に行われる。

ビーフジャーキーに注意

■ビーフジャーキーなど肉加工製品の日本への持ち込みは一切できない。

コピー商品の購入は厳禁！

■旅行先では、有名ブランドのロゴやデザイン、キャラクターなどを模倣した偽ブランド品や、ゲーム、音楽ソフトを違法に複製した「コピー商品」を、絶対に購入しないように。これらの品物を持って帰国すると、空港の税関で没収されるだけでなく、場合によっては損害賠償請求を受けることも。「知らなかった」では済まされないのだ。

携帯品・別送品申告書
（1家族に1枚）

■帰国（入国）するすべての人（1家族に1枚）が「携帯品・別送品申告書」（機内で配布）を提出する。A面の質問事項に答え、免税範囲（→P.207）を超える場合はB面にその内容を記入。また別送品（宅配便や郵便で自分あてに送付したもの）があるときは、同じ申告書を2部提出する。
記入例は→ P.206

CHECK 入国手続きオンラインサービス「Visit Japan Web」に登録すれば、電子申告が可能。ウェブ上で申告書に必要な情報を入力後、日本の空港の税関検査場でQRコードを提示すればOK。➡ vjw-lp.digital.go.jp

205

携帯品・別送品申告書（日本入国時）の記入例〈1家族に1枚〉

（A面）

日本国税関
税関様式C第5360号

🛡️ 携帯品・別送品申告書

下記及び裏面の事項について記入し、税関職員へ提出してください。
家族が同時に検査を受ける場合は、代表者が1枚提出してください。

搭乗機（船）名 ❶	JL 783	出発地 ❷	ホノルル

入国日 ❸ ２０２３ 年 ０４ 月 ２０ 日

フリガナ　ヤマダ　ハナコ
氏名 ❹　　山田 花子

現住所
（日本での
滞在先）❺　東京都中央区八丁堀2-9-1

電話 ❻　０３（３５５３）６６６７

職業 ❼　会社員

生年月日 ❽ １９８５ 年 ０１ 月 ０４ 日

旅券番号 ❾ ＴＨ０１２３４５６

同伴家族 ❿ 6歳以上　1名　6歳以上20歳未満　1名　6歳未満　0名

※ 以下の質問について、該当する□に✓でチェックしてください。

❶ 1. 下記に掲げるものを持っていますか？　はい　いいえ

① 麻薬、銃砲、爆発物等の日本への持込みが禁止されているもの（B面1.を参照）□ ✓
② 肉製品、野菜、果物、動植物等の日本への持込みが制限されているもの（B面2.を参照）□ ✓
③ 金地金又は金製品 □ ✓
④ 免税範囲（B面3.を参照）を超える購入品・お土産品・贈答品など □ ✓
⑤ 商業貨物・商品サンプル □ ✓
⑥ 他人から預かったもの（スーツケースなど運搬用具や理由を明らかにされず渡されたものを含む）□ ✓

※ 上記のいずれかで「はい」を選択した方は、B面に入国時に携帯して持ち込むものを記入してください。

❷ 2. 100万円相当額を超える現金、有価証券又は1kgを超える貴金属などを持っていますか？　はい　いいえ　□ ✓

※「はい」を選択した方は、別途「支払手段等の携帯輸出・輸入申告書」を提出してください。

❸ 3. 別送品　入国の際に携帯せず、郵送などの方法により別に送った荷物（引越荷物を含む。）がありますか？
□ はい（　個　）　✓ いいえ

※「はい」を選択した方は、入国時に携帯して持ち込むものをB面に記入したこの申告書を2部、税関に提出して、税関の確認を受けてください。（入国後6か月以内に輸入するものに限る。）確認を受けた申告書は、別送品を通関する際に必要となります。

《注意事項》
海外又は日本出国時及び到着時に免税店で購入したもの、預かってきたものなど日本に持ち込む携帯品・別送品については、法令に基づき、税関に申告し、必要な検査を受ける必要があります。申告漏れ、偽りの申告などの不正な行為がある場合は、処罰されることがあります。

この申告書に記載したとおりである旨申告します。

❹ 署名　山田花子

（B面）

※ 入国時に携帯して持ち込むものについて、下記の表に記入してください。（A面の1.及び3.ですべて「いいえ」を選択した方は記入する必要はありません。）

（注）「その他の品名」欄は、申告を行う入国者本人（同伴家族を含む）の個人的使用に供する購入品等に限り、1品目毎の海外市価の合計額が1万円以下のものは記入不要です。また、別送品も記入不要です。

❺

酒　類		本	*税関記入欄
たばこ	紙　巻	本	
	加熱式	箱	
	葉　巻	本	
	その他	グラム	
香　水		オンス	
その他の品名	数　量	価　格	

*税関記入欄

円

1. 日本への持込みが禁止されている主なもの

① 麻薬、向精神薬、大麻、あへん、覚醒剤、MDMA、指定薬物など
② 拳銃等の銃砲、これらの銃砲弾や拳銃部品
③ 爆発物、火薬類、化学兵器原材料、炭疽菌等の病原体など
④ 貨幣・紙幣・有価証券・クレジットカードなどの偽造品など
⑤ わいせつ雑誌、わいせつDVD、児童ポルノなど
⑥ 偽ブランド品、海賊版などの知的財産侵害物品

2. 日本への持込みが制限されている主なもの

① 猟銃、空気銃及び日本刀などの刀剣類
② ワシントン条約により輸入が制限されている動植物及びその製品（ワニ・ヘビ・リクガメ・象牙・じゃ香・サボテンなど）
③ 事前に検疫確認が必要な生きた動植物、肉製品（ソーセージ・ジャーキー類を含む。）、野菜、果物、米など
* 事前に動物・植物検疫カウンターでの確認が必要です。

3. 免税範囲（一人あたり。乗組員を除く。）

・酒類3本（760mlを1本と換算する。）
・紙巻たばこ200本（外国製、日本製の区分なし。）
* 20歳未満の方は酒類とたばこの免税範囲はありません。
・海外市価の合計額が20万円の範囲に納まる品物（入国者の個人的使用に供するものに限る。）
* 海外市価とは、外国における通常の小売価格（購入価格）です。
* 1個で20万円を超える品物の場合は、その全額に課税されます。
* 6歳未満のお子様は、おもちゃなど子供本人が使用するもの以外は免税になりません。

携帯品・別送品申告書のご協力ありがとうございます。日本に入国（帰国）されるすべての方は、法令に基づき、この申告書を税関に提出していただく必要があります。引き続き税関検査への御協力をよろしくお願いします。

---

❶搭乗機（船舶）名／便名は航空会社の2レターで（→ P.198）
❷出発地／ホノルル
❸入国日／到着した日付を記入
❹氏名（フリガナ）／漢字とカタカナで記入
❺現住所（日本での滞在先）／都道府県名から記入
❻電話／電話番号を記入
❼職業／会社員、自営業など
❽生年月日／西暦で生年月日を記入
❾旅券番号／パスポート番号

❿同伴家族／分けられた年齢ごとに人数を記入
❶該当する項目をチェックする。該当する物品がある場合は裏面❺にも記入する
❷該当する項目をチェックする。
❸該当する項目をチェックする。「はい」の場合は入国時の携帯品目を裏面❺に記入し、この申告書を2部、税関に提出する
❹署名
❺該当する項目に数字、品名などを記入する

- COLUMN -

日本帰国時の関税と免税枠について

ハワイで購入した品物を日本に持ち込む際、関税（輸入税）がかかるケースがあることを覚えておきたい。

まず、ハワイから持ち込む物の合計額が20万円以下であれば、関税がかからないからご安心を（別表①参照）。

また、1品（あるいは1組）1万円以下の物品はこの20万円の免税枠に加算しなくてもOK。さらにハワイ現地調達で旅行中に着用していた衣類や化粧品といった身の回りの物品も、原則として免税扱いとなる。

酒、たばこ、香水は免税数量が決められている。表①の数字は成人ひとり当たりのものだから、カップルで行くのなら、表の倍の数まで免税となる。ただし未成年者の場合は酒とたばこは免税とならないので、子供の枠を使って購入しても課税対象となる。

表① 日本入国時の免税限度枠

品名	数量・価格	備　考
酒類	3本（1本760ml程度のもの）	クオート瓶（950ml）のように容量の大きなものは950ml/760ml＝1.25本として取り扱われる
たばこ	紙巻きたばこ200本 加熱式たばこ 個装等10個 葉巻きたばこ50本 その他250g	加熱式たばこ個装10個は、紙巻きたばこ200本に相当
香　水	250g	1オンスは約28ml
その他	20万円（各物品の海外市価の合計額）	1個または1組が20万円を超える物品については免税されない。なお、同一品目ごとに合計した金額が1万円以下の物品は、免税限度額の計算に含める必要はない

※同一品目と見なされる例は、ネクタイピンとカフス、万年筆とボールペン、あるいはセット販売物など（税関によって判断は異なる）

表② 適用税額

酒類（定率）※	1リットル
(1)　ウイスキー	800 円
(2)　ブランデー	800 円
(3)　ラム、ジン、ウオッカ	500 円
(4)　リキュール、焼酎など	400 円
(5)　その他（ワインなど）	200 円

紙巻きたばこ※	1本につき15円

その他の品物の課税例※※		
品物例	購入価格	税　金
ストール（1枚）	4万円	3600 円
ハンドバッグ(1個)	8万円	7200 円
指輪（1個）	12万円	1万800円
ネックレス(1本)	16万円	1万4400円
革靴（1足）	3万円	2700 円

関税のかからない品物※※※		
ゴルフクラブ(1式)	25万円	1万5000円
腕時計（1個）	18万円	1万800円

※規定税率
※※通常、購入価格の6割程度の額を算出し、それに対し15％が課税される
※※※ゴルフクラブや腕時計などは関税がかからない代わりに消費税が課税される
●関税率は、素材により異なるので注意

いったいいくら税金がかかるのか？

免税範囲を超えると、いったいいくら課税されるか、というのが表②。まず物品は、関税がかかるものと、消費税のみがかかるものがあることを覚えておこう。

関税がかかるものとしては表の酒類とたばこには規定の税率がかかり、その他の品物には価格の15％が課税される。なお、ここで課税対象となる価格とは、購入価格（海外市価）の6割程度の額が算出される。ただし、この課税価格が1個（1組）10万円を超えた場合は、使われている材質などによって関税価格は変わってくる。

また、ゴルフクラブや腕時計といった関税がかからない品物には、課税価格（海外市価の約6割）に対し消費税10％（地方消費税を含む）のみが課税される。

日本からの持ち出し品にも注意

誤解している人がいるかもしれないが、日本帰国時の関税は、旅行中に購入したものだけが対象になるのではない。申告なしに日本から持ち出した外国製品が課税されることもあるのだ。高価な貴金属製品や外国製の時計、ライター、カメラ、あるいはブランド物のバッグなどを日本から持参してハワイに行くときは、日本出国時に携帯品出国証明申請書（外国製品の持ち出し届け）を記入し、申告することを忘れずに。

外国製品をお持ちの方に

出国の時、税関に届け確認をうけておけば、帰国の際、その品物に税金はかかりません

税関印
ここに税関の印がないと無効です

外国製品の持出し届

なまえ			
品　　名	数　量	銘柄、特徴、番号、カラット等を書いて下さい	

◎ 紛失しないように　　◎ 帰国の際、税関に提出のこと

外国製品の持ち出し届

日本への持ち込み禁止の物品
- 麻薬、覚醒剤、向精神薬など
- 拳銃などの銃砲や部品
- 通貨や証券の偽造品、変造品など
- 公安または風俗を害する書籍、ビデオなど
- コピー商品（偽ブランド）など知的財産権を侵害するもの
- 肉加工品（ビーフジャーキーなど）

日本への持ち込み規制がある物品
- ワシントン条約に基づく動植物や物品
- 果物や加工肉などの製品（→ P.205）
- 猟銃、空気銃、刀剣など
- 一部の医薬品や化粧品

※手続きや規制品目については問い合わせを。
税関 🌐 www.customs.go.jp

出入国手続きの流れ

★は各手続き時に提示する必要書類

（往　路）

日本の各空港

日本出国手続き（→ P.202）

搭乗手続き（フライトの2時間前）	★パスポート、航空券(eチケット控え)
手荷物検査とボディチェック	★パスポート、搭乗券
[外国製品持ち出し申告]	★外国製品の持ち出し届け※

※の書類は出国審査場に置いてある

| 出国審査（顔認証ゲート） | ★パスポート、搭乗券 |
| 搭乗（遅くともフライトの15分前までに） | ★パスポート、搭乗券 |

機内で

| 税関申告書に記入する（→ P.206） | 機内での過ごし方は P.203 |

※コナ直行便の場合は、直接にエリソン・オニヅカ・コナ国際空港着となる。

ダニエル・K・イノウエ国際空港（ターミナル2）

米国入国手続き（→ P.203）

入国審査　Immigration	★パスポート、税関申告書、帰りの航空券(eチケット控え)
機内預け荷物ピックアップ Baggage Claim	
税関検査　Customs	★パスポート、税関申告書

徒歩でターミナル1へ移動（約7分）

ダニエル・K・イノウエ国際空港（ターミナル1）

ハワイ島への乗り換え

（※ツアーの場合はブリーフィングあり）

搭乗手続き（フライトの2時間前）	★国内線の航空券(eチケット控え)、パスポート
手荷物検査とボディチェック	★パスポート、搭乗券
搭乗（遅くともフライトの15分前までに）	★パスポート、搭乗券

ハワイ島の空港

| 機内預け荷物ピックアップ | ★機内預け荷物の引換証（バゲージ・クレーム・タグ） |
| 各ホテルへ | |

（復　路）

日本の各空港

税関検査	★パスポート、携帯品・別送品申告書
[動物・植物検疫]	
機内預け荷物ピックアップ	
入国審査（顔認証ゲート）	★パスポート

日本入国の手続き（→ P.205）

機内で

| 携帯品・別送品申告書に記入する（→ P.206） | |

ダニエル・K・イノウエ国際空港（ターミナル2）

搭乗（遅くともフライトの15分前までに）	★パスポート、搭乗券
手荷物検査とボディチェック	★パスポート、搭乗券
搭乗手続き（フライトの2時間前）	★パスポート、航空券(eチケット控え)

米国からの出国（→ P.205）

ワイキキの各ホテルへ

徒歩で移動

ダニエル・K・イノウエ国際空港（ターミナル1）

ホノルル泊の場合

| 機内預け荷物ピックアップ | ★機内預け荷物の引換証（バゲージ・クレーム・タグ） |

ダニエル・K・イノウエ国際空港（ターミナル1）

各島からホノルル経由で同日帰国する場合

エリソン・オニヅカ・コナ国際空港

搭乗（遅くともフライトの15分前までに）	★パスポート、搭乗券
手荷物検査とボディチェック	★パスポート、搭乗券
搭乗手続き（フライトの2時間前）	★パスポート、国内線の航空券、もしくはeチケット控え（ホノルル経由で帰国する場合は国際線の航空券、もしくはeチケット控えも）

ハワイ島から出発（→ P.205）

（ホノルルに滞在しない場合はハワイ島出発時に機内に預けた荷物は、日本の空港でピックアップ）

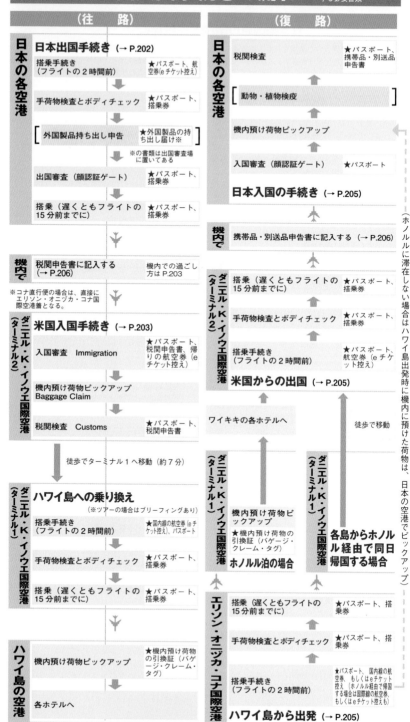

ハワイ島滞在

✿ 成田国際空港

3つのターミナルから構成される日本最大規模の空港で、関東エリアではハワイ行きの国際線のメイン空港となっている。航空会社によって利用するターミナルが異なる。ハワイ線は第1ターミナルにデルタ航空、

成田国際空港のチェックインカウンター

ユナイテッド航空、全日空、ZIPAIR、第2ターミナルに日本航空、ハワイアン航空のチェックイン・カウンターがある。

1 JR成田エクスプレス

都心と空港をノンストップで結ぶ成田エクスプレスは、空港の第2ターミナル（空港第2ビル駅）、第1ターミナル（成田空港駅）の地下へ乗り入れている特急電車。運行間隔は30分〜1時間に1本。所要時間は都

成田エクスプレス

発着	所要時間	運賃
東京駅	60分	3070円
新宿駅	80分	3250円
品川駅	67分	3250円
横浜駅	90分	4370円

問い合わせ：
JR東日本お問い合わせセンター ☎050-2016-1600
※シーズン別料金あり。

心からの足としては最短を誇る。全席指定で指定席特急券が必要だが、乗車する時間が未定の場合に利用したいのが「座席未指定券」。乗車する列車が決まり次第、追加料金なしで座席指定を受けられるほか、空席があれば座れる。満席の場合も購入可能だがデッキなどの利用となる。予約は最寄りのJR駅窓口で1ヵ月前から受け付ける。

2 京成電鉄スカイライナー

京成上野駅と成田空港駅を約43分で結ぶ直通電車。運行間隔は20〜40分に1本。全席指定で、予約は1ヵ月前から。

京成電鉄スカイライナー

発着	所要時間	運賃
京成上野駅	43分	2570円
日暮里駅	38分	2570円

問い合わせ：
京成お客様ダイヤル ☎0570-081-160（ナビダイヤル）

3 リムジンバス

都心の主要ホテルやJRの各駅から発着している。第1・第2ターミナルとも空港の出発ロビーに到着するため、荷物の多いときや乗り換えが面倒な場合に便利だ。交通

リムジンバス

発着	所要時間	運賃
TCAT	60分	2800円
六本木・赤坂地区	97〜105分	3200円
新宿地区	120〜145分	3200円
二子玉川・渋谷地区	100〜110分	3200円

問い合わせ：リムジンバス総合インフォメーション ☎03-3665-7220

状況によっては所要時間にばらつきが出るので、時間に余裕が必要。

4 マイカー

グループ旅行の場合なら駐車場代や高速料金をみんなで割れば安く行ける。ただし交通渋滞による時間の遅れはもちろん、空港敷地内の渋滞で立ち往生という事態も考えられる。駐車場料金は、空港の公団駐車場より民間の駐車サービスのほうが安いことが多い。

羽田空港国際線

■2023年4月現在、羽田空港の国際線はターミナル3。日本航空 JL、全日空 NH、ハワイアン航空 HA がホノルル便を運航している。アクセスは電車なら京浜急行電鉄 ⊕ www.keikyu.co.jp か東京モノレール ⊕ www.tokyo-monorail.co.jp。バスならリムジンバス ⊕ webservice.limousinebus.co.jp/web/jp/Top.aspx が一般的。

各空港のホームページ

■新千歳空港
⊕ new-chitose-airport.jp/ja
■仙台空港
⊕ www.sendai-airport.co.jp
■成田国際空港
⊕ www.narita-airport.jp/jp
■羽田空港（東京国際空港）
⊕ tokyo-haneda.com
■関西国際空港
⊕ www.kansai-airport.or.jp
■中部国際空港
⊕ www.centrair.jp
■福岡空港
⊕ www.fukuoka-airport.jp

空港の施設を使いこなそう

■空港にはさまざまな施設があり、早く着いても退屈することはない。ただ気をつけたいのは、出国手続きをしたあとの「制限エリア」（出発のときは出国審査場から先、帰国のときは税関検査場まで）。ここにいると利用できない施設もある。上手に時間配分して過ごそう。
■食事：軽食程度なら制限エリアにもあるが、レストラン、カフェなど選択の幅が広いのは、一般エリア。
■買い物：制限エリアでは免税ショッピングができる。化粧品、香水、たばこ、酒などの買い物をゆっくり楽しみたいなら、早めに出国手続きを済ませよう。為替レートによっては、海外の免税店より安く、成田限定発売のコスメが見つかることもある。コンビニエンスストアは一般エリアにある。
■飛行機を眺める：デッキに出て飛行機を眺めたいという人は、展望デッキ、ターミナル見学デッキなどで。こちらも一般エリア。
■郵便：制限エリア内でもはがきが出せる。
■その他：美容院、歯科、旅行傷害保険カウンター、銀行、両替所、宝くじカウンターもある。スーツケースのカギを修理してくれる「リペアショップ」やトイレ内にある個室の「着替え室」はいざというときに便利な施設だ。

CHECK 東京駅〜成田空港を片道1300円で運行する高速バス「TYO-NRT」がお得。予約なし、当日窓口で購入するだけ。東京駅のほか銀座駅、東雲車庫、東雲イオン前、鍛冶橋駐車場から運行。詳しくは ⊕ tyo-nrt.com をチェック。

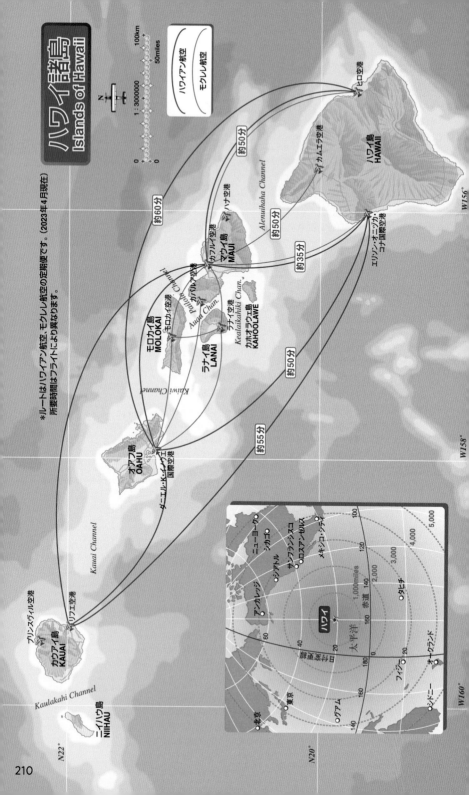

ダニエル・K・イノウエ国際空港での乗り継ぎ

一般的なホノルル＋ハワイ島のツアーの場合、日本からダニエル・K・イノウエ国際空港到着後、（ツアー会社のブリーフィングなどを受けてから）同じ日にほかの島へ行くことになる。ここではホノルルでの乗り換えの流れについて説明しよう（日本からのコナ直行便を除く）。

✿ アメリカ入国手続き（次ページのマップ参照）

飛行機を降りたら、シャトルバス、もしくは動く歩道付き連絡通路を利用してターミナルを移動、入国審査→機内預け荷物受け取り→税関審査という流れで入国手続きを行う（→P.208）。ターミナルの出口は2ヵ所ある。ツアーの場合は税関を出て左側の出口へ。個人旅行の場合でも、他島へ飛ぶなら諸島間航空のターミナルに近いツアー客出口から出るといい。

✿ ダニエル・K・イノウエ国際空港内での移動

ハワイ（アメリカ）に入国するときには税関審査があるため、ダニエル・K・イノウエ国際空港で一度荷物を引き取る必要がある。なお他島からホノルル経由で帰国する際は、他島の空港で荷物を預けてしまえば日本の空港で受け取るだけ（→P.208）。他島へ乗り継ぐ場合は税関審査後、第1ターミナルへ移動することになる。荷物はツアー客出口の手前にある「他島への乗り継ぎ手荷物預かりカウンター」※で再び預けると便利。各航空会社のカウンターが併設されているので係員に聞くといい。ここで預けない場合は、諸島間航空のターミナルまで、自分でカートを使って向かうことになる。

✿ 第1ターミナルでの搭乗手続き（チェックイン）

島内航空へのチェックインは通常、フライト時刻の2時間〜1時間30分前から。

チェックインの際に提示するのは航空券（またはeチケット控え）とパスポート。同時に機内預け荷物を計量し（機内預け荷物のサイズ・個数について→P.213）、預ける。以後、他島へ到着するまで機内預け荷物を開けることはできないので、必要なものは早めに抜き取っておく。もちろん貴重品やカメラなどの壊れ物は、日本出発時から手荷物にしておくこと。

手続きが終わると搭乗券を渡してくれる。搭乗券には搭乗時刻と搭乗ゲートが記入されていて、機内預け荷物引換証（Claim Tag）が添付されているはず。到着地（ハワイ島）のターミナルで機内預け荷物を引き取る際、空港係員がこの引換証をチェックするので、くれぐれもなくさないようにしよう。

■ダニエル・K・イノウエ国際空港の入国審査では、機械による入国審査端末、APCキオスク（Automated Passport Control Kiosk）が32台導入され、入国審査の時間短縮にひと役買っていたが、2023年4月現在新型コロナウイルスの影響により廃止されている。

ツアー客出口。第1ターミナルへ移動するなら、こちらから出たほうが早い

※「他島への乗り継ぎ手荷物預かりカウンター」は2023年4月現在クローズ中。

ハワイアン航空チェックインカウンター。個人手配なら、設置されているシステムを使って自分でチェックインできる。その際、予約番号が必要になるので、控えておこう

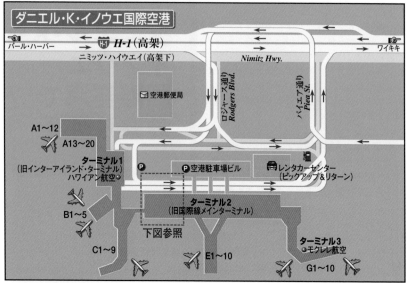

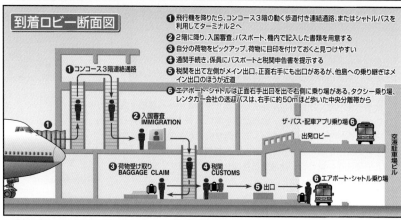

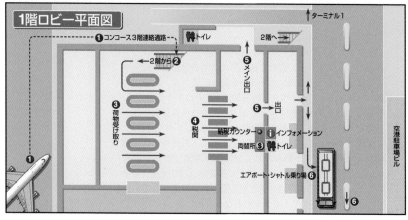

✿ セキュリティチェック

チェックインが終わったら手荷物検査とボディチェックを受ける。アメリカ同時多発テロ事件以降、機内に持ち込む手荷物の検査は厳しくなっている。靴を脱いだり、ベルトを外すようリクエストされることもある。ラップトップパソコンを持っている場合は、手荷物から出して別にチェックを受けること。手荷物検査場より先に規定以上の液体類を持ち込むことはできない（→P.200）。

ターミナル内にはスナックショップやバーがあるので、時間があれば利用するといい。

✿ 搭　乗

ハワイアン航空の場合は国際線と同様に、すべての座席が指定席となっている。チェックインの際に渡される搭乗券に座席番号が記入されている。ゲート前のシートなどで待ち、アナウンスに従って搭乗する。

搭乗ゲート前のエリア。空港では時間に余裕をもって行動したい

ちなみにホノルルからハワイ島への便の場合、景色がいいのは操縦席に向かって左側の席。ワイキキやダイヤモンドヘッドを眺められる。窓際の席に座りたければ、チケット予約、もしくはチェックインの際に相談してみよう。

搭乗手続きは余裕をもって
■数年前はフライトの30分前にチェックインすれば余裕だった諸島間航空だが、ネイバーアイランドの人気の高まりもあって、シーズンによってはチェックインカウンターが大混雑。さらにアメリカ同時多発テロ事件以降、セキュリティチェックに時間がかかることもあり、たとえ予約があっても乗り遅れてしまうというケースも多いようだ。何らかの理由で搭乗が遅れると、予約した飛行機に乗れないこともあるそうなので、なるべく早く搭乗手続きを済ませ、搭乗ゲートへ向かうようにしよう。

利用制限のある座席
■機内の非常口付近の席は、万一の緊急脱出などフライトアテンダントの指示に従う必要があるので、利用には英語が流暢に話せること、年齢制限などの条件がある。条件にそぐわなければこれらの座席に座ることは拒否される。

アナウンスに従って順番に搭乗する

COLUMN

覚えておこう　諸島間航空の基礎知識

航空運賃
航空運賃は頻繁に料金が改定されるので、一概にいくらとはいえないが、2023年5月現在のハワイアン航空のエコノミー運賃を紹介すると、ダニエル・K・イノウエ国際空港（ホノルル）発、ハワイ島コナへの最安値は5200円、同じくハワイ島ヒロへは8400円（大人・子供とも均一運賃）。そのほか、手数料や燃油サーチャージ、米国航空保安料などが別途必要となる。

手荷物について
ハワイアン航空の場合、機内には機内持ち込み手荷物ひとつと身の回り品1個を持ち込み可能。国際線同様、座席の下か頭上のコンパートメントに収まるものとし、機内持ち込み手荷物のサイズと重量は、約55.9cm×約35.6cm×約22.9cm、または3辺の合計が約114.3cm以内、約11.5kg以内で1個まで無料。なお、子供と一緒の場合、チャイルドシート、ベビーシート、ベ

ビーカーは機内に持ち込めるし、機内預け荷物として無料で預けることもできる。機内預け荷物（チェックインの際に預ける荷物）は1個目から有料。エコノミークラスの場合、縦、横、高さの合計が157cm以内、重量23kg以内なら1個目$25、2個目$35、3個目以降は1個$50。ハワイアンマイルズ会員の場合は、割引料金が適用される。サイズ超過は3辺の合計が157cm以上、203cm以下の範囲で$35。45kgを超える荷物は預けられない。

ただし、日本から乗り継ぎの場合、手荷物を預ける際に、日本発の航空券（eチケット控え）を提示すれば、機内預け荷物は3辺の合計157cm・重量23kg以内のものが2個までは無料となる。なお、ハワイアン航空以外の国際線を利用し、国際線から国内線、国内線から国際線の乗り継ぎが4時間以上空いてしまう場合は、1個目から有料となるので注意したい。

CHECK 日本からダニエル・K・イノウエ国際空港（ホノルル）に到着して、すぐネイバーアイランドへ飛ぶのなら、ホノルルでの入国審査にかかる時間を考慮して、ホノルル到着時刻から2～3時間あとくらいの便をおさえておくのがコツ。

ハワイ島の空港

❀ ハワイ島の空港案内

ハワイ島の空港施設は、島の東海岸にあるヒロ空港と、西海岸カイルア・コナの北にあるエリソン・オニヅカ・コナ国際空港。また現在は旅客機の受け入れをしていない小さな空港、カムエラ空港（ワイメアの南）がある。

エリソン・オニヅカ・コナ国際空港のバゲージクレーム

❀ エリソン・オニヅカ・コナ国際空港（KOA）　Ellison Onizuka Kona International Airport

長年、その地名からケアホレ空港と称されていたが、現在の正式名称はエリソン・オニヅカ・コナ国際空港Ellison Onizuka Kona International Airportとなっている。カイルア・コナの北、約7マイル（約11km）に位置している。国際空港ながらポリネシア風の平屋の建物で、素朴な雰囲気が漂う。

ホノルルからはハワイアン航空などが乗り入れている。ジェット機ならホノルルから約40分のフライト。ヒロ空港と同じく観光案内所があり、各種ツアーやホテル情報を入手できる。

日本航空が成田からコナへの直行便を運航しているが、2023年4月現在は運休中。

エリソン・オニヅカ・コナ国際空港から各地へのアクセス

ツアーの場合は各ホテルへの送迎が付いていることが多いが、個人旅行の場合はホテルまでの移動を手配しなければならない。

1 レンタカー

リピーターなら空港でレンタカーを借りてしまう方法が簡単。到着ターミナルを出ると、右側前方にレンタカー会社のカウンターがある。すでに予約があるなら、目の前の道路の中央分

エリソン・オニヅカ・コナ国際空港

P 駐車場
カワイハエ
⑲

空港ターミナル

各レンタカー受付カウンター

Budget
Hertz
National
Dollar
Avis
Alamo

レンタカー会社営業所、駐車場、返却所

QUEEN KAAHUMANU HWY

カイルア・コナ

航空会社の連絡先
■ハワイアン航空
ホノルル☎ 808-835-3700
[FREE] 1-800-367-5320

エリソン・オニヅカ・コナ国際空港からの所要時間				
行き先	マイル(km)	経　由	所要時間
ワイコロア・ビーチ・リゾート	17 (27)	19号線	約30分
マウナ・ケア・リゾート	25 (40)	19号線	約45分
カイルア・コナ	7 (11)	19号線	約20分
ケアウホウ	15 (24)	19号線	約30分

エリソン・オニヅカ・コナ国際空港のインフォメーションブース

CHECK 見出しの空港名のあとにある、カッコ内の3文字のアルファベット（エリソン・オニヅカ・コナ国際空港の場合はKOA）は、空港名の略号で世界共通のものです。

離帯で各レンタカー会社の送迎バスに乗り、車で3～4分ほどの営業所で手続きを行う。

エリソン・オニヅカ・コナ国際空港。国際空港ながら、何とものんびりとした風情だ

2 タクシー

タクシー乗り場は到着ロビーを出た所の道路を渡った中央分離帯。たいてい何台かが客待ちしている。

エリソン・オニヅカ・コナ国際空港からのタクシー料金目安	
ワイコロア・ビーチ・リゾート	$70 前後
マウナ・ケア・リゾート	$90 前後
カイルア・コナ	$33 前後
ケアウホウ	$50 前後

国際空港でありながら、タラップで乗り降りするというのはハワイ島ならでは

3 ホテルの送迎サービス

サウス・コハラの大手ホテルであれば、無料（一部有料）で空港からの送迎サービスを行っている。ホテル予約の際に確認してみよう。

🌺 ヒロ空港（ITO） Hilo Airport

ホノルルからヒロ空港へは、ジェット機で約50分（直行便の場合）。ハワイアン航空が乗り入れているほか、アメリカ本土からの直行便が運航されている近代的なエアポートだ。

空港内には観光案内所があり、各種ツアーやホテル情報などを取り揃えている。残念ながら、空港から市内への公共交通機関はない。ホテルによっては空港からの送迎サービスを行っているところもあるので、予約の際には確認してみよう。

1 レンタカー

到着ターミナルを出た正面にレンタカー会社のカウンターがある。すでに予約があるなら各レンタカー会社の送迎バスに乗り、車で1～2分ほどの営業所で手続きを行う。空港からバニヤン・ドライブ沿いのホテルまでは2マイル（約3km）ちょっとで、10分とかからない。

2 タクシー

タクシー乗り場は到着ロビーを出た所にあり、たいてい何台かが客待ちしている。バニヤン・ドライブ沿いのホテルまでの乗車料金は約$13。

主要レンタカー会社連絡先
■アラモレンタカー
　エリソン・オニヅカ・コナ
　国際空港📞844-914-1550
　ヒロ空港📞844-913-0734
■エイビス・レンタカー
　エリソン・オニヅカ・コナ
　国際空港📞808-327-3000
　ヒロ空港📞808-935-1298
■バジェットレンタカー
　エリソン・オニヅカ・コナ
　国際空港📞808-329-8511
　ヒロ空港📞808-935-6878
■ダラー・レンタカー
　日本語
　📞808-204-1841
　ヒロ空港📞866-434-2226
　カイルア・コナ📞808-434-2226
■ハーツレンタカー
　日本語
　📞808-204-1874
　エリソン・オニヅカ・コナ
　国際空港📞808-329-3566
　ヒロ空港📞808-935-2898
■ナショナルカーレンタル
　エリソン・オニヅカ・コナ
　国際空港📞888-826-6890
　ヒロ空港📞844-913-0732

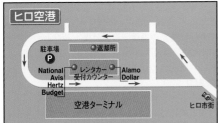

ヒロ空港
駐車場 P　返却所
National　レンタカー　Alamo
Avis　受付カウンター　Dollar
Hertz
Budget
空港ターミナル　　　ヒロ市街

ハワイ第2の都市・ヒロの空港ターミナル

🐷 **CHECK** エリソン・オニヅカ・コナ国際空港の出発ゲート内にはおみやげを購入できるショップがあり、ハワイ島でしか手に入らないアイテムが豊富に揃う。最後の買い物に立ち寄ってみてはいかが。

現地での島内移動

❀ レンタカー

　ホノルルほど公共交通機関が発達していないハワイ島で、自由気ままに動き回るには、やっぱりレンタカーが便利。ホノルルに比べてとにかく広く、交通量も少ないし、道路も混み入っていないから、初めての左ハンドルなら、ハワイ島のほうが挑戦しやすいだろう。ここではセーフティドライブのためのヒントを紹介しよう

◎ 予約は日本で済ませてしまう

　ハワイでレンタカーを運転する予定があるなら、日本で予約を入れておくほうが賢い。国内であれば当然、言葉の心配も無用だし、外国人旅行者専用の割引システムを利用すれば、現地で借りるより安上がりになるメリットもある。

◎ クレジットカードは必需品

　日本で手配した予約確認証（バウチャー）があれば、現地での手続きは、その書類と日本の運転免許証および国際運転免許証、パスポート、クレジットカードを提示すればよい。

　あとは口頭で聞かれる質問、①利用日数、②車の返却場所、③宿泊ホテル名、④日本の住所と電話番号、⑤他の保険に加入するかなどに答え、署名欄にサインをすれば完了。

　ただし会社によっては、25歳未満は1日＄15～25くらいの追加料金を払わないと借りられない場合もあるので注意。ちなみに運転資格があるのは21歳以上。

◎ おもな任意保険の種類

　万一に備えて、各レンタカー会社が設定している任意保険への加入を検討しておこう（加入料はレンタカー会社によって異なる）。

● LDW（またはCDW）

　事故で自車両を破損した場合、その修理費の支払いを免除してくれる制度。加入料は車種により異なるが1日＄30程度。

● PAI/PEC

　事故時における契約者（運転者）と同乗者の治療費などを負担してくれる傷害保険とレンタカー乗車中の荷物の盗難（ただし現金などは含まず）などに支払われる保険。死亡保険金の限度額は運転者、同乗者ともに＄17万5000。治療費はともに＄1万（歯科治療は＄250）。また、盗難品の補償限度額は携行品ひとつにつき＄500、1事故の補償限度額は＄1800まで（免責＄250）。加入料は1日＄7.50前後。

● LIS（またはSLI、ALI）

　対人・対物に損害を与えた場合、最大で＄100万を限度として補償される保険。加入料は1日につき＄14.20前後。万一の場合を

おもなレンタカー会社の日本での連絡先
◉アラモレンタカー
　【FREE】0120-088-980
◉エイビス・レンタカー
　【FREE】0120-311-911
◉バジェットレンタカー
　【FREE】0120-113-810
◉ダラー・レンタカー
　【FREE】0800-999-2008
◉ハーツレンタカー
　【FREE】0800-999-1406
◉ナショナルカーレンタル／
　ニッポンレンタカー
　【FREE】0120-107-186

横断歩道は要注意！
■ハワイでは2005年9月にクロスウオーク（横断歩道）法が施行された。歩行者の死亡事故防止のための州法で「運転者は、歩道内の歩行者が自分の運転する側の車線を横断している間は、完全停止しなければならない」というもの。
車線数が多い道路や一方通行の道路、交差点で右左折するような場合にはくれぐれも注意。どんなときも歩行者を優先させる気持ちで停止するのが無難だ。違反した場合、罰金は＄150～。
さらにこの州法では、横断歩道でない場所を渡る歩行者、いわゆる「ジェイウオーカー」も罰則対象となるので要注意。ワイキキのカラカウア通りなどで、途中から横断歩道に入ったり、横断歩道の途中から車道へ出てしまうのもNG。こちらの罰金は＄130。

🐢 **CHECK**　ハワイでは日本の運転免許証のみで運転できる。ただし、トラブル時には国際運転免許証の提示を求められることも多い。国際運転免許証を取得していればより安心だ。

考慮すると、この保険にはぜひ加入しておきたい。以上の数字はハーツレンタカーのもので、日本で予約しておけばこれらの任意保険が含まれていて、料金もお得なのでぜひ確認を。

● 車は空港から借り出してしまう

レンタカーの利便性は荷物の移動が大変な到着時、出発時にその威力を発揮する。空港から借りて、空港で返すのがおすすめ。

● ガソリンは自分で入れる！

ハワイでいちばんポピュラーなのは、セルフサービスのガソリンスタンド。文字どおり自分でガソリンを入れるというシステム。

セルフサービスを利用するときは、まずキャッシャーに行って、使用するポンプの番号を告げ、デポジット（前払い金）を払う。満タンの場合は車種や残量にもよるが＄20〜30程度でＯＫ。

キャッシャーから戻ったら、ノズルを外してスタンドのレバーをＯＮにし、車のタンクの注入口にノズルを差し込む。グリップを強く握ればガソリンが出るし、弱めれば止まるという具合に、使い方は簡単。＄５ぶんだけ入れたい、20リットルだけ入れたいというときは、スタンドのメーターを見ながら調整すればいい。

ガソリンを入れ終わったら、ノズルをＯＦＦに戻し、キャッシャーで支払いを済ます。また、クレジットカードでの支払いＯＫのスタンドも多く、この場合はデポジットは必要ない。

● 運転上の注意事項

1 ハワイは右側通行。間違って反対車線を走らないように注意したい。"No Turn on Red"と表示された信号以外は赤でも右折ＯＫ。左手から来る車に気をつけながら右折する。

2 スクールバスが停車していたら、後続車はもちろん、対向車線の車も停車すること。子供たちが車道を横断し終わって、バスが発進したら、それに続く。

3 違法駐車は厳しく取り締まられるのでこれも注意。1分もたてばパトロールカーが飛んでくるので、有料の駐車場かパーキングメーターを利用しよう。違法駐車で切符を切られたら、1週間以内に必ず違反金を払うこと。でないと割増金が加算される。支払いは裁判所に出向くか、反則切符に付いている封筒にマネーオーダー（郵便為替）を入れて投函する。クレジットカード支払いなどは受け付けないので注意を。

4 ハワイ島では、都市部以外は道路の街灯がないところも多い。夜間の走行は十分に気をつけて、明るいうちにホテルへ帰着するように心がけたい。

● 事故を起こしてしまったら

警察に事故発生の通報を入れるまでは日本と同じ。このあとレンタカー会社にも連絡を入れ、指示に従って所定の用紙に事故報告書を書き、事故発生から24時間以内に提出をすること。この報告書は保険請求などで必要になる書類なので迅速に行いたい。

一時停止

進入禁止

優先道路あり　前方対面通行

左折または直進のみ

行き止まり

一方通行

駐車禁止

右折のみ可

Ｕターン禁止

左折禁止

病院あり

制限速度 50 マイル

運転中の携帯電話使用禁止
■ハワイでも運転中の携帯電話の使用が禁止されている。赤信号での停車中に携帯電話に触れることも禁止。ただし、イヤフォンなどを利用したハンズフリー通話は許可されている。違反した場合、1度目は罰金 $67、3回違反すると最高 $500 の罰金が科せられる。

地球の歩き方リゾートスタイル R06
ハワイ ドライブ・マップ
■ハワイ各島をレンタカーで旅するための必須マップ。利用者が安心・快適にドライブできる地図＆情報が満載！（定価：本体 1800 円＋税）

CHECK ガソリンを入れる際、給油機にクレジットカードを通すタイプがあるが、ジップコード（郵便番号）を聞いてくる。日本の郵便番号を入れてもエラーになるので、その場合はキャッシャーで精算を。

270号線／ポロル渓谷への道はところどころ見通しの利かないカーブがある。

ハマクア・コースト／大型トラックに注意。渓谷を渡る際のいくつかのヘアピンカーブは減速してパスすること。

250号線／標高900mを超える地点もある山岳ドライブ。雨も多い。ワイメア付近の急な下り坂には要注意。

ヒロ付近／ヒロ湾に向かって長い下り坂。エンジンブレーキを積極的に使いたい。

マウナ・ケア・ロード／中腹のオニヅカ・ビジターセンターまでは普通車でもOKだが、その先は四輪駆動車のみ。

ヒロのダウンタウン／一方通行あり。路上駐車はパーキングメーターのある場所で。町の山側は、学校、居住地区なので歩行者に注意。

19号線・コハラ・コースト／ほぼ一直線の高速ドライブが楽しめる。スピード感覚のマヒに注意。横風の強いことがある。

11号線・ボルケーノ付近／キラウエアを頂点として長い坂道が続く。道路はよく整備されている。

■1 アリイ・ドライブ／速度取り締まり多し。制限速度厳守。

■2 19号線・コナの山手側／上りは登坂車線あり。景色がいいので脇見運転に注意。

■3 ナポオポオ・ロードと160号線／海に向かって急な下り。エンジンブレーキの多用を。プウコハラ・ロードは草むらの中を走る狭い道。対向車に注意。

■4 ケアリアの南／道幅狭し。路肩が崩れている場所もあり、小さなカーブの連続。夜間は絶対走らないほうがいい。

チェーン・オブ・クレーターズ・ロード／海に向かってジェットコースターのように下っていく道。スピード注意。

ボルケーノ／標高は約4000フィート（約1200m）。霧が発生しやすいので、見通しが悪くなったらヘッドライトをつけること。かなり冷え込むので防寒の用意を。

200号線サドル・ロード／小さなアップダウンが多い。マウナ・ケア山のヒロ側だけでなく、ワイメア側も道路状況がよく、整備が行き届いている。朝晩は霧が発生しやすく走行には注意が必要。

マウナ・ロア・ロード／四輪駆動車のみ。

11号線ナアレフ付近／長い坂道とカーブの連続。村に入ったら減速すること。

大手レンタカー会社では、日本語対応のGPSナビゲーションをレンタルしていることが多い

■5 190号線／景色のいい高原地帯のドライブ。アップダウンやカーブに注意。トラックも多い。

■6 サウス・ポイント・ロード／ところどころアスファルトのはがれた所がある。道幅は狭い。レンタカー会社によっては走行が禁止されている。

✿ ヘレオン・バス

　ヘレオン・バスはハワイ郡政府がオペレートする公共バスシステム。この大きなハワイ島の主要都市を網羅していて、料金も$2と安い。ルートも決まっていて、それぞれの本数も少ないが、上手に利用すれば、レンタカーを使用しない個人での旅の幅も広がるだろう。観光に便利なルートはざっくりと以下の通り（カッコ内数字はルート番号）。コナ周辺を運行するコナ・トロリー（201）、ヒロ－カイルア・コナ（1）、ヒロ－ハワイ火山国立公園（レッドライン11）、ヒロ－パホア（40）、ヒロ－サウス・コハラ・リゾート（80）、ヒロ－ホノカア／ワイメア（60）、ホノカア－カイルア・コナ（グリーンライン76）、ノース・コハラ－ワイメア－サウス・コハラ・リゾート－カイルア・コナ（75）、サウス・コナ－キャプテン・クック（204）、ノース&セントラル・カイルア・コナ（202）、セントラル・カイルア・コナ（203）など。

見逃せないのはヒロとカイルア・コナを結ぶワイメア経由北回りのルート（1）。時間はかかるが、わずかなお金で島の北半分の町々を見ることができる。スケジュールはヒロ方面行きがターゲット始発7:45、ヒロのモオヘアウ公園着10:41。コナ方面行きはヒロのベイ・フロントパークが始発で9:30、カイルア・コナのターゲット着12:15となっている。

● コナ・トロリー

　ヘレオン・バスには約20以上のルートがあるが、そのなかでカイルア・コナに滞在している観光客が利用しやすいのが、コナ・トロリー（201）と呼ばれるコナの町を走るルート。コナ・コモンズにあるターゲットから、アリイ・ドライブの南端にあるケアウホウ・ショッピングセンターをつないでいて、カイルア・コナのおもな人気スポットに停車するので使い勝手がいい。本数は1時間に1本なので、欄外の公式サイトから時刻表をチェックしておこう。

　なお、2023年末までコナ・トロリーを含むヘレオン・バスは乗車料金が無料。かなりお得にハワイ島を移動できるので、ぜひ利用していただきたい。

カイルア・コナの町を走るコナ・トロリー

バスの乗り方と降り方

■基本的なバスの利用方法を紹介しよう。
①目的のバスの停留所（Bus Stopのサイン）で待つ
②バスに乗り込む
③降りるタイミングがわからない場合は、運転手に降りる場所を伝えておく
④降りる場所がわかる場合は、目的のバス停手前で、車内にあるコードを引く

ヘレオン・バス
Hele-on Bus
☎ 808-961-8744（ヒロ・オフィス）● 7:45 ～ 16:30
🗓 土・日曜、祝祭日
💲 $2
※ 2023年末までは料金無料
⊕ www.heleonbus.hawaiicounty.gov
※運行する曜日は、ルートにより異なる

バス内でのマナー

■ヘレオン・バスに乗車するにあたって、車内では飲食禁止、大声で騒がないなど最低限のマナーは守ろう。バスへの持ち込みについては、サーフボード、ボディボード、ブギーボード、釣り竿、カヌーのオールなどは持ち込み禁止。ベビーカーは折りたたんで座席の下へ収納すればOK。

ヒロの町にあるヘレオン・バスのベイ・フロントパークの停留所

カイルア・コナのアリイ・ドライブ沿いにあるコナ・トロリーの停留所

🐎 **CHECK** バスのルートマップや時刻表はヒロのモオヘアウ公園・バス・ターミナルインフォメーションセンター♀ P.101-A1で手に入る。

HIBIKE

📞 888-859-2453 🏠 529 Koula St.Bay 2 Honolulu（オフィス）
🕐 7:00 ～ 23:00（カスタマーサービス）🚲 シングルライド $3.50（30分間）
※ 30分につき $4.50 で延長可能、ザ・ホッパー $10（1日利用）
※ 1回の使用は 30分まで。ドックに返却後、再度利用可能。利用は 16歳以上からで支払いはクレジットカードのみ💳 JVM
🌐 www.hawaiiislandbike.com

HIBIKE 使用の注意点
▓ドックに乗車コードを打ち込む際はしっかりとボタンを押そう。認証されるとランプが黄色から緑に変わる。緑になったのを確認して引き抜くこと。返却の際は、必ずドックのランプが緑になったか確認をする。正式に返却されていなくて、延長料金がずっと加算されていた、というトラブルもあるようだ。乗車コードはプリントアウトできるので必ず印刷しておくこと。万が一忘れてしまっても再発行はできる。自転車をレンタルする際は、タッチパネルで操作をする前に、HIBIKE ストップにある自転車が破損していないか、タイヤにしっかりと空気が入っているか確認しておくと安心。

おもな配車アプリ
● Uber

🌐 www.uber.com/jp/ja/

● Lyft

🌐 www.lyft.com

🍀 HIBIKE（ハイバイク）

ハワイ島で新たに導入されたシェアサイクルサービス。オアフ島にある「biki」と同様のサービスで、おもにカイルア・コナとヒロの町に専用自転車が配置され、クレジットカードさえあれば誰でも自由に利用できる。30分間の利用なら、どこまで行っても$3.50（詳しい料金は欄外参照）。HIBIKEストップ（専用駐輪所）であれば、どこに返却してもOKなので、気軽に利用できるのがうれしい。何より、ハワイの風を感じながらの走行は想像しているより心地がいい。サービスの利用手続きは画面の指示に従えば簡単にできるが、ここでは簡単に流れをご紹介しよう。

●HIBIKEストップを探す
●タッチパネルで利用許可証の購入をタッチ
※左上の国旗マークをタッチすると日本語に言語を変えられる。
●台数の選択、料金プランの選択後、クレジットカードで支払い
●乗車コードを自転車に入力
※購入完了すると、5桁の数字で乗車コードが発行される。このコードを自転車のドックに打ち込んで自転車を取り外そう。
●返却
最寄りのHIBIKEストップを探して、ドックに自転車を頭から押し

入れランプが緑に変わり、ロックがかかったのを確認して、返却完了となる。

この画面で購入完了。乗車コードはメモしておくか、プリントアウトして保管しておこう

🍀 配車アプリ・タクシー

オアフ島では主流になりつつある「Uber」や「Lyft」といったアプリを使用した配車サービスはホノルルほどではないものの、カイルア・コナやヒロの町ならつかまりやすい。スマートフォンがあればどこでも呼び出せるのでかなり便利。日本で事前にスマートフォンにダウンロードしておこう。またタクシーは町なかの流しでは走っていないので、ホテルやレストランで呼んでもらう必要がある。とはいえ、ハワイ島は広いので、長距離の移動になると高額になってしまうことも。なるべく短い移動距離での利用をおすすめしたい。

CHECK HIBIKE の交通ルールは自動車と同じ。一方通行の場所や道路の逆走は NG だ。また歩道の走行は危険なので、必ず車道を走ること。やむをえず歩道を通る場合は、自転車から降りて歩くようにしよう。

インターネット

普段からこまめにメールをチェックしている人や、ソーシャル・ネットワーキング・サービスを利用している人は、海外旅行先でのインターネット環境が気になることだろう。特にWi-Fiの環境がよければ、旅のスタイルもグッと変わってくる。例えば、スマートフォンの地図アプリを使って目的地を検索したり、カーナビゲーション代わりに使えたりする。また、スマートフォンで写真を撮って、その場で旅の記録を友達に送って共有することだってできてしまう。ハワイのインターネット状況を知っていれば、旅のプランも立てやすくなるだろう。

しかしながら、ハワイでインターネットを使用するための方法は、それぞれの旅のスタイルで大きく変わってくる。ここではハワイでインターネットに接続するための一般的な方法を紹介する。どの方法も旅行者の旅のモデルによってメリットとデメリットがあるため、自分の旅のプランに最適な方法を見つけてほしい。

ホテルで

ハワイ島のだいたいのホテルでは、客室で無料のWi-Fiを接続することができる。ホテルによってはチェックイン時に接続用のパスワードを説明してくれる。基本的には宿泊ゲスト専用なので、宿泊者以外は利用できないが、一部の大型ホテルであればロビーやプールサイドなどでWi-Fi接続が可能な場合もある。

フリー Wi-Fiを活用する

では宿泊しているホテル以外でWi-Fi接続が可能な場所があるのかというと、カフェやレストランで利用できる場合が多い。こちらも、自由に利用できる場合もあれば、スタッフにWi-Fiを利用したいという旨を伝えてパスワードを教えてもらって接続、という方法もあるようだ。

海外用モバイルWi-Fiルーターをレンタルする

インターネット利用で最もポピュラーなのがこちら。渡航先で使える小型のモバイル用Wi-Fi機器を使えば、1日中どこにいてもインターネットが使用できる。機器にもよるが、ルーター1台で複数名が接続可能なため、グループ旅行であれば安く済むのが利点。利用方法も簡単で、現地に到着したらルーターの電源をオンにして、スマートフォンでパスワードなどを打ち込めば完了。予約方法は各社のHPから申し込み、空港でレンタルし、返却という流れになることが多い。料金については、レンタル日数のほかに、通信容量によって異なる。簡単なネットの検索などでしか使用しないなら1日600MBとか、現地で長時間の動画などをよく見るといった場合には無制限プランなどを選ぶといい。

各社携帯電話会社の海外パケット定額を利用
■普段と異なる設定や手続きをせず、自分の日々使用しているスマートフォンをそのまま海外でも使用したい、という場合には各社携帯電話会社が提供するパケット定額サービスがおすすめだ。
これは海外で日本の携帯電話を使用した際、現地のキャリアと通信が行われることで、現地の通信設備を通して日本のキャリアのサービスが受けられるというもの。
携帯電話回線をそのまま使用するので、SMS（ショートメッセージ）なども利用できる。月々の使用料にオプションとして契約している場合（いつ海外に渡航しても使用可能）や、1単位の定額制として、使用した分だけ請求が来るパターンなど、各社によってプランが豊富に揃っている。
自分の使用している携帯会社のプランを確認しておきたい。

ホテルの客室で Wi-Fi 接続すれば無料でインターネットが利用可能。通信速度も速いので快適だ。

Wi-Fi ルーターの注意点
■常にルーターを携帯していなくてはいけないため紛失のリスクがあることや、グループでひとつのルーターを借りたときは別行動してしまうとネット接続ができなくなってしまうこと、またルーターのバッテリーを毎日充電するといったことなどが挙げられる。

🌺 **CHECK** オアフ島のダニエル・K・イノウエ国際空港ではフリー Wi-Fi が利用可能。SIM カード（→ P.222）などの初期設定でネット接続が必要な場合はぜひ活用したい。

グローバル WiFi
⊕ townwifi.com/

SIM カードの注意点
■ SIM カードを差し替えることで電話番号が変わる。滞在中日本からの電話がかかることがなければ問題はないが、新しい番号を知らせるなどの対応が必要だ。SIM カードは日本の家電量販店やアマゾンといったネットで購入できる。ハワイでも販売しているが、使用している端末に対応しているかなど細かいチェックが必要。

ハワイでのおもな通信キャリア
■ T-mobile か AT&T。ハワイで使用できる SIM カードはどちらのキャリアも販売しているが、簡単に説明すると通信エリアと対応バンドの違い。AT&T のほうが T-mobile と比べて対応エリアが広く、通信速度も速い印象。ただし、T-mobile より割高となる（だいたい + 1000 ～ 2000円）。どちらのキャリアも、サウス・ポイントやボルケーノ、ワイメアエリアは通信速度が下がりがちなので、コナなどの市街がメインなら割安の T-mobile が無難だろう。

❀ SIMカード

とにかく安く、長期間滞在するという人におすすめなのが現地キャリアに対応したSIMカードをSIMフリーのスマートフォンに差し替えて利用するという方法。

SIMカードのほとんどはプリペイド式で、3日間、5日間、10日間といった具合に使える日数が決まっている。そのため、短い日数であれば1000円台のものもあるなど、とにかくコストパフォーマンスが高いのがウリ。ただし、SIMカードを使用するためにはいくつかの事前操作と準備が必要。

まず、SIMフリーのスマートフォンでないとSIMカードは使用できない。SIMフリーにするためには、SIMロックの解除をすでに契約しているキャリアに申請するか、SIMフリーのスマートフォン（もしくはタブレット）を新たに用意する必要がある。また現地で使用する前に事前に接続先の設定（APN設定）などが必要なため、慣れていないと少々苦戦するかもしれない。ただし、日本で購入できるほとんどのSIMカードはサポートも充実しているので、手順どおりに作業できれば、さほど難しいことはない。

SIM カードは一般的に「標準」「micro」「nano」の3サイズがある。使用する端末によって対応サイズが異なるので、購入の際はよくチェックしておこう。写真は全サイズ対応の SIM カード

INFORMATION
ハワイでスマホ、ネットを使うには

スマホ利用やインターネットアクセスをするための方法はいろいろあるが、一番手軽なのはホテルなどのネットサービス（有料または無料）、Wi-Fiスポット（インターネットアクセスポイント。無料）を活用することだろう。主要ホテルや町なかにWi-Fiスポットがあるので、宿泊ホテルでの利用可否やどこにWi-Fiスポットがあるかなどの情報を事前にネットなどで調べておくとよい。ただしWi-Fiスポットでは、通信速度が不安定だったり、繋がりにくい場合があったり、利用できる場所が限定されたりするというデメリットもある。そのほか契約している携帯電話会社の「パケット定額」を利用したり、現地キャリアに対応したSIMカードを使用したりと選択肢は豊富だが、ストレスなく安心してスマホやネットを使うなら、以下の方法も検討したい。

☆ 海外用モバイルWi-Fi ルーターをレンタル

ハワイで利用できる「Wi-Fiルーター」をレンタルする方法がある。定額料金で利用できるもので、「グローバルWiFi（[URL] https://townwifi.com/）」など各社が提供している。Wi-Fiルーターとは、現地でもスマホやタブレット、PCなどでネットを利用するための機器のことをいい、事前に予約しておいて、空港などで受け取る。利用料金が安く、ルーター1台で複数の機器と接続できる（同行者とシェアできる）ほか、いつでもどこでも、移動しながらでも快適にネットを利用できるとして、利用者が増えている。

▼グローバルWiFi

海外旅行先のスマホ接続、ネット利用の詳しい情報は「地球の歩き方」ホームページで確認してほしい。
【URL】http://www.arukikata.co.jp/net/

🐾 CHECK グローバル WiFi や WiFiBOX ⊕ wifibox.telecomsquare.co.jp といった人と接触せずに Wi-Fi ルーターをレンタルできるサービスも人気。

ハワイ島旅行前に入手しておきたい無料 " 神 " アプリ

今や旅のお供に欠かせないスマートフォンアプリ。なくても旅はできるけれど、インストールしておけばよりハワイ島旅行が便利に賢く楽しめる。下記の無料で入手できるおすすめアプリをチェックしておこう。

● Google Maps

現在地はもちろん、目的地までのルート検索など交通情報もわかる。主要エリアの MAP はお店の営業時間や住所、口コミなども表示されるのでとにかく便利。Wi-Fi 環境されあれば、車のカーナビ代わりに使える。

● Google 翻訳

入力したテキストを 132 の言語間で翻訳可能。カメラアプリを起動して、画像内に映したテキストを瞬時に翻訳してくれる機能もある。日本語で話しかけると現地語の音声で返してくれる。言語ファイルをダウンロードしておけば、オフラインでも使用可能。

● LINE

無料通話やメッセージの送受信ができる。日本ともつながるので、国際電話を使わなくて済むのがうれしい。ただし通信量やギガ数などには注意を。ほかに「Skype」や「カカオトーク」などのメッセンジャーアプリもおすすめ。

● Open Table

加盟している店舗であれば、店に電話をかけることなく、アプリ上で直接予約ができる。日本語で時間帯と人数を指定するだけなので簡単。位置情報サービスを利用するので、現在地からすぐの店が表示される。

● yelp

レストランやカフェといった飲食店の口コミアプリ。位置情報によって付近の店が表示され、店の評価やメニュー、営業時間、料金などとともにわかりやすく表示される。店舗によってはアプリ上で予約も可能。

● Uber、Lyft

スマートフォンで目的地と乗車位置を指定すると、どこにいても現在地まで迎えに来てくれる配車サービスアプリ。台数がそこまで多くないので、カイルア・コナやヒロといった町なかで使用したい。

● Currency

150 以上の国の通貨間の為替レートを計算してくれるアプリ。旅行前にダウンロードしておいて、金額をチェックしたい。オフラインで使えるので、現地で日本円に換算したいときに便利。

●チップ計算機

人数、チップのパーセンテージを設定して請求金額を入力すると、ひとり当たりのチップ金額を計算してくれる。ひとりで使用する場合は請求金額とチップの合計金額が表示されるのでわかりやすい。

●外務省海外安全アプリ

渡航先の国をアプリ上に登録すると、スマートフォンの GPS 機能を使用して、緊急連絡先や現地の安全情報を確認することができる。海外旅行を思い切り楽しみたいなら、インストールしておこう。

● Windy

雨や気温だけでなく、風向きや風速まで表示してくれる天気予測アプリ。時間単位で 7 日間先までシミュレーションしてくれるので、天候が変わりやすいハワイ島では特に活躍する。視覚的にわかりやすいデザインが特徴。

チップと
マナー

✿ チップについて

　日本にはチップを払う習慣がないので、つい疎くなりがちだが、アメリカでは受けたサービスに対して、チップという形で対応するのが常識。ルームキーパーやポーターのようなサービス業の人々にとって、チップは当然かつ正当な収入になる。極端にいえば気持ちのいいサービスを受けたと思ったら、チップの額ははずんだっていい。

◉チップの金額について

●ポーター

　荷物1個につき＄1〜2が相場（1回の運搬で最低でも＄1）。大きさ、重さにより多少変わる。

●ベルマン

　ホテル、レストランなどにごく普通に出入りする場合は必要なし。タクシーを呼んでもらったときは＄1程度、駐車場から車を運んでもらった場合も＄1程度。

●ルームキーパー

　ベッド1台につき最低＄1。ホテルの格によって＄2〜3。朝、客室を出るとき、枕の上などわかりやすい場所に置く（ピローチップという）。部屋が散らかっているときは少し多めに。

●タクシー

　メーターの15％前後。少額のときも、最低＄1を。

●レストラン

　勘定書の約18〜25％。すでにサービス料が加算してあれば、チップを払う必要なし。小額紙幣がないときは、支払いを済ませてからチップを払ってもよい。ホテルのレストランなら勘定書に金額を書いてサインすれば、チェックアウト時に精算できる。

●バー

　キャッシュ・オン・デリバリー（飲み物が運ばれるたびに支払う方式）でカウンターに座って飲むなら、基本的にチップは不要。テーブルに座ったときは、フロアスタッフにそのつど渡す。ビールやウイスキーなら50¢、カクテル類なら＄1ぐらい。最後にまとめて払う場合は、合計金額の20％程度を。

◉クレジットカードを使う場合

　チップはクレジットカードでも支払える。伝票の合計金額（TOTAL）とその上の欄がブランクもしくは（tip）（service charge）（Gratuity）と書かれているので、上の欄にチップ代を書き込み、料理の金額と合わせた数字をTOTAL欄に記入する。客用控えのレシートを確保すればその場に伝票を置いて店を出てもよい。

小銭では渡さない
■チップで1、5、10セントの硬貨はなるべく使わないように（せいぜい25セント硬貨に）。特にレストランでは、お札だけにするほうがスマート。計算したらチップの額が＄4.20とか＄5.80になる場合、それぞれ＄4、＄6とドル札をチップにする。位を切り上げるか、切り捨てるかはその店のサービスの満足度で決めればいい。

ホテル内レストランでの
支払い

伝票に①チップの金額、②合計金額、③部屋番号、④サインを記入すればチェックアウトの際、精算される。

毎日のピローチップをお忘れなく

CHECK チップの目安と州税早見表が P.231 にあります。

❀ マナーについて

アメリカ（ハワイ）で必要なマナーとは「他人との接し方」だ。アメリカ社会では他人に対するマナーがことのほか重要視される。このあたりの誤解・不理解がもとで、知らぬ間に現地の人からイヤがられる人は多い。「日本人はマナーがなってない」と言われないよう、楽しい旅にするためにも守りたいマナーの例を紹介しよう。

● 列は1列に並ぶ

トイレ、キャッシャーなどでは1列に並び、空いた所から順番に使用するのが基本。それぞれのドアや窓口に並ぶようなことはしない。列がはっきりしていなかったら「Are you on the line?（列に並んでいるのですか）」と聞いてみよう。

● 公共の場では禁酒

パブリックビーチなど、公共の場でアルコールを飲むことは法律で禁止されている。歩きながらはもちろん、ビーチで缶ビールを……も違法になるので注意を。

● 喫煙には厳しい

たばこを取り巻く環境は日本より厳しく、飛行機内、ホテルのロビーなど公共の場所は全面禁煙となっている（→欄外）。場所をわきまえずに吸ったり、歩きながら吸ったり、ポイ捨てすることは慎まなければいけない。

● あいさつは忘れずに

道を歩いて人に触れたら「Excuse me.」、ひどくぶつかったら「I'm sorry.」。このふたつは最低限忘れずに。また、お店に入ったら店員に「Hi！」、エレベーターで人と乗り合わせても「Hi！」とひと言。人と顔を合わせたときはできるだけあいさつしよう。

● その場に合った服装を

高級レストランへ行くのに、ショートパンツにサンダルでは恥をかくだけ。また、ブランドショップにビーチサンダルで出かけ、騒ぐ子供を放って買い物などはもってのほか。ホテルのロビーを水着姿で歩くのもマナー違反だ。

● 女性は肌の露出を控えめに

夜のバーやディスコなどで肌を露出し過ぎる服装は、売春婦かと思われかねない。実際に日本人がレイプなどの性犯罪に遭っているので注意したい。

● 子供と一緒に行動を

ハワイでは、12歳以下の子供をひとりにしてはいけないという法律がある。子供をホテルの部屋に残して出かけないこと。

新禁煙法について
■ハワイ州では2006年11月16日から新禁煙法がスタート。これにより公共の場所ではたばこ（電子含む）が吸えなくなっているので、愛煙家は要注意。

おもな禁煙場所は①州や郡が所有する建物。②レストラン、バー、ナイトクラブ。③ショッピングモール。④空港内、公共の交通機関（バス・タクシーなど）。⑤ホテルのロビーや通路。

ホテルの禁煙ルームはラナイ（ベランダ）での一服も禁止、ホテルによっては禁煙室で喫煙するとクリーニング代などが請求されることもあるそうだ。

COLUMN

各シーンでの注意

●ビーチで
ハワイ島のビーチでは冬でも泳げる。しかし、曇ったり風が強かったりすると体感温度はかなり低くなる。また年間を通して日差しは強いので冬でも日焼け止めは必須。

●山で
マウナ・ケアなどの山の頂上はもちろん、ハワイ火山国立公園やワイメアといった標高の高い地域では、日中でもかなり気温が下がる。防寒の用意が必要。

●町歩きで
レストラン、ショップ、スーパー、バスなどでは冷房が非常に効いている。また、朝晩は寒く、ビーチ沿いで風に当たると体が冷える。薄手のカーディガンやトレーナーなど、はおるものを1枚持って歩こう。

「優先座席」を守ろう
■ハワイ島を走る公共のバスにも、日本でいうところの優先座席（シルバーシート）がある。日本でもお年寄り、妊婦の人に席を譲るのは当たり前。ブランドの紙バッグを持って、この席を占領するなどは避けるよう注意したい。

ゴルフ場での注意
■たばこの投げ捨て、ヒールの高い靴でグリーンを歩く、カートで道路を外れるなどはもってのほか。また、プレイのディレイ（遅延）にも気をつけたい。

電話と郵便

料金について
■ホテルからのダイヤル直通国際通話は便利だが、日本の国際電話会社の日本語サービスを利用したほうが安上がり。

通話料を抑えるスマートフォンアプリ
■NTTコミュニケーションズが提供する「050 plus」を利用すれば、海外から日本へ、日本国内と同じ通話料で話すことができる。
◆月額300円（税別）
※パケット通信料、通話料は別途発生。出発前申込みとダウンロードにて、海外からでも通話料を気にせず電話ができる。
詳細は下記にて。
⊕ welcome.050plus.com/web/top.do

携帯電話を紛失した際の、ハワイ（海外）からの連絡先（利用停止の手続き。全社24時間対応）
■au：（国際電話識別番号011）+81+3+6670-6944 ※1
■NTTドコモ：（国際電話識別番号011）+81+3+6832-6600 ※2
■ソフトバンク：（国際電話識別番号011）+81+92+687-0025 ※3
※1：auの携帯から無料、一般電話からは有料
※2：NTTドコモの携帯から無料、一般電話からは有料
※3：ソフトバンクの携帯から無料、一般電話からは有料

❀ どこからかけるか

●公衆電話から
　市内通話は1回50¢。市外通話は場所により異なるがやや高い。空港やホテルにはクレジットカード式の公衆電話もあるが、コイン（5¢、10¢、25¢）でかけるのが一般的。
●クレジットカード式公衆電話から
　クレジットカード（ビザ、マスター、アメックスなど）を直接機械に通して読み取らせ、料金をカードから引き落とすタイプのもの。国際電話をかけるのに便利。
●ホテルの部屋から
　料金はホテルによって異なるが1通話75¢〜＄1.50と、公衆電話よりも割高となる。また相手が出なくても、数回呼び出し音を鳴らすだけで手数料がかかることがあるので注意しよう。日本への国際電話は手数料も取られる。市内通話は無料というホテル、コンドミニアムもある。また、ホテルをチェックアウトするときは、必ず明細書をもらって電話料金の確認を。実際にはかけていない電話料金が加算されていたというケースもある。

❀ どのようにかけるか

　コインやクレジットカードを使用するほかにも、以下のような方法がある。
●コーリングカードを使って
　日本のテレホンカードのように電話機に挿入するのではなく、カードに記された専用番号にアクセスし、ガイダンスに従って相手の番号をプッシュ。現地のドラッグストアなどで売られている。公衆電話、ホテルなどで使用できる。
●コレクトコールで
　料金受信人払いの通話。交換手を呼び出し、自分の名前を告げ、"Collect call, please"と言えばよい。公衆電話でコレクトコールした場合、最初に入れた50¢は戻ってくる。節約旅行者にとってはありがたいシステムだが、通常の通話よりも割高になる。

❀ 海外での携帯電話利用法

　海外で携帯電話を利用するには、日本で使用している携帯電話を海外でそのまま利用する方法や、レンタル携帯電話を利用する、モバイルWi-Fiルーターを日本の出発空港でレンタルする方法がある。定額料金で利用できるサービスもあるので、現地でのネット利用に便利。詳しい情報は各社に問い合わせてみよう。

CHECK スマートフォンの普及により、ハワイでも公衆電話がかなり減った。

電話のかけ方

かける前に	
公衆電話	受話器を持ち上げ「プー」と音を確認したあとにお金を入れる。
ホ テ ル	ホテルにより異なるが（外線番号の）「9」発信して外線につなぐ。または「0」で交換手を呼び出し、かけたい番号を告げる。

市内電話 Local Call

＊同じ島内の 123-4567 にかけるとき

123	＋	4567

市外電話 Long Distance Call

＊(808)123-4567(ほかの島)にかけるとき

公衆電話から

1	＋	808	＋	123	＋	4567

オペレーターの声で「Please deposit 80 cents」などと料金を告げられるのでそれに従いコインを入れると回線がつながる。

ホテルから

外線番号	＋	1	＋	808	＋	123	＋	4567

日本へ国際電話をかける International Call

ダイヤル直通

＊(03) 1234-5678 にかけるとき

011 国際電話識別番号	＋	81 日本の国番号	＋	3 市外局番と携帯電話の最初の「0」は取る	＋	1234-5678

コイン式でお金を入れ続けて話すのは困難。クレジットカード式公衆電話やホテルからが便利。または前述のコーリングカードを使う方法もある。

日本からハワイにかける

事業者識別番号	＋	010※ 国際電話識別番号	＋	1 国番号	＋	808 ハワイ州番号	＋	相手の電話番号
0033(NTTコミュニケーションズ) **0061**(ソフトバンク) 携帯電話の場合は不要								

※携帯電話の場合は 010 のかわりに「0」を長押しして「+」を表示させると、国番号からかけられる
※ NTT ドコモ（携帯電話）は事前に WORLD CALL の登録が必要

✉ 手紙、はがきを出す

　日本へは、はがきも封書（28g）も＄1.30 ～、所要日数はエアメールで5 ～ 7日くらい。切手は、郵便局の窓口かホテルのフロントで手に入る。ギフトショップなどに置かれている小さな販売機は割高なので注意。

　宛先は日本語で書いてもよい。ただし、必ず「JAPAN」「Air Mail」と英語で書き添えること。

　投函は、そのままホテルのフロントに頼むか、郵便局や町なかにあるポストに入れよう。ポストの色は青でフタが付いている。

　買い過ぎてしまったおみやげやたまったパンフレットなどは小包で送ってしまうのもアイデア。ただ、郵便局から船便で送ると割安だが、梱包が面倒なのと、出しにくいのが難点だ。

　オアフ島なら「宅配サービス」を利用するのもいい。ピックアップに来てくれて、梱包もしてくれる。サーフボードが送れるところも。依頼するときには、インボイス（送り状）や送るものの外装に別送品（Unaccompanied Baggage）と記載することを忘れずに。また、帰国時、日本の空港の税関検査で提出する「携帯品・別送品申告書」（→P.206）が2通必要になる。1通は提出、もう1通はスタンプを押して戻してくれるので、荷物が到着するまで保管すること。

道ばたに設置されている郵便ポスト

日本の国際電話会社のサービス（日本語）
■日本語オペレーターのコレクトコール
● KDDI ジャパンダイレクト
　FREE 1-800-543-0051
■国際クレジットカード通話：下記の番号をダイヤルし、日本語音声ガイダンスに従い通話。

■日本での国際電話の問い合わせ
● KDDI
　FREE 0057
● NTT コミュニケーションズ
　FREE 0120-506506
● ソフトバンク
　FREE 0120-03-0061
● au
　FREE 157(auの携帯から無料)
● NTT ドコモ携帯
　FREE 151（NTT ドコモの携帯から無料）
　FREE 0120-800-000
● ソフトバンク携帯
　FREE 0800-24-0018

CHECK 携帯電話から日本への国際通話の方法は、キャリアによって異なる。使用しているキャリアの通話方法を公式サイトでよく確認しておこう。

旅のトラブルと安全対策

911
救急車 Ambulance
警　察 Police
消防署 Fire Station

日本国総領事館
Consulate General of Japan
1543-3111（ホノルル）
〒 1742 Nuuanu Ave.

パスポート紛失の際は顔写真は2枚必要
■紛失届用と新規旅券用に、顔写真は2枚必要となる（撮影から6ヵ月以内）。

トラブルに巻き込まれないための注意ポイント
■貴重品をビーチやベンチ、車の中に置きっぱなしにしない。最近ではショッピングセンターで、レンタカーを狙った車上荒らしが多い。
■繁華街、ホテルを含め、女性は基本的に夜のひとり歩きは避ける。
■会ったばかりの人にホテルの部屋番号を教えたり、部屋に連れていったりしない。
■子供連れの人は、子供をホテルやビーチに置き去りにしない。
■路上で寄付金募集の名目で近寄ってくる宗教団体には要注意。

万一、トラブルに遭ったら
■何かあったらすぐに警察に連絡を。番号は911で、公衆電話でもコインは必要ない。オペレーターが出たら『ポリス』とひと言。英語がわからない場合は通訳が対応してくれる。

🌺 貴重品を紛失したとき

● クレジットカードをなくしたら

至急、カード会社のハワイにある支店、もしくはサービスカウンターなどに連絡を入れ、失効処分にしてもらう。カード番号は事前に控えておこう。また、現地警察署へのレポートも忘れずに。

● 航空券をなくしたら

速やかに航空会社に連絡を。航空券を紛失の際に必要な書類は、現地警察が発行した紛失または盗難証明書。航空券の番号、発行日などは事前に控えておこう。eチケットの場合は「紛失」はない。「控え」は空港のカウンターなどでも再プリントできる。

● パスポートをなくしたら

ホノルル日本国総領事館で紛失届けおよび新規発給申請を行う。そのために必要な書類は、現地警察署で発行してもらう「旅券紛失証明書類」1通、日本国総領事館で入手できる「紛失一般旅券等届出書」1通、同じく「一般旅券発給申請書」1通。そして顔写真2枚（縦45mm×横35mm）（→欄外）、戸籍謄本1通（発行から6カ月以内）。新規発給費用は5年旅券＄80（12歳未満＄44）、10年旅券＄117。ただし、戸籍謄本がない場合や帰国を急ぐ時は「帰国のための渡航書」を申請することになる。手数料は＄18。航空券や日程等がわかるものがあると手続きが早い。この渡航書の発給はあくまでも緊急処置であって、日本到着と同時に無効となる。

いずれにしても、パスポートをなくしたら旅は終わりと思わなければならない。万一に備え、パスポートの写真のページをコピーし、パスポートとは別に携帯するなど、くれぐれも厳重に保管しよう。詳しくは外務省ホームページで。⊕www.mofa.go.jp/mofaj/toko/passport/pass_5.html

● トラベラーズチェック（T/C）をなくしたら

サインしてある、いないにかかわらず、発行金融機関へ至急、名前と小切手番号を知らせる。再発行に必要な書類は、ハワイの警察が発行してくれる紛失証明書、購入時銀行でくれるT/C発行証明書、パスポートなど写真入り公的身分証明書。

● 貴重品のリスク管理

旅行中、常に全財産を持ち歩くのは危険。現金および現金の代わりになる貴重品は、万一のことを考えて管理したい。

その日、使う予定のあるキャッシュ以外の現金は、ホテルの室内金庫にしまっておくこと。いざというときキャッシングサービスを受けられるクレジットカード（→P.192）などは、そのうちの1枚を同行者に持っていてもらう、あるいは1枚を室内金庫へというように、貴重品は分散して管理したほうがいい。

CHECK 海外旅行で最も多いトラブルのひとつは携帯品の紛失や盗難。日本いるような感覚で過ごせるハワイとはいえ、美しいビーチに夢中で写真を撮っているうちに、気づいたら貴重品が無くなっている……なんてことのないように。

❀ 病気やけがをしたとき

● ハワイ島の医療事情

日本人医師が大勢いるホノルルと異なり、ハワイ島では日本人医師の数は少ない。緊急の場合は、病院が島在住の日本人を呼んで対応するようになる。

以下はハワイ島の、観光客も利用できるおもなメディカルサービス。いずれも海外旅行傷害保険（→P.197）が適用されるが、保険会社との契約により、必ずしもキャッシュレス・メディカル・サービスを受けられるとは限らない。とりあえず治療費を払い、帰国後、保険会社に保険金を請求するというスタイルが主流。治療費の支払いには主要クレジットカードが使えるから、万一を考えてクレジットカードは必携。

海外旅行傷害保険を契約する際にもらえる各社の小冊子に、その保険会社が契約しているメディカルサービス、またはキャッシュレスサービスの一覧があるので、必ず目を通しておこう。

● ハワイ島ヒロサイド

ヒロ・アージェント・ケア・センター Hilo Urgent Care Center
一般医/☎808-969-3051/🏠670 Kekuanaoa St./🕗8:30 ～ 18:30（土・日曜～ 16:30）

● ハワイ島コナサイド

アロハ・コナ・アージェント・ケア
Aloha Kona Urgent Care
一般医/☎808-365-2297/🏠75-5995 Kuakini Hwy., Suite 513/🕗8:00 ～ 17:00（土曜13:00 ～ 21:00）、日曜休業

アージェント・ケア・オブ コナ Urgent Care of Kona
一般医/☎808-327-4357/🏠77-311 Sunset Dr./🕗8:00 ～ 17:00、土曜9:00 ～ 15:00、日曜・祝日休業。

● ワイメア

ワイメア・アージェント・ケア
Waimea Urgent Care
☎808-885-0660/🏠65-1230 Mamalahoa Hwy.,Kamuela/🕗8:30 ～ 18:00（土・日曜8:30 ～ 16:30）

● 覚えておきたい病気に関する英語

救急車を呼んでください。	プリーズ コール アン アンビュランス ▷ Please call an ambulance.
医者を呼んでください。	プリーズ コール ア ダクター ▷ Please call a doctor.
気分が悪いです。	アイ フィール シック ▷ I feel sick.
めまいがします。	アイ フィール ディジー ▷ I feel dizzy.
下痢をしています。	アイ ハヴ ア ダイアリア ▷ I have a diarrhea.
激しい痛みです。	イッツ ア シャープ ペイン ▷ It's a sharp pain.

まず何をする？

せっかくのハワイの旅も、病気やけがをしてしまっては楽しさも半減してしまう。素早く、適切な処理が必要。

パッケージツアーできている人なら、まず添乗員か、旅行代理店のトラベルデスクに相談してみる。

個人旅行の場合は、とりあえずホテルのフロントに相談してみる。親切に病院や医師の世話をしてくれるはずだ。

摂氏と華氏の表記について

ハワイでは、温度表記に華氏を採用している。ホテルのエアコンの表記を見ても「80.0」など（=26.7℃）と表記されているので驚くかもしれない。気温など、大雑把に計算するのなら、「華氏の数字から 30 度を引いて、2 で割る」と覚えておこう。体温を測る場合は以下の対照表と計算式を参考にしていただきたい。

体温の対照表

（華氏温度 -32）× 5/9= 摂氏温度

華氏	摂氏
96.8	36.0
97.7	36.5
98.6	37.0
99.0	37.2
99.3	37.4
99.7	37.6
100.0	37.8
100.4	38.0
100.4	38.2
101.1	38.4
101.5	38.6
101.8	38.8
102.2	39.0
104.0	40.0

ホノルルの日本語クリニック

ドクターズ・オン・コール：緊急対応の医療サービス。ワイキキに 2 ヵ所、シェラトン・ワイキキとヒルトン・ハワイアン・ビレッジに診療所がある。ストラウブ病院付属のクリニックなので、いざとなったらそちらへ入院できる。各種海外旅行傷害保険適用、ワイキキのホテルからの無料送迎あり。

■シェラトン・ワイキキ内
☎ 808-923-9966(日本語 OK)
🕗10:00 ～ 20:00

■ヒルトン・ハワイアン・ビレッジ内
☎ 808-973-5250(日本語 OK)
🕗8:00 ～ 16:00
🚫土・日曜

CHECK 病院によっては、保険が適用できても現金またはカードで支払いを立て替えるケースがある。キャッシュレスで治療してくれる病院は保険会社に問い合わせできる。

旅の会話 & イエローページ

❀ タクシーで

○○ホテルまで行ってください。
▷Please take me to the○○ hotel.

ここで停まってください。▷Stop here, please.

❀ ホテルで

予約している鈴木です。
▷I have a reservation for Suzuki.

日本語がわかる人はいますか？
▷Is anybody there who can speak Japanese.

私に何か伝言はありますか？
▷Do you have any messages for me?

部屋のキーをロックしてしまいました。
▷I'm locked out.

お湯が出ません。
▷There's no running hot water.

このあたりにスーパーはありますか？
▷Is there a supermarket near here?

両替をしたいのですが。
▷I would like to change some money.

これは何の金額ですか？ ▷What is this charge for?

❀ ショッピング

試着してもいいですか？ ▷Can I try it on, please?
見ているだけです。 ▷I'm just looking.
それを見せてください。 ▷Can I see it?
これを買います。 ▷I'll take this one.
カードで払えますか？ ▷Do you accept credit card?

❀ レストランで

今夜7時に予約を入れたいのですが。
▷ I want to make a reservation for 7 p.m. tonight.

2名分の予約を入れた鈴木です。
▷My name is Suzuki. I made a reservation for two.

メニューを見せてください。 ▷Please show me a menu.
おすすめの料理をください。 ▷I'd like the house specialty, please.
これはどんな料理ですか？ ▷What kind of dish is this?
あれと同じものをください。 ▷Please give me the same order as that.
これは注文していません。 ▷I did not order this.
お勘定をお願いします。 ▷Check (Bill) please.

■ホテル関連の単語

予約	reservation
受付	reception
前金	deposit
貴重品	valuables
交換手	operator
モーニングコール	wake-up call
クリーニング	laundry
長距離電話	long distance call
浴室	bathroom
コンセント	outlet
ろうそく	candle
封筒	envelope
サイン	signature
トイレ	restroom

■ショッピング関連の単語

着丈	shoulder length
寸法	measurement
綿	cotton
毛	wool
麻	hemp
革	leather
素材	material
財布	wallet
香水	perfume
ストッキング	panty hose
服	cloth
包装	wrapping
おみやげ	souvenir
日焼け止め	sun screening cream

CHECK 入力したテキストを132の言語で翻訳可能な「Google 翻訳」が便利。スマートフォンにインストールして賢く利用しよう（→ P.223）。

時差表

例えば、□□の部分が日曜日だとすると、■■の部分は月曜日になる

日本時間	ハワイ時間
19	0
20	1
21	2
22	3
23	4
0	5
1	6
2	7
3	8
4	9
5	10
6	11
7	12
8	13
9	14
10	15
11	16
12	17
13	18
14	19
15	20
16	21
17	22
18	23
19	24

チップ&州税計算表（単位：ドル）

価格・料金	州税(4.712%)	チップ(20%)	価格・料金	州税(4.712%)	チップ(20%)
1.00	0.04712	0.20	15.00	0.7068	3.00
1.50	0.07068	0.30	20.00	0.9424	4.00
2.00	0.09424	0.40	25.00	1.178	5.00
2.50	0.1178	0.50	30.00	1.4136	6.00
3.00	0.14136	0.60	35.00	1.6492	7.00
3.50	0.16492	0.70	40.00	1.8848	8.00
4.00	0.18848	0.80	45.00	2.1204	9.00
4.50	0.21204	0.90	50.00	2.356	10.00
5.00	0.2356	1.00	55.00	2.5916	11.00
5.50	0.25916	1.10	60.00	2.8272	12.00
6.00	0.28272	1.20	65.00	3.0628	13.00
6.50	0.30628	1.30	70.00	3.2984	14.00
7.00	0.32984	1.40	75.00	3.534	15.00
7.50	0.3534	1.50	80.00	3.7696	16.00
8.00	0.37696	1.60	85.00	4.0052	17.00
8.50	0.40052	1.70	90.00	4.2408	18.00
9.00	0.42408	1.80	95.00	4.4764	19.00
10.00	0.4712	2.00	100.00	4.712	20.00

度量衡

■長さ
1 インチ （inch）≒ 2.54 センチメートル
1 フット （foot）= 12 インチ≒ 30.48 センチメートル（複数形はフィート feet）
1 ヤード （yard）= 3 フィート≒ 91.44 センチメートル
1 マイル （mile）≒ 1.6 キロメートル

■重さ
1 オンス （ounce）≒ 28.35 グラム
1 ポンド （pound）= 16 オンス≒ 453.6 グラム

■量
1 パイント （pint）≒ 0.47 リットル
1 クォート （quart）= 2 パイント≒ 0.95 リットル
1 ガロン （gallon）= 4 クォート≒ 3.785 リットル

日米衣料品サイズ比較表

婦人用		日	S		M		L		LL	
ブラウス・セーター	日		34		36		38		40	
	米									
洋服	日	7		9		11		13		15
	米	3		5		8		10		12
靴下	日	20¼	21½	22¾	24	25¼	26½			
	米	8	8½	9	9½	10	10½			
靴	日	22	23	24	25	26				
	米	5	6	7	8	9				
指輪	日	6	7	8	9	10	11	12	13	14
	米	3½	4	4½	5	5½		6	6½	7

紳士用		日	S		M		L		LL		LLL	
スポーツシャツ・ワイシャツ	日	36		37	38		39	40	41		42	
	米	14	14½	15	15½	16	16½	17				
靴下	日	23		24½	25½		27		28		29	
	米	9	9½	10	10½	11	11½					
靴	日	24	24½	25	25½	26	27					
	米	6	6½	7	7½	8	9					

※実際のサイズはメーカーやスタイルによって異なります。表は目安としてご利用ください

重要電話番号

緊急電話（警察、救急車、消防署）911

カイルア・コナ警察署	☎808-326-4646
ヒロ警察署	☎808-961-2214
交通違反チケット	☎808-538-5500
日本国総領事館	☎808-543-3111

（時間外緊急電話は上記番号に続き "1" をダイヤル）

●保険会社 （いずれも日本語で24時間受付）

東京海上日動　[FREE]1-800-446-5571

●ホノルルの医療施設 （日本語でOK）

ドクターズ・オン・コール（24時間受付）
☎808-923-9966

●ハワイ島のおもな病院

アロハ・コナ・アージェント・ケア（コナ）
☎808-365-2297
アージェント・ケア・オブ コナ（コナ）
☎808-327-4357
ヒロ・アージェント・ケア・センター（ヒロ）
☎808-969-3051
ワイメア・アージェント・ケア（ワイメア）
☎808-885-0660

●航空会社

日本航空	[FREE]1-800-525-3663（日本語）
全日空	[FREE]1-800-235-9262（日本語）
デルタ航空	[FREE]1-800-692-2345（日本語）
ユナイテッド航空	(81)-3-6732-5011（日本語）
ハワイアン航空	[FREE]1-800-367-5320
大韓航空	[FREE]1-800-438-5000

●ヘレオン・バス

ヒロ・オフィス　☎808-961-8744

●レンタカー会社

アラモレンタカー	1+888-354-6962
	（ハワイ日本語ホットライン）
エイビス・レンタカー	各営業所へ連絡
バジェットレンタカー	各営業所へ連絡
ダラー・レンタカー	☎808-204-1841
ハーツレンタカー	☎808-204-1874
ナショナルカーレンタル	☎808-922-0882 ※

※初めに英語のオペレーターが出るが「ジャパニーズ・スピーキング・プリーズ」と言えばOK

●タクシー会社 （ホノルル）

ザ・キャブ	☎808-422-2222
チャーリーズ・タクシー	☎808-531-1331（日本語）

●国際通話

[日本へダイヤル直通]

011 ＋ 81 ＋ 日本の市外局番（0は取る） ＋ 相手の電話番号

[日本人オペレーター通話]
（クレジットカード払い、もしくはコレクトコール）
KDDI ジャパンダイレクト
[FREE]1-800-543-0051

An Overview of
Island of Oahu

オアフ島概略

至福のリゾートアイランド、オアフ島。ハワイでのバケーションといえば、オアフ島は避けては通れない。ハワイ島をはじめ、ネイバーアイランドへの乗り継ぎ地だが、以下ではおもなエリアを紹介しよう。ハワイ島+ホノルル滞在や、レンタカーでドライブも楽しい。

**オアフ島
エリアMAP**

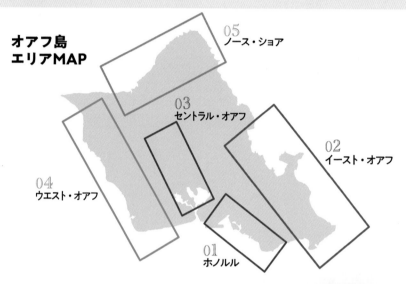

05
ノース・ショア

03
セントラル・オアフ

02
イースト・オアフ

04
ウエスト・オアフ

01
ホノルル

ハワイ州の経済、観光、政治の中心地

01 *Honolulu*
ホノルル

ハワイの州都で、ダニエル・K・イノウエ国際空港があるオアフ島の玄関。世界中から人々が集まるワイキキがあるのもこのエリア。最新のレストランやショップが次々オープンし、ハワイ観光の中心地といえる。

上 オアフ島滞在の拠点でもある　下 ダイヤモンドヘッドとワイキキ・ビーチといったこれぞハワイな景色が広がる

島随一の呼び声高いカイルア・ビーチ

おしゃれタウン・カイルアがあるのはここ
02 *East Oahu*
イースト・オアフ

オアフ島の東側は、ハナウマ湾など美しいビーチが広がる南東部、風上を意味するウインドワードエリアに分けられる。南東部はホノルルからも近く、心地よい海岸線のドライブも人気だ。ウインドワードは1年を通して心地よい貿易風が吹く。

太平洋戦争の爪痕残るアリゾナ記念館

オアフ島のほぼ中央に位置する
03 *Central Ohahu*
セントラル・オアフ

太平洋戦争の端緒となった、旧日本軍による奇襲攻撃の舞台でもある真珠湾（パール・ハーバー）があるのがこのエリア。内陸部には、ワヒアワやドールプランテーションといったノスタルジックなハワイの原風景が残る町が広がる。

大型ショッピングセンター、カ・マカナ・アリイ

アウラニ・ディズニー・リゾートがある
04 *West Oahu*
ウエスト・オアフ

オアフ島で今最も開発が進んでいるのが新興住宅地域のカポレイやワイキキに次ぐ第2のリゾート地としても注目されているコオリナ。また、オアフ島西海岸は、島で最も天候の安定したエリアとしても有名。

ハレイワでは散策を楽しみたい

オールドハワイを感じられるエリア
05 *North Shore*
ノース・ショア

味のあるローカルタウンのハレイワが中心地。老舗の店が点在しており、ノスタルジックな雰囲気が人気の観光スポット。ビッグサーフが押し寄せる人気ビーチが点在する。島の魅力をギュッと凝縮したこのエリアへは、たっぷり時間を取って出かけたい。

地球の歩き方 シリーズ一覧

2023年6月現在

*地球の歩き方ガイドブックは、改訂時に価格が変わることがあります。 *表示価格は定価(税込)です。 *最新情報は、ホームページをご覧ください。 www.arukikata.co.jp/guidebook/

地球の歩き方 ガイドブック

A ヨーロッパ

A01	ヨーロッパ	¥1870
A02	イギリス	¥1870
A03	ロンドン	¥1980
A04	湖水地方&スコットランド	¥1870
A05	アイルランド	¥1980
A06	フランス	¥1870
A07	パリ&近郊の町	¥1980
A08	南仏プロヴァンス コート・ダジュール&モナコ	¥1760
A09	イタリア	¥1870
A10	ローマ	¥1760
A11	ミラノ ヴェネツィアと湖水地方	¥1870
A12	フィレンツェとトスカーナ	¥1870
A13	南イタリアとシチリア	¥1870
A14	ドイツ	¥1980
A15	南ドイツ フランクフルト ミュンヘン ロマンチック街道 古城街道	¥1760
A16	ベルリンと北ドイツ ハンブルク ドレスデン ライプツィヒ	¥1870
A17	ウィーンとオーストリア	¥2090
A18	スイス	¥2200
A19	オランダ ベルギー ルクセンブルク	¥1870
A20	スペイン	¥1870
A21	マドリードとアンダルシア	¥1760
A22	バルセロナ&近郊の町 イビサ島/マヨルカ島	¥1760
A23	ポルトガル	¥1815
A24	ギリシアとエーゲ海の島々&キプロス	¥1870
A25	中欧	¥1980
A26	チェコ ポーランド スロヴァキア	¥1870
A27	ハンガリー	¥1870
A28	ブルガリア ルーマニア	¥1980
A29	北欧 デンマーク ノルウェー スウェーデン フィンランド	¥1870
A30	バルトの国々 エストニア ラトヴィア リトアニア	¥1870
A31	ロシア ベラルーシ ウクライナ モルドヴァ コーカサスの国々	¥2090
A32	極東ロシア シベリア サハリン	¥1980
A34	クロアチア スロヴェニア	¥1760

B 南北アメリカ

B01	アメリカ	¥2090
B02	アメリカ西海岸	¥1870
B03	ロスアンゼルス	¥2090
B04	サンフランシスコとシリコンバレー	¥1870
B05	シアトル ポートランド	¥1870
B06	ニューヨーク マンハッタン&ブルックリン	¥1980
B07	ボストン	¥1980
B08	ワシントンDC	¥2420
B09	ラスベガス セドナ& グランドキャニオンと大西部	¥2090
B10	フロリダ	¥1870
B11	シカゴ	¥1870
B12	アメリカ南部	¥1980
B13	アメリカの国立公園	¥2090
B14	ダラス ヒューストン デンバー グランドサークル フェニックス サンタフェ	¥1980
B15	アラスカ	¥1980
B16	カナダ	¥1870
B17	カナダ西部 カナディアン・ロッキーとバンクーバー	¥2090
B18	カナダ東部 ナイアガラ・フォールズ メープル街道 プリンス・エドワード島 トロント オタワ モントリオール ケベック・シティ	¥2090
B19	メキシコ	¥1980
B20	中米	¥2090
B21	ブラジル ベネズエラ	¥2200
B22	アルゼンチン チリ パラグアイ ウルグアイ	¥2200
B23	ペルー ボリビア エクアドル コロンビア	¥2200
B24	キューバ バハマ ジャマイカ カリブの島々	¥2035
B25	アメリカ・ドライブ	¥1980

C 太平洋/インド洋島々

C01	ハワイ1 オアフ島&ホノルル	¥1980
C02	ハワイ島	¥2200
C03	サイパン ロタ&テニアン	¥1540
C04	グアム	¥1980
C05	タヒチ イースター島	¥1870
C06	フィジー	¥1650
C07	ニューカレドニア	¥1650
C08	モルディブ	¥1870
C10	ニュージーランド	¥2200
C11	オーストラリア	¥2200
C12	ゴールドコースト&ケアンズ	¥1870
C13	シドニー&メルボルン	¥1760

D アジア

D01	中国	¥2090
D02	上海 杭州 蘇州	¥1870
D03	北京	¥1760
D04	大連 瀋陽 ハルビン 中国東北部の自然と文化	¥1980
D05	広州 アモイ 桂林 珠江デルタと華南地方	¥1980
D06	成都 重慶 九寨溝 麗江 四川 雲南	¥1980
D07	西安 敦煌 ウルムチ シルクロードと中国北西部	¥1980
D08	チベット	¥2090
D09	香港 マカオ 深セン	¥1870
D10	台湾	¥2090
D11	台北	¥16
D13	台南 高雄 屏東&南台湾の町	¥18
D14	モンゴル	¥20
D15	中央アジア サマルカンドとシルクロードの国々	¥20
D16	東南アジア	¥18
D17	タイ	¥22
D18	バンコク	¥18
D19	マレーシア ブルネイ	¥20
D20	シンガポール	¥19
D21	ベトナム	¥20
D22	アンコール・ワットとカンボジア	¥18
D23	ラオス	¥20
D24	ミャンマー(ビルマ)	¥20
D25	インドネシア	¥18
D26	バリ島	¥18
D27	フィリピン マニラ セブ ボラカイ ボホール エルニド	¥18
D28	インド	¥20
D29	ネパールとヒマラヤトレッキング	¥18
D30	スリランカ	¥18
D31	ブータン	¥18
D33	マカオ	¥17
D34	釜山 慶州	¥15
D35	バングラデシュ	¥20
D37	韓国	¥18
D38	ソウル	¥18

E 中近東 アフリカ

E01	ドバイとアラビア半島の国々	¥20
E02	エジプト	¥1
E03	イスタンブールとトルコの大地	¥20
E04	ペトラ遺跡とヨルダン レバノン	¥20
E05	イスラエル	¥20
E06	イラン ペルシアの旅	¥20
E07	モロッコ	¥19
E08	チュニジア	¥20
E09	東アフリカ ウガンダ エチオピア ケニア タンザニア ルワンダ	¥20
E10	南アフリカ	¥18
E11	リビア	¥22
E12	マダガスカル	¥19

J 国内版

J00	日本	¥3
J01	東京	¥2
J02	東京 多摩地域	¥20
J03	京都	¥2
J04	沖縄	¥2
J05	北海道	¥2
J07	埼玉	¥2
J08	千葉	¥2

地球の歩き方 aruco

●海外

1	パリ	¥1320
2	ソウル	¥1650
3	台北	¥1320
4	トルコ	¥1430
5	インド	¥1540
6	ロンドン	¥1650
7	香港	¥1320
9	ニューヨーク	¥1320
10	ホーチミン ダナン ホイアン	¥1430
11	ホノルル	¥1320
12	バリ島	¥1320
13	上海	¥1320
14	モロッコ	¥1540
15	チェコ	¥1320
16	ベルギー	¥1430
17	ウィーン ブダペスト	¥1320
18	イタリア	¥1320
19	スリランカ	¥1540
20	クロアチア スロヴェニア	¥1430
21	スペイン	¥1320
22	シンガポール	¥1650
23	バンコク	¥1320
24	グアム	¥1320
25	オーストラリア	¥1430
26	フィンランド エストニア	¥1430
27	アンコール・ワット	¥1430
28	ドイツ	¥1430
29	ハノイ	¥1430
30	台湾	¥1320
31	カナダ	¥1320
33	サイパン テニアン ロタ	¥1320
34	セブ ボホール エルニド	¥1320
35	ロスアンゼルス	¥1320
36	フランス	¥1430
37	ポルトガル	¥1650
38	ダナン ホイアン フエ	¥1430

●国内

東京	¥1540
東京で楽しむフランス	¥1430
東京で楽しむ韓国	¥1430
東京で楽しむ台湾	¥1430
東京の手みやげ	¥1430
東京おやつさんぽ	¥1430
東京のパン屋さん	¥1430
東京で楽しむ北欧	¥1430
東京のカフェめぐり	¥1480
東京で楽しむハワイ	¥1480
nyaruco 東京ねこさんぽ	¥1480
東京で楽しむイタリア&スペイン	¥1480
東京で楽しむアジアの国々	¥1480
東京ひとりさんぽ	¥1480
東京パワースポットさんぽ	¥1599
東京で楽しむ英国	¥1599

地球の歩き方 Plat

1	パリ	¥1320
2	ニューヨーク	¥1320
3	台北	¥1100
4	ロンドン	¥1320
6	ドイツ	¥1320
7	ホーチミン/ハノイ/ダナン/ホイアン	¥1320
8	スペイン	¥1320
10	シンガポール	¥1100
11	アイスランド	¥1540
14	マルタ	¥1540
15	フィンランド	¥1320
16	クアラルンプール/マラッカ	¥1100
17	ウラジオストク/ハバロフスク	¥1430
18	サンクトペテルブルク/モスクワ	¥1540
19	エジプト	¥1320
20	香港	¥1100
22	ブルネイ	¥1430
23	ウズベキスタン サマルカンド ブハラ ヒヴァ タシケント	¥16
24	ドバイ	¥13
25	サンフランシスコ	¥13
26	パース/西オーストラリア	¥13
27	ジョージア	¥15
28	台南	¥14

地球の歩き方 リゾートスタイル

R02	ハワイ島	¥16
R03	マウイ島	¥16
R04	カウアイ島	¥18
R05	こどもと行くハワイ	¥15
R06	ハワイ ドライブ・マップ	¥19
R07	ハワイ バスの旅	¥13
R08	グアム	¥14
R09	こどもと行くグアム	¥16
R10	パラオ	¥16
R12	プーケット サムイ島 ピピ島	¥16
R13	ペナン ランカウイ クアラルンプール	¥16
R14	バリ島	¥16
R15	セブ&ボラカイ ボホール シキホール	¥16
R16	テーマパークin オーランド	¥18
R17	カンクン コスメル イスラ・ムヘーレス	¥16
R20	ダナン ホイアン ホーチミン	¥16

地球の歩き方 関連書籍のご案内

あなたのハワイ旅のワガママをかなえるなら、やっぱり「地球の歩き方」

地球の歩き方 ガイドブックシリーズ

C01 地球の歩き方　ハワイI　オアフ島&ホノルル ¥1980
C02 地球の歩き方　ハワイ島 ¥2200

地球の歩き方 aruco シリーズ

11 aruco　ホノルル ¥1320

地球の歩き方 aruco 国内シリーズ

東京で楽しむハワイ ¥1480

地球の歩き方 リゾートスタイル

R02 リゾートスタイル　ハワイ島 ¥1650
R03 リゾートスタイル　マウイ島 ¥1650
R04 リゾートスタイル　カウアイ島 ¥1870
R05 リゾートスタイル　こどもと行くハワイ ¥1540
R06 リゾートスタイル　ハワイドライブ・マップ ¥1980
R07 リゾートスタイル　ハワイバスの旅 ¥1320

地球の歩き方 BOOKS

HAWAII RISA'S FAVORITES 大人女子はハワイで美味しく美しく ¥1650
MAKI'S DEAREST HAWAII ¥1540
MY TRAVEL, MY LIFE Maki's Family Travel Book ¥1760
最高のハワイの過ごし方 ¥1540

地球の歩き方 マル得BOOKS

ハワイ　ランキング&マル得テクニック! ¥990

地球の歩き方 旅の名言&絶景

ALOHA を感じるハワイのことばと絶景 100 ¥1650

※表示価格は定価（税込）です。改訂時に価格が変更になる場合があります。

あとがき

約10日間のハワイ島取材。車での走行距離は約4000km以上にも及び、文字通りビッグなハワイ島を駆けずり回りました。思わず「合成なのでは？」と目を疑うような大自然はもちろん、その中で暮らす人々と取材を通して触れるたびにアロハのパワーをいただきました。この本を通して、読者の皆さまにもそんな"アロハ"を少しでも感じていただけますように。　Mahalo nui loa!

STAFF

制　作：清水裕里子	Producer：Yuriko Shimizu	写　真：		Photographers：
編　集：㈲オフィス・オハナ	Editors：Office Ohana, Inc.	熊谷　晃		Akira Kumagai
原万有伊	Maui Hara	三谷　かおり		Kaori Mitani
執　筆：原万有伊	Writers：Maui Hara	大塚　七恵		Nanae Otsuka
三谷かおり	Kaori Mitani	永山　弘子		Hiroko Nagayama
岡本直子	Naoko Okamoto	原　万有伊		Maui Hara
大塚七恵	Nanae Otsuka	©iStock		
地　図：辻野良晃	Maps：Yoshiaki Tsujino	コーディネーター：三谷かおり		Coordinator：Kaori Mitani
校　正：東京出版サービスセンター	Proofreading：Tokyo Syuppan Service Center			
デザイン：エメ龍夢	Designers：EMERYUMU			
表　紙：日出嶋昭男	Cover Design：Akio Hidejima			

本書についてのご意見・ご感想はこちらまで
読者投稿　〒141-8425　東京都品川区西五反田2-11-8
　　　　　株式会社地球の歩き方
　　　　　地球の歩き方サービスデスク「ハワイ島編」投稿係
　　　　　https://www.arukikata.co.jp/guidebook/toukou.html
　地球の歩き方ホームページ（海外・国内旅行の総合情報）
　　　　　https://www.arukikata.co.jp/
　ガイドブック『地球の歩き方』公式サイト
　　　　　https://www.arukikata.co.jp/guidebook/

地球の歩き方 C02
ハワイ島 2024-2025年版

2023年7月4日　初版第1刷発行

Published by Arukikata. Co., Ltd.
2-11-8 Nishigotanda, Shinagawa-ku, Tokyo, 141-8425, Japan
Advertising Representative：Island Creative
TEL：(808)285-3071 ／ Email：sales@islandcreative.net

著作編集	地球の歩き方編集室
発行人	新井邦弘
編集人	宮田　崇
発 行 所	株式会社地球の歩き方
	〒141-8425　東京都品川区西五反田2-11-8
発 売 元	株式会社Gakken
	〒141-8416　東京都品川区西五反田2-11-8
印刷製本	株式会社ダイヤモンド・グラフィック社

※本書は基本的に2023年2月～5月の取材データに基づいて作られています。
　発行後に料金、営業時間、定休日などが変更になる場合がありますのでご了承ください。
　更新・訂正情報：https://www.arukikata.co.jp/travel-support/

●この本に関する各種お問い合わせ先
・本の内容については、下記サイトのお問い合わせフォームよりお願いします。
　URL ▶ https://www.arukikata.co.jp/guidebook/contact.html
・広告については、下記サイトのお問い合わせフォームよりお願いします。
　URL ▶ https://www.arukikata.co.jp/ad_contact/
・在庫については　Tel 03-6431-1250（販売部）
・不良品（乱丁、落丁）については　Tel 0570-000577
　学研業務センター　〒354-0045　埼玉県入間郡三芳町上富279-1
・上記以外のお問い合わせは　Tel 0570-056-710（学研グループ総合案内）

学研グループの書籍・雑誌についての新刊情報・詳細情報は、下記をご覧ください。
学研出版サイト　https://hon.gakken.jp/